AF587313

Die Reihe „Kulturwissenschaft interdisziplinär“ wird herausgegeben von

Caroline Y. Robertson-von Trotha

Band 1

Caroline Y. Robertson-von Trotha (Hrsg.)

Unter Mitarbeit von Christine Mielke

Europa in der Welt – die Welt in Europa

Die Deutsche Bibliothek verzeichnet diese Publikation in der Deutschen Nationalbibliografie; detaillierte bibliografische Daten sind im Internet über http://dnb.ddb.de abrufbar.

ISBN 3-8329-1934-1

1. Auflage 2006

Inhaltsverzeichnis

Kulturwissenschaft interdisziplinär

Vorwort zur Schriftenreihe

‚Kulturwissenschaft interdisziplinär' – so der programmatische Name der Schriftenreihe, in deren Rahmen dieser vorliegende Band erschienen ist. Der institutionelle und wissenschaftliche Ort, an dem diese Reihe entsteht, ist das Zentrum für Angewandte Kulturwissenschaft und Studium Generale (ZAK) der Universität Karlsruhe (TH), an dessen Vorgängerinstitution 1993 die früheren ‚Schriften des Instituts für Angewandte Kulturwissenschaft der Universität Karlsruhe (TH)' begründet wurden. Mitten in der Anfangs- und Aufbruchphase der Kulturwissenschaft an deutschen Universitäten sollte eine neue wissenschaftliche Herangehensweise an kulturwissenschaftliche Fragestellungen erprobt werden. Die Bedingungen vor Ort stellten dabei schon eine Besonderheit dar und prägten die Konzeption der Reihe: Erarbeitet wurde eine *angewandte* Kulturwissenschaft, die den Bedürfnissen und dem Profil einer technischen Hochschule entspricht und es als ihre Aufgabe ansieht, den oft postulierten ‚Zwei Kulturen' zu einem gegenseitigen, fruchtbaren Austausch zu verhelfen und als eine Schnittstelle für die an der Universität vertretenen Geistes-, Sozial-, Natur-, Technik- und Wirtschaftswissenschaften zu fungieren. In diesem Kontext entstand das vorliegende Konzept der Schriftenreihe, das sich mittlerweile bestens etabliert und eine Anzahl an Bänden vorzuweisen hat. Die Basis der Schriftenreihe ist eine Interdisziplinarität mit jeweils kulturwissenschaftlicher Programmatik, d. h. Kulturwissenschaft wird nicht als ein isoliertes Forschungsgebiet betrachtet, als *die* Kultur, die es allein zu untersuchen gälte. Vielmehr wird ein erweiterter Kulturbegriff zugrunde gelegt, der Kultur als ein Phänomen versteht, das alle Lebensbereiche und gesellschaftlichen Sphären betrifft. So zeigen sich kulturelle Aspekte z. B. in den technischen oder naturwissenschaftlichen wie auch in den traditionell geisteswissenschaftlichen Disziplinen als interne Fragestellungen – in der Philosophie bei der Frage der Universalität der Menschenrechte, der Problematik von interkulturellen Differenzen bei internationalen Verhandlungen in den Wirtschaftswissenschaften oder der Bedeutung von Wasser als Kulturfaktor im Bauingenieurwesen – um nur einige wenige Beispiele zu geben. Vor allem die am Zentrum für Angewandte Kulturwissenschaft in den Projekten und Veranstaltungen – Symposien, Vorträgen, Tagungen – zentrale soziokulturelle und sozioökonomische Schwerpunktbildung ist auch in der Schriftenreihe vertreten. Jeder Band versucht so eine aktuelle Thematik durch interdisziplinäre Beiträge unter kulturwissenschaftlicher Perspektive zu beleuchten und facettenreiche Aufschlüsse und neue Impulse zu ermöglichen. Im Sinne des am ZAK praktizierten Modells einer Öffentlichen Wissenschaft sollen auch die Publikationen neben einem Fachpublikum ein breiteres, allgemein interessiertes Publikum ansprechen und so eine vielseitig informierte und gebildete Öffentlichkeit fördern – auch diese Praxis wird im Rahmen eines erweiterten Kulturbegriffs als kulturelle Tätigkeit begriffen.

Caroline Y. Robertson-von Trotha

Herausgeberin von *Kulturwissenschaft interdisziplinär*

Vorwort

Caroline Y. Robertson-von Trotha

‚Europa in der Welt – die Welt in Europa', dieser dialektische Titel soll eine Anregung sein, um Europa sowohl als Lebensraum wie auch als politisch-kulturelles, theoretisches Konstrukt aus einer neuen, vielleicht ungewohnten Perspektive zu beleuchten. Mit den Texten des vorliegenden Sammelbandes soll Europa bewusst in seinen Eigenheiten fokussiert werden und es soll aufgezeigt werden, welche weltweiten Einflüsse Europa mitbildeten und bilden, in welchem Beziehungsgeflecht sich Europa befindet und entwickelt. Aber – so die Absicht des Titels – es soll auch die umgekehrte Perspektive eingenommen und ein noch zu bestimmendes europäisches Wirken in der Welt gesucht und die Wahrnehmung Europas aus nicht-europäischer Perspektive beschrieben werden – innerhalb wie außerhalb des europäischen Raums, der institutionellen und/oder der kulturellen Zugehörigkeit. Dies beinhaltet Fragen beispielsweise nach der Rolle Europas im politischen Kräftegleichgewicht nach dem Fall des Eisernen Vorhangs, innerhalb eines nach Osten erweiterten institutionellen Rahmens, dessen Wirkungsgrad und Rolle als Hoffnungsträger über die Ost-Grenzen der EU weit hinaus reicht und nach den kulturellen, religiösen, moralischen Grundlagen einer Staatengemeinschaft, die ihre globale Rolle finden muss und aus deren Prinzipien sich möglicherweise eine Aufgabe in der globalen Staatengemeinschaft ableitet.

Zunächst wird jedoch festgestellt werden können: eine präzise Ortsbestimmung will nicht so recht gelingen – weder in der Geschichte noch in der Gegenwart. Wo und ab wann wollen wir von Europa sprechen? Für manche ist Europa bloß ein Konstrukt, dass durch überstaatliche, politische und rechtliche Rahmenbedingungen zur politischen Realität und zunehmend in Alltagskontexten spürbar wird. Für andere ist Europa eine Vision, die Hoffnung auf ein friedliches Zusammenleben auf der Grundlage von Demokratie, Rechtsstaatlichkeit, persönlicher Freiheit und Unversehrtheit verheißt. Für nicht wenige in dieser Welt wird Europa allerdings auch mit eurozentristischen Haltungen assoziiert – so im Vorwurf der Universalisierung der Menschenrechte oder in der Debatte zur kulturellen Globalisierung, die in ihren kritischen Positionen oft gegen den Westen per se gerichtet ist. Festhalten müssen wir allerdings auch: Für Migranten und Migrantinnen nicht-europäischer Herkunft bedeutet das Leben in Europa häufig, mit einer zunehmenden Diskriminierungspraxis konfrontiert zu sein; einer Alltagsrealität, die mit unserem erklärten europäischen Anspruch, „ein freies, tolerantes und gerechtes Europa" zu sein, wie es beispielsweise der Europarat 1997 erneut bekräftigte, nicht vereinbar ist. Gefragt werden muss in diesem Kontext auch, ob tatsächlich europäische Charakteristika identifizierbar sind, welchem Wandel sie unterliegen. Lösen die Globalisierungstendenzen nicht nur die nationalen Konturen, sondern auch das ohnehin unterentwickelte europäische Bewusstsein auf oder ist das Gegenteil der Fall? Die Beschäftigung mit der Dialektik ‚Europa in der Welt – die Welt in Europa' wirft viele alte und neue Fragen auf. Dabei sind beide Themenkomplexe inhaltlich und argumentativ oft kaum zu trennen. Eine tiefergehende Auseinandersetzung beinhaltet meist beide Perspektiven und muss sich beim jeweiligen Schwerpunkt sowohl den internen europäischen Diskurs sowie die Sichtbarkeit und die Wirkung einer europäischen Thematik im nicht-europäischen Ausland bewusst machen, aber eben auch die Heterogenität der europäischen Grundlagen sowie die Tatsache, dass Europa spätestens seit dem Ende des zweiten Weltkriegs gerade nicht isoliert agieren darf, sondern seine Aufgabe in der weltweiten Verständigung sehen muss.

Den historischen Hintergrund, vor allem aber auch die Visionen, die mit dem Modell Europa verbunden sind, zeigt der Historiker *Peter Steinbach* in seinem einleitenden Beitrag auf. Ergänzt wird dies durch die Perspektive des Politikwissenschaftlers *Dieter Oberndörfer*, der zum einen die nationalstaatliche Grundlage der Europäischen Union darstellt, diese dann jedoch auf ihre starken Tendenzen zu Kooperationen und Zusammenschlüssen hin untersucht. Komplementär können auch die beiden folgenden Beiträge gelesen werden: die Wirtschafts- und Sozialhistorikerin *Helga Schultz* benennt die Zeit, in der Europa sich kulturhistorisch formte und mündet in der Frage: Wohin gehen wir? aus Sicht der zurückliegenden Phasen der europäischen Konstitution. Eine Antwort darauf gibt der frühere Bundesaußenminister *Klaus Kinkel*, dessen Beitrag den Sprung ins ‚Jetzt' anzeigt. Kinkel geht auf den aktuellen Diskurs um Integration ein und stellt die These auf, dass nicht nur die konkreten Erweiterungen, sondern vor allem die gesellschaftlichen und politischen Diskussionen um die Beitritte verschiedener Länder die europäische Identität und Konstitution verändern. Der folgende Beitrag *Ulrich Merkels*, der weltweit mehrere Goetheinstitute leitete, ergänzt dies um die Darstellung des Verhältnisses von Südamerika und Europa. Er benennt kulturelle Kompetenz als unabdingbare Basis für eine friedliche internationale Zusammenarbeit.

Die Betriebswirtschaftswissenschaftler *Christian Scholz* und *Volker Stein* stellen dann speziell den wirtschaflichen Integrationsbeitrag ins Zentrum, indem sie auf die Bildung von europäischen Großregionen eingehen, wie sie beispielsweise das Saarland darstellt, und auf die Frage, ob durch diese wirtschaftlichen Verbände eine überregionale Identität als Grundlage einer europäischen Identitiät entstehen kann. Die Frage der europäischen Identität und besonders der integrativen Kraft Europas untersucht die Herausgeberin dieses Bandes, die Soziologin und Kulturwissenschaftlerin *Caroline Y. Robertson-von Trotha*, die Europa als Sozialraum begreift, dessen Potential und Zukunftsfähigkeit nicht nur auf politischer Basis, sondern vor allem auch im Einklang mit sozialer Gerechtigkeit und kultureller Teilhabe hergestellt werden muss. Ganz grundlegende sozialwissenschaftliche Aspekte der europäischen Identität bringt der Soziologe *Robert Hettlage* ein, indem er die Thematik des europäischen Zusammenwachsens wieder aufgreift und systematisch untersucht.

Einen wichtigen Schwerpunkt des Bandes bildet der Themenkomplex Islam, der zur Thematik ‚Die Welt in Europa' gerechnet wird, worüber jedoch – über die Inklusions- und Exklusionstendenzen und die Kompatibilität einer religiösen Überzeugung und einer politisch-regionalen Zugehörigkeit – aktuell sehr kontrovers diskutiert wird. Mit der Thematik des Religionenpluralismus und insbesondere mit dem europäischen Islam beschäftigt sich der Islamwissenschaftler *Reinhard Schulze*; dies vertieft der Politikwissenschaftler *Norman Stone* in seinem englischsprachigen Beitrag am Beispiel der Türkei. Das Verhältnis von Europa zur islamischen Welt und die darin vorherrschenden gravierenden kommunikativen Missverständnisse untersucht daran anschließend der Soziologe *Fuad Kandil*.

Den Blick auf Europa von außen leitet der Kulturpolitiker und Theologe *Olaf Schwencke* ein. Er benennt Aspekte des Völkerrechts sowie der Gefahr des Terrorismus und geht dabei speziell auf die Beziehung Europas zu den USA als Vorbild und Gegenpol ein. Die Sicht des ‚Südens', der ärmeren und ärmsten Länder der Welt, nimmt *Yves Lamour* in seinem Plädoyer für soziale Gerechtigkeit und für eine soziale weltpolitische Aufgabe Europas ein. Im Anschluss daran geht der Friedens- und Konfliktforscher *Bruno Schoch* auf die zeitgeschichtlich-politische Thematik der Balkankriege und ihre Konsequenzen für die Sicherheitspolitik Europas ein. Dies leitet über zum abschließenden Beitrag, der die verschiedentlich genannten Aufgaben gerade in Bezug auf soziale Gerechtigkeit und im Verhältnis mit anderen Kontinenten nochmals zusammenfasst und pointiert. *Franz Nuscheler* stellt hier die Frage: Welche Verantwortung muss Europa in der globalisierten Welt übernehmen? Als Ausblick gibt er zu bedenken, was Europa im globalen Kontext leistet und noch leisten könnte.

Der vorliegende Band ist aus einem Symposium mit gleichnamigen Titel hervorgegangen, dass das Zentrum für Angewandte Kulturwissenschaft in Zusammenarbeit mit der Stadt Karlsruhe im Rahmen der 16. Europäischen Kulturtage ‚Mythos Europa' veranstaltete. An dieser Stelle möchte ich Dr. Michael Heck, Kulturreferent der Stadt Karlsruhe, für die gute Zusammenarbeit danken. Für die Arbeit an dieser Publikation und der Erweiterung und Ergänzung mit Beiträgen vieler interdisziplinär und übereuropäisch denkender Wissenschaftlerinnen und Wissenschaftler sowie für die bewährte sorgfältige Redigierung danke ich herzlich dem Lektorenteam Christine Mielke, Jasmin Halt und Jana Lange.

Karlsruhe, im Februar 2006

Caroline Y. Robertson-von Trotha

Europa: mehr als ein Traum

Peter Steinbach

Fast hätte de Gaulle Jahre nach seinem Tod doch Recht bekommen. In seinem letzten französischen Präsidentschaftswahlkampf hatte er, übrigens lange vor dem Umbruchjahr 1989, erklärt, es sei Europa, und zwar der ganze Kontinent, an dem sich das Schicksal der ganzen übrigen Welt entscheide. Diese Feststellung erschien den Zeitgenossen damals zu sehr auf Europa zentriert. Sie sahen in dieser Äußerung deshalb vor allem eine Schmeichelei gegenüber den Franzosen, die sich als europäische Vor-, zumindest als wichtige Kulturmacht empfanden und sich gegen die USA positionierten.

Natürlich wissen wir ebenso wie de Gaulles damalige Wähler, dass der General übertrieb, denn es gab in den sechziger Jahren zwei Weltmächte, die Europa als Vorfeld möglicher Machtauseinandersetzungen betrachteten und so sein Schicksal in der Hand hatten. Es gab Kontinente und außereuropäische Krisenregionen, die damals, wie heute Afrika oder Lateinamerika, nicht in ihrer Bedeutung erkannt und deshalb unterschätzt worden waren. Europa war gespalten und empfand sich deshalb als Mittelpunkt einer Weltpolitik, in der zwei Blöcke aufeinander stießen. Deutschland galt als eine Art Frontstaat und als Sinnbild eines zerstörten Europa, das im Zeitalter des europäischen Bürgerkrieges zwischen 1914 und 1945 seine Identität verspielt und verloren hatte. Europa – das schien westlich der Elbe zu liegen.

Wir, die Zeitgenossen der europäischen Teilung, fühlten uns als Europäer, schwärmten von niedergerissenen Grenzbarrieren und stärkten unser Selbstbewusstsein durch die Feststellung, hier sei die Demokratie entstanden. Wir ließen uns nicht schrecken durch die Feststellung, diese sei zu einer Insel geworden. Nur manchmal dämmerte uns, dass sich unser Schicksal ganz woanders entscheiden würde. Schlagartig veränderte sich diese *mental map* im Zuge des Zusammenbruchs des sowjetischen Herrschaftssystems. Dabei war eine erste Bewegung in der europäischen Frage in den siebziger Jahren eingetreten. Mit den KSZE-Verhandlungen definierte sich Europa weltpolitisch erstmals wieder aus eigener Kraft und machte die Menschenrechte zu einem zentralen Bezugspunkt seines politischen Selbstverständnisses. Dass der Ostblock dies akzeptierte, war die Folge einer sicherheits- und verteidigungspolitischen Erschöpfung im Jahrzehnte währenden System- und Blockkonflikt zwischen Ost und West. Dennoch wurde die Europäisierung Europas vor 1989 häufig beschworen. Aber sie schien sich, zumindest aus osteuropäischer Perspektive, gegen die amerikanischen Interessen zu richten und auf eine Neutralisierung Europas im Konflikt der Blöcke zu zielen. Das Postulat der Europäisierung war ein antiatlantischer Kampfbegriff und wurde niemals Realität. Impulse der Veränderung resultierten erst aus dem weltpolitischen Wandel, der zum einen in der Reaktion auf die Intervention der Roten Armee in Afghanistan Ende der siebziger Jahre, zum anderen aus dem Nato-Doppelbeschluss resultierte. Sicherheit galt ebenso wie die Freiheit als unteilbar; insofern nahm die politische Spannung zwischen den Blöcken zu, weil Konflikte als nicht regionalisierbar galten.

Man spricht heute in ökonomischer Hinsicht von der ‚Globalisierung' wie von einem Novum und übersieht, dass es lange vorher eine politische Globalisierung in der immer wieder beschworenen ‚einen Welt' gab. Überdies fußte die Globalisierung auf älteren weltgeschichtlichen Integrationsprozessen. Seit der Entdeckung Amerikas, der Umschiffung Afrikas und der Bildung der ostasiatischen und indischen Kolonialreiche hatte sich eine durch Europa geprägte Weltgesellschaft herausgebildet. Auch die Welt war in Europa gespalten, wo man ein Gleichgewicht der Kräfte anstrebte und sogar für Jahrhunderte ereichte, und in die Expansionsgebiete, wo sich die europäischen Vormächte kriegerisch begegneten.

Die weltgeschichtliche Entwicklung erhielt ihre Dynamik aus Spannungen, die keineswegs nur aus Machtwillen oder ökonomischen Konflikten resultierten. Die größte Sprengkraft entfalteten kulturelle Unterschiede und Gegensätze, zwischen Konfessionen, Sprachgruppen, Ethnien, also zwischen Gruppen, die sich durch eine wie auch immer entstandene, gedeutete und vermittelte Gemeinsamkeit auszeichneten. Sie definierten sich positiv oder negativ, grenzten sich ab und grenzten aus. *Inklusion* und *Exklusion* von Individuen und Gruppen wurden zur ständigen Herausforderung der westlichen Zivilisation.

1. Wer bekam Zugang zu Einfluss und Macht,
2. wem wurde die Entfaltung seiner Persönlichkeit und Gruppenidentität garantiert,
3. wer gewährte Minderheitenschutz?

Wahlrecht und Parlamentarisierung, Demokratisierung und Gewaltenteilung, die Festlegung des Staates auf definierte Ziele und Zwecke, Kontrolle der Macht, Rechtsstaatlichkeit, Grundrechte als Abwehr und Entfaltungsrechte – alle diese Institutionen, die das politische Verhalten der Menschen prägen, sind ja keine Selbstverständlichkeit, sondern Ergebnis historischer Entwicklung und Ausdruck politischen Gestaltungswillens. Sie verweisen auf spezifische europäische Erfahrungen im Umgang mit Vielfalt, Widersprüchen, Konflikten. Mit ethnischer, kultureller, konfessioneller, regionaler und nationaler Heterogenität zu leben, lernten die Europäer erst mühsam und unter großen Opfern. Das, was uns heute schreckt: Fundamentalismus, Gewalt, Verteilungskonflikte, Wertverfall und Verabsolutierung von Krisen – all das haben wir hinter uns gelassen in einer Jahrtausende währenden europäischen Geschichte. Zur Überheblichkeit besteht kein Anlass. Vielleicht bedenken wir das, wenn wir wieder einmal über die Beitrittsbedingungen der Türkei nachdenken.

Wir wissen: Unterschiedliche Gesellschaften haben jeweils ihre Wertvorstellungen und Traditionen. Deshalb haben sie auch unterschiedliche Entwicklungsgeschwindigkeiten zu bewältigen. Ich kann das als Historiker konstatieren, gleichsam als empirischen Befund, und nach spezifischen Bedingungen einer gesellschaftlichen Modernisierung fragen. Bei einer Konfrontation mit Übergriffen von Menschen gegen Mitmenschen, von Mehrheiten gegen Minderheiten hilft nur, Wertvorstellungen und Normen wie das Postulat der gleichen Würde und des gleichen Lebensrechtes eines jeden Menschen, des Minderheitenrechtes einer jeden Gruppe zum Maßstab einer Beurteilung von Entwicklungen zu machen, die wir nicht als angeblichen Ausdruck eines anderen Weltverständnisses oder Menschenbildes relativieren sollten. Zur Universalisierung der Menschenrechte gibt es keine Alternative. Deshalb bietet die Relativierung der Normen keinen Ausweg aus Wertkonflikten. Denn es bleibt ein Verbrechen, einen Menschen leiden zu lassen, auch wenn dieser noch niemals etwas von Menschenrechten gehört hat.

Nach 1945, im Jahr der Befreiung von der nationalsozialistischen Diktatur und von der japanischen Übermacht, wurde von den Überlebenden der Traum von der ‚einen Welt' der vereinten Nationen entwickelt, von gemeinsamen Wertvorstellungen und Grundüberzeugungen, die in die Erklärung der Menschenrechte vom 10. Dezember 1948 mündeten und die Mitglieder des deutschen Parlamentarischen Rates ermutigten, im Rahmen eines wegweisenden Kanons der Bürger- und Menschenrechte ein explizit voraussetzungsloses Asylrecht in die neue Verfassung aufzunehmen, wenn Verfolgung aus politischen Gründen offensichtlich war. In der neuen Weltordnung sollten sich die Nationen verpflichten, ihre Beziehungen völkerrechtlich verbindlich und folglich friedlich zu regeln. Kriegerische Auseinandersetzungen sollten in Zukunft vermieden werden. Die Welt, bevölkert von vielen ganz unterschiedlichen Nationen, kulturell und konfessionell vielfältig geprägten Gesellschaften, wollte sich gemeinsamen Entscheidungen, einer wie auch immer entwickelten ‚Weltinnenpolitik', unterwerfen. Eigentlich handelte es sich um das Gegenteil von Globalisierung und dennoch um die Entstehung einer Weltgesellschaft. In der globalisierten Welt kann sich jede Entscheidung, die an einem beliebigen Ort unserer Welt gefällt wird, auf andere Orte auswirken. 1945 sollte die Entscheidung, die an einem ganz bestimmten Ort, am Sitz der Vereinten Nationen gefällt wurde, Auswirkungen für die ganze Welt haben.

Es ist bekannt, dass dieser Traum sehr bald zerstob.

Nach 1945 spitzte sich rasch der globale Gegensatz zwischen den Weltmächten zu. Der große Krieg, den man als Dritten Weltkrieg fürchtete, blieb aus. An seine Stelle traten viele Stellvertreterkriege, die weltanschaulich höchst unterschiedlich – ideologisch, kulturell, konfessionell, ethnisch – aufgeladen wurden. Mit dem Umbruch des Jahres 1989 schien eine neue Phase der Weltgeschichte angebrochen zu sein, denn die Überwindung der Spaltung Europas, die Teilung Deutschlands und Berlins war das Ergebnis bewusst gestalteter Verträge, die gegenseitiges Vertrauen zur Voraussetzung hatten. Sie waren weniger das Resultat einer unüberschaubar komplexen Situation, führten allerdings erstaunlich schnell im Zuge des Zerfalls der Sowjetunion, der Konflikte im Mittleren Osten und in Jugoslawien zu einer außerordentlichen Komplizierung der Verhältnisse. Diese Komplizierung hatte man zunächst nicht erwartet, sondern in der Überwindung der europäischen Spaltung den Anfang einer neuen Phase friedlicher und rationaler Entwicklung erblicken wollen. Allmählich wurde deutlich, welche Kräfte die Sowjetunion, aber auch Jugoslawien in ihre eigene Stabilisierung hatten investieren müssen.

Das Ergebnis des Umbruchs mutet wie eine Neubelebung der Zwischenkriegszeit an. Neue Staaten entstanden, die häufig erstmals mit der Versailler Friedensordnung in das Konzert der europäischen Mächte getreten waren. Die Verhältnisse sind komplizierter geworden, und wir sind auf der Suche nach Deutungen, die wir deshalb nicht befriedigen können, weil diese regelmäßig nur Ereignisse nachvollziehen, aber sehr selten Entwicklungen antizipieren, und sich in der Regel mit Interessen verbinden. Ob wir vom ‚Weltbürgerkrieg' wie Michael Stürmer, vom Aufeinanderprallen der Kulturen im Sinne von Samual Huntington, von ‚ethnischen Flurbereinigungen' oder seit dem 1. September 2001 von der Herausforderung des Weltterrorismus sprechen – immer ist unsere Ratlosigkeit spürbar, die nicht zuletzt auch ein Ergebnis verlorenen europäischen Geschichtsbewusstseins ist.

Die drei Golfkriege machten seit den achtziger Jahren deutlich, dass Europa keineswegs mehr im Zentrum der globalen Sicherheitsbestrebungen lag. Gleichzeitig entwickelte sich Zentralafrika zu einer neuen Krisenregion, deren Bedeutung wir bis heute nicht vollends erkannt haben. Menschenrechte wurden zwar weiterhin deklariert, aber auch relativiert und nicht selten ökonomischen Interessen unterworfen. Mit dem Zusammenbruch des sowjetisch dominierten Ostblocks schienen sich so nur sehr kurze Zeit neue Perspektiven zu eröffnen, nicht nur in Europa, auch in Afrika und nicht zuletzt in Afghanistan.

Anfang der neunziger Jahre zeichnete sich bereits die Auflösung der jugoslawischen Bundesrepublik ab. Was dies bedeutete, begriffen die Europäer noch nicht, als sich Slowenien und Kroatien unabhängig erklärten. Erst die Kriege und Konflikte auf dem Balkan, die längst überwundene Vorstellungen von ethnischer Separation und nun neu belebten sowie das politische Vokabular vergangener Jahrzehnte, etwa den Begriff der ‚ethnischen Flurbereinigung' aufnahmen, machten deutlich, wie trügerisch die Aussichten auf Vertrauen und Zusammenarbeit in ganz Europa waren.

Wir hatten in Europa bis zu diesem Zeitpunkt zwar Erfahrungen mit ethnischen und konfessionellen Konflikten machen können, in Korsika, im Baskenland, vor allem in Nordirland, aber wir hatten nicht recht realisiert, was ein konfessionell aufgeladener Binnennationalismus bedeutete, also ein Nationalismus, der sich aus angeblich religiösen Gründen gegen Teile der eigenen Bevölkerung richtete und von einer vorherrschenden Elite zugespitzt wird. In Belgien hatte man vor einigen Jahrzehnten beobachten können, mit welcher Heftigkeit Flamen und Wallonen sich bekämpften. Auch in Andalusien hatte man als Tourist gespürt, dass es separatistische Tendenzen gab, die nicht zuletzt die Vergangenheit überlagerten. Aber Vernichtungs- und Vertreibungserfahrungen lagen doch weit zurück.

Ost- und Ostmitteleuropa hatten bis 1989 am längsten die Folgen des Zweiten Weltkriegs gespürt, eigentlich haben sie bis heute an den nicht überwundenen Folgen zu tragen. Sie wurden nicht nur in die Zwischenkriegs- und Kriegszeit zurückgeworfen, sondern knüpften häufig an vergangene kollektive Erfahrungen an. Dies galt auch für die Staaten und Gesellschaften, die aus dem Zerfall Jugoslawiens hervorgingen. Hinzu kam eine Überlagerung von politischen Konflikten und konfessionellen Gegensätzen in den Teilstaaten der ehemaligen Sowjetunion, die nicht zuletzt neuen Eliten nützte, die sich bietende finanzielle Chancen nutzen wollten.

Was sich nach 1989 vor den Augen der Öffentlichkeit abspielte, waren so zwar keineswegs nur heftige Volksgruppenkämpfe, vielmehr auch Elitenkonflikte, in denen sich eine vielschichtige und verschlungene, geradezu verknäuelte europäische Vergangenheit reflektierte. Appelle an Gemeinsamkeiten und Besonnenheit halfen nicht weiter, ob in Moldawien, Kroatien, Bosnien, im Kosovo oder in Serbien. Eigentlich kehrten die Konflikte vom Beginn des 20. Jahrhunderts zurück, und deshalb fragte ich mich oft, wie man eigentlich das 20. Jahrhundert als Historiker beurteilen müsste, wenn Historiker nur Zeugnisse vom Anfang und vom Ende des Jahrhunderts hätten.

Es dauerte einige Jahre, bis eine zumindest äußerliche Ruhe einkehrte. Unvorstellbare Verfolgungen begleiteten diese Entwicklung. Seit dem Ende der Kriege in Serbien, Kroatien, Bosnien, im Kosovo und in Montenegro hat sich die politische Lage aber noch einmal dramatisch verändert und droht eine allgemeine Furcht vor dem Fremden zu verstärken. Anschläge, Kriege, Interventionen haben ein Gefühl erzeugt, das nicht nur unsere Angst, sondern vor allem auch die Brüchigkeit unserer Ordnungen reflektiert. Innerhalb von nicht einmal einem Jahrzehnt hatte sich die anfängliche Begeisterung des Jahres 1989 gelegt, die sich in der Verwandlung des fünften Satzes der 9. Symphonie Beethovens in ein allgemein menschenumfassendes Jahrhundertprogramm andeutete. Da wir zwar die Geschichte beschwören, aber aus den augenblicklichen Stimmungen leben, ist die Ernüchterung nicht überraschend. Bedauerlich ist vielleicht, dass wir ein Jahrhundertgefühl, den friedlichen Zusammenbruch diktatorischer Systeme, so rasch relativiert haben.

Heute geben wir uns unseren pessimistischen Stimmungen ebenso hin wie unserer Begeisterung im Jahre 1989. Zunächst einmal korrigierten wir plakative Epochenbegrenzungen. Vor allem Historiker neigen dazu, Zeitläufe auf den Begriff zu bringen, vergessen dabei aber zu leicht, dass sie wissen, was sie wissen, weil es sich ereignet hat. Sie kommentieren zunehmend die Gegenwart, ohne durch systematische Vergleiche gegenwärtige Phänomene zu erklären, zu relativieren, zur Deeskalation einer Grundstimmung zu nutzen, die der Soziologe Simmel als sterile Aufgeregtheit bezeichnet hat.

Wurde 1989 zunächst als Epochenschwelle des kurzen 20. Jahrhunderts bezeichnet, so dehnten die historisch orientierten Publizisten rasch die Epoche bis zum 11. September 2001 aus. Europa rückte nun, so schien es, endgültig an den Rand der Weltpolitik. Zugleich wurde die Tragödie der Bewohner des ehemaligen Jugoslawien in der Erinnerung auf nachrangige Plätze verwiesen. Dabei war kein Ereignis der jüngeren Zeit, vielleicht abgesehen vom irischen Bürgerkrieg, so geeignet, uns das gesamte 20. Jahrhundert zu erschließen, wie die ethnischen Konflikte auf dem Balkan. Aus einer bis 1989 zunächst immer wieder beschworenen, in den KSZE-Verhandlungen zunehmend mit Leben gefüllten, dann 1990 in der Überwindung der deutschen und europäischen Teilung eindrucksvoll und unwiderruflich praktizierten europäischen Gemeinsamkeit, hatte sich eine europäische Ordnung entwickelt, die bis dahin jenseits aller politischen Fantasie lag. Nach den Energien, die der ‚Kalte Krieg' gebunden hatte, schien nur ein geradezu uneingeengtes Feld des Aufbaus eines gemeinsamen Europas bearbeitet werden zu können. Bis dahin hatte man aus dem Interesse an Selbsterhaltung die ‚friedliche Koexistenz' beschworen und zumindest erreicht, dass der stets gefährliche und bestenfalls als ‚Kalter Frieden' empfundene ‚Kalte Krieg' Europa zur Schlüsselregion in einer globalen Auseinandersetzung gemacht hatte. ‚Friedliche Koexistenz' war nicht zu verwechseln mit bewusster und freiwillig praktizierter, Tolerierende ebenso wie Tolerierte bereichernder Toleranz, die in Europa nach der Reformation und den konfessionell begründeten tief greifenden Weltanschauungskonflikten als Wert erkannt worden war. Was Koexistenz bedeutete, hatte sich für Europa bereits während des Korea-Krieges gezeigt, als der Gedanke des amerikanischen Oberbefehlshaber der Interventionstruppen in Korea 1950 bis 1953 General MacArthurs, im Fernen Osten Atomwaffen einzusetzen, von dem neu gewählten amerikanischen Präsidenten Eisenhower erst mit Blick auf die Folgen dieser Eskalation für Europa aufgegeben wurde. So rettete die Absicht, Europa nicht zu zerstören, die Welt vor einem Atomkrieg.

Es folgten in den fünfziger und sechziger Jahren Konflikte, die Hemisphären trennten, Europa zu einem tief gespaltenen Erdteil machten und dessen Bewohner sich gegenseitig immer fremder wurden. Gewiss gab es Entwicklungen, die Entfremdungen innerhalb der Blöcke abbauten, vor allem getragen von Intellektuellen und Oppositionellen in Ostmitteleuropa, die alte Zusammenhänge geistiger und kultureller Gemeinsamkeit beschworen und ungleich mehr taten, um Kontakt zu halten, als der Westen.

Auch westlich der Elbe gab es große Veränderungen, die sich über Jahrhunderte erstreckenden Gegensätze entschärften und überwanden. Deutschland und Frankreich kamen sich näher, wurden sich vertrauter, nicht so, wie westeuropäische Intellektuelle und die USA, aber doch in einem Maße, dass beim Tode Adenauers die deutsch-französische Freundschaft als eines der beiden großen politischen Wunder der Nachkriegszeit bezeichnet wurde. Was immer man klagend gegen die Amerikanisierung einwandte, so war doch unbestreitbar, dass die *Verwestlichung* Deutschlands dort jegliches politische und konstitutionelle Sonderbewusstsein beseitigte, das sich in Deutschland seit dem 19. Jahrhundert ausgebildet hatte. Der Berliner Historiker Heinrich August Winkler hat Recht: Der ‚Weg nach Westen' wurde in den sechziger und siebziger Jahren von den Deutschen endgültig zurückgelegt und schuf die Voraussetzung für die bei aller Kritik bewundernswerte deutsche Vereinigung ohne neues Großmachtgehabe.

Dabei hatte sich die Begeisterung der Deutschen für eine europäische Konföderation besonders stark ausgeprägt. Sie hätte, so ist immer wieder zu hören, geradezu das verloren gegangene Nationalgefühl ersetzt. Das kann man bezweifeln, wenn man sich vergegenwärtigt, wie komplex Nationalgefühl zusammengesetzt ist, von der Geschichts- über die Sprach- und Kultur- bis zur Verantwortungs- und Schuldgemeinschaft. Jüngst entdeckt man weitere übernationale Komponenten einer nationalstaatlichen deutschen Identität. Man macht etwa den Reichsbezug als einen spezifischen Prägefaktor des deutschen Selbstverständnisses aus. Dieser Gedanke lohnt sich vermutlich nicht, wenn man das Reich ideologisch definiert, sondern wenn man sich vergegenwärtigt, dass es wie kaum eine andere Institution der europäischen Geschichte geeignet war, kulturelle, regionale, einzelstaatliche, konfessionelle und nationale Unterscheidungen zu überwinden, zumindest zu überspielen. Dies galt ähnlich für das Habsburgerreich, ein Vielvölkerstaat, dessen Organisationskraft zunehmend positiv gedeutet wird, aber auch für das Osmanische Reich.

Ethnische Gegensätze spielten zwar ebenso wie konfessionelle immer wieder einmal eine Rolle, waren jedoch überbrückbar, wurden sogar organisierbar. Es bildeten sich

Gemeinwesen aus, in denen Platz für ganz unterschiedliche Gruppen war, in denen man eine praktizierte Nachbarschaft kultureller Identitäten beobachten konnte. Sichtbarsten Ausdruck fand dieses Nebeneinander etwa in Simultankirchen, die gemeinsam von unterschiedlichen Konfessionen genutzt wurden. Vielleicht lag es am Verlust der kleindeutschen Nationalstaatlichkeit nach 1945, dass nirgendwo sonst die europäische Gemeinsamkeit so beschworen wurde wie in Deutschland, und dies unabhängig von den parteipolitischen Vorlieben. Sicher, manche Deutsche begnügten sich in den fünfziger Jahren mit der Beschwörung des christlichen Abendlandes, stellten es in Gegensatz zu ‚Asien', wie man sagte, und zur Sowjetunion und beschworen somit Kontinuitäten zu jenen Zeiten, die mit dem Ende des Deutschen Reiches auch eine wahre Katastrophe für die ostmitteleuropäischen Staaten und Gesellschaften gebracht hatten. Sie redeten sich wirklich ein, das christliche Abendland verteidigt zu haben, als sie sich an einem Weltanschauungskampf beteiligt hatten, der Europa völlig veränderte. Eine Folge des Zweiten Weltkrieges war die weitgehende Vernichtung des osteuropäischen Judentums, dessen Vielfalt und Lebendigkeit man nur ahnen kann, wenn man sich Wilna und Kowno, Riga und Chernowitz vergegenwärtigt. Daran dachte man in Deutschland in den fünfziger Jahren nicht, wenn man die Einheit europäischer Geschichte in Sonntagsreden beschwor. Man rief sich das verlorene Jahrhundert ins Bewusstsein und dachte an die eigene, weniger an die fremde, von deutscher Hand vernichtete Welt. Diese Verengung des Blicks diente zugleich der Exklusion von vielen konstitutiven Elementen europäischer Identität: die Bedeutung der Araber in Spanien, der sephardischen Juden in Spanien, der Protestanten in Spanien, der Albaner in Süditalien, der Sinti und Roma als eines wahrhaft europäischen Volkes, der askenasischen Juden, die nicht in der Runde der viel zitierten und hoch geehrten Nobelpreisträger aufgingen, der griechischen, serbischen und russischen Orthodoxen, der Katholiken in protestantischen Ländern, der Protestanten in katholischen Ländern, der Nonkonformisten in England, der Katholiken in Nordirland, der Protestanten, der Schotten. Hinzu kamen die vielen regionalistischen Bewegungen, die kleinen Völker, die Sprachgruppen. Man beschwor die kulturelle Einheit Europas, bedauerte die politischen Gegensätze und beklagte ihre Kosten, aber man analysierte nicht die Mechanismen der Ausgrenzung, Diffamierung, Entrechtung und Verfolgung. Man liebte in Deutschland Abi und Ester Ofarim, hörte begeistert Django Reinhard, las Kafka, Musil, Havel, zeichnete Manes Sperber und Leszek Kolakowski durch den Friedenspreis des Deutschen Buchhandels aus, führte Stücke von Slawomir Mrozek auf und bewunderte Tibor Dery, aber man wollte nicht begreifen, weshalb Angehörige der von ihnen repräsentierten Kultur ausgegrenzt, verfolgt, diffamiert worden waren.

Vielleicht stehen wir deshalb heute so erstaunt und unwissend, oft auch überheblich vor Ereignissen, die uns schrecken und uns durch unsere Vergangenheit sehr nah sind. Der Massenmord in Srebenica liegt gerade einmal zehn Jahre zurück und bleibt so lange unverständlich, wie wir uns nicht bewusst machen, dass vergleichbare Ereignisse, die in deutscher Verantwortung während des Zweiten Weltkrieges stattfanden, in Mittel- und Osteuropa nicht einmal sechzig Jahre zurückliegen. Die Vertreibung der Juden aus Spanien und aus vielen Zufluchtsländern der Fliehenden liegt fünfhundert Jahre zurück, die Ermordung ganzer Völker in Mittel und Südamerika vierhundert Jahre, die Ausrottung afrikanischer Stämme einhundert Jahre, und natürlich müssen wir an die millionenfache Ermordung von Armeniern 1915 erinnern.

Die Neigung zur Homogenisierung färbte die europäische Geschichte tief ein und verursachte Katastrophen. ‚*Cuius regio, eius religio*' fragt als Grundsatz nicht nach Minderheiten. Die Freude an kultureller Vielfalt, die wir heute beschwören, prägte keineswegs die politische Geschichte Europas, und wenn über Identität nachgedacht wird, dann über die eigene. Das lässt sich überall beobachten, wo Europäer handeln. Das gilt selbst für Australien. Erst jetzt erfahren dort die Aborigines ersten Schutz. Das galt für die belgische Kolonie Kongo, wo die Pygmäen kaum eine Chance bekamen. Vielen Indianer-Stämmen des Amazonas-Gebietes wird sie bis heute verweigert.

Ich sage dies nicht, um Rechnungen aufzumachen. Sondern ich reagiere mit diesen Beobachtungen auf unsere Ratlosigkeit angesichts von Massenverfolgungen Andersgläubiger und Andersdenkender, von Minderheiten, sei es in Indien, Indonesien, Uganda und Burundi. Die ‚Bartholomäus-Nacht' aber gehört zur europäischen Zivilisation und lässt sich erst aus dem späten Rückblick als europäische Tragödie bezeichnen wie die ‚konfessionellen Flurbereinigungen' des 18. Jahrhunderts, die man nur mühsam aus preußischer Perspektive als Aufnahme befähigter und nutzbringender Zeitgenossen kaschieren kann, denn konfessionelle Ausgrenzung bedeutete zunächst einmal Vertreibung. Die englischen Bürgerkriege des 17. Jahrhunderts kosteten viele tausend Menschen das Leben, ebenso wie der Kampf der französischen Revolutionäre von 1789 gegen die Vendeé oder gar die terroristische Phase der Französischen Revolution. In Baden, wo ich heute lebe, erinnert man sich an die Niederschlagung des Badischen Aufstandes, und wer über die Französische Kommune forscht, wird darauf gestoßen, dass damals etwa 40 000 Pariser Aufständische umgebracht wurden. Das alles mag erklärt werden als Ausfluss einer revolutionären Bewegung, macht aber doch nur begrenzt verständlich, wie wenig in der europäischen Geschichte dazu gehörte, um aus Mitmenschen Gegenmenschen zu machen. Kennzeichen des Selbstbewusstseins der Europäer war so keineswegs die Freude an ihrer Vielfalt. Dies sollte man sich in das Gedächtnis rufen, wenn wir von Übergriffen in entfernt gelegenen Weltteilen hören. Sie halten uns eigentlich einen Spiegel vor, denn furchtbare Pogrome und systematisch betriebene Mordaktionen liegen ein ganzes und ein halbes Menschenalter hinter uns.

Wie sagte Bonhoeffer: „Nichts von dem, was wir im anderen verachten, ist uns selbst ganz fremd." Das gilt nicht nur für Individuen, sondern auch für Kollektive, Nationen und Gesellschaften. Wenn wir unsere eurozentrische Überheblichkeit korrigiert haben, wenn wir die Vielfältigkeit kultureller Identitäten in Europa heute als Bereicherung empfinden, diese wollen und schützen, so ist das die Konsequenz einer furchtbaren Erfahrung, die alle europäischen Völker im 20. Jahrhundert gemacht haben. Denn Antisemitismus gab es überall, nationalstaatliche Ideologien führten allenthalben zu gewaltsam erzeugten Homogenitäten.

Wenn wir auf die Manifestationen europäischer kultureller Vielfalt schauen, dann dämmert uns, wie lange wir brauchten, um sie zu schätzen und zu schützen. Denn kulturelle Vielfalt erschöpft sich nicht in Folklore, sondern im Anspruch auf ein Leben nach Maßstäben und Werten, die nicht jeder teilen kann und teilen will. Es geht nicht nur um Toleranz, sondern es geht um Akzeptanz. Wenn wir diesen Punkt erreicht haben und ihn akzeptieren, wird aus dem europäischen Traum das europäische Abenteuer. Denn dann leben wir nicht mehr aus einem Bild, einer Vorstellung, einer Vision, sondern wir leben real, also wirklich zusammen.

Die Universitäten hatten bei der Entwicklung der Voraussetzungen dieses realen Zusammenlebens übrigens eine tragende Bedeutung und das ist bis heute so geblieben. Bereits in der Frühgeschichte des europäischen Universitätswesens stellten Studenten die beweglichste Gruppe und schufen wesentliche Voraussetzungen für die Entstehung einer europäischen Gesellschaft, die sich auf Traditionen und tradierte Gemeinsamkeiten bezog. Etwa 20 000 Studenten waren im 14. und 15. Jahrhundert unterwegs, um in den attraktiven europäischen Universitätsstätten zu studieren. Sie formten die Grundlage einer europäischen Gemeinschaft und entwickelten Gemeinsamkeiten, welche Länder-, Konfessions- und Standesgrenzen überschritten: Renaissance, Humanismus, Barock, Aufklärung machten als Kräfte europäischer Gestaltung gerade nicht vor Staatsgrenzen halt. Erst wenn wir lernen, die Welt aus der Perspektive desjenigen zu sehen, der uns fremd ist und fremd bleibt, erst wenn wir sie bewusst so sehen wollen, erst wenn wir lernen, die Welt mit den Augen des anderen zu sehen und die Voraussetzungen für ein derartiges Verständnis schaffen, erst dann ist der Schritt zu jenem Selbstverständnis gelungen, das wir an manchen Gesellschaften bewundern, die sich durch Integrationskraft und Integrationswillen auszeichnen. Es sagt sich so leicht, dass die Kultur der Berber ihren literarischen Glanz in Paris bekommen hat. Es ist nicht selbstverständlich, dass kurdische Literatur außerhalb der Türkei entsteht. Aber hat nicht die deutsche Literatur der dreißiger und vierziger Jahre gerade in den Zufluchtsländern ihre bemerkenswertesten und nachwirkendsten Erfolge errungen, in Paris, Amsterdam, Lateinamerika, den USA und Großbritannien, auch in der Sowjetunion?

Wir müssen uns deutlich machen, woher wir kommen und was wir im Laufe unserer langen Geschichte – aus heutiger Sicht – verfehlt haben, um angesichts von Übergriffen, mit denen wir täglich konfrontiert werden, einen guten Teil unserer Überheblichkeit abzulegen. Denn diese speist sich allein aus dem Verdrängen eines langen Weges, der eintausend Jahre unserer Geschichte ausmacht und keineswegs unsere Freude an der Vielfalt belegt, sondern bestenfalls illustriert, dass wir in einer langen und schwierigen Geschichte gelernt haben, Spannungen auszuhalten, Gewalt zu vermeiden, im Anderen nicht nur eine Bedrohung zu sehen, sondern einen Menschen oder eine Gruppe eigenen und gleichen Rechts wie wir. Kennzeichen europäischer Identität war nicht die Freude an Vielfalt, Gegensätzlichkeit und Konfliktbereitschaft, sondern die Entwicklung von Modi, Ausgrenzungen zu modifizieren, Prozeduren zu entwickeln, Entscheidungen aus Kompromissen zu entwickeln und auf Kompromisse zu beziehen.

Wer auf die europäische Geschichte unserer Gegenwart schaut, wird rasch spüren, dass auch glückende Nachbarschaft eine Vorgeschichte hat. Noch einmal: Zur Überheblichkeit angesichts der Übergriffe, mit denen wir im Kulturkonflikt konfrontiert werden und der sich zur Zeit vor allem gegen jene richtet, die sich zum Islam bekennen, besteht kein Anlass. Vor gut fünfhundert Jahren ließen wir aus konfessionellen Gegensätzen verwüstende Kriege entstehen, vor zweihundert Jahren machten wir als Europäer aus einer Revolution, die Ausgangspunkt unserer Gegenwart wurde, ein Massensterben, nicht nur in den Schlachten Napoleons, sondern im großen Terror. Und vor gut fünfzig Jahre verübten wir Übergriffe in der Nachbarschaft, ließen sie in unserer Nachbarschaft, in unserem Alltag, ja in unseren Familien zu, ersteigerten den kümmerlichen Besitz von Deportierten, bemächtigten uns ihrer Wohnungen und vernachlässigten ganz bewusst und diffamierend dabei oft das, was das Entscheidende war, die Vielfältigkeit der Kulturen, das Nebeneinander von Identitäten.

Es besteht kein Anlass, im Nebeneinander von Kulturen das europäische Selbstverständnis auf wenige erhebende, wohlgemerkt, angebliche Wurzeln zu reduzieren. Besonders misstrauisch sollte der Hinweis auf so genannte ‚abendländische' antike, griechisch-römische, christliche, vielleicht noch alttestamentarisch-jüdische und humanistische Wesensgehalte machen. Wer sich mit der europäischen Geschichte beschäftigt, verliert den sicheren Grund. Umstritten war bereits die Bedeutung der Reformation, stellte sie doch die katholisch-christliche Prägung infrage.

Vergessen wurde zunehmend die Bedeutung des Islam, ohne den unsere europäische Kultur gar nicht denkbar ist. Islam ist nicht nur Gegensatz zum Judentum und Christentum, denn wir haben sehr viel gemeinsam und werden das irgendwann auch erkennen. Europäische Geschichte ist in langen Jahrhunderten die Geschichte fundamentalistisch begründeter Übergriffe gegen Menschen und Gegenstände: Hexenverbrennung, Bildersturm, Pogrome, selbst die Säkularisierung aus dem Interesse an Besitzmehrung – nichts ist uns fremd.

Wer die europäische Vielfalt beschwört und genießt, welcher kulturelle Reichtum sich aus dem Nebeneinander von Gruppen und Menschen entwickelt, die eine stabile Identität ausgebildet haben, der wird nicht mehr in Konfrontationen und Gegensätzen denken, der wird bei jeder Artikulation der Furcht vor der Zerstörung unserer Zivilisation durch dunkle Mächte daran erinnern, dass der in Spanien in der Maurenzeit lebendige Islam nicht nur Spanien prägte, sondern Europa, und dies gilt ebenso für das Habsburger Reich und die Zerfallsstaaten des Osmanischen Reiches. Kein Wort wird in den Beschwörungen der europäischen kulturellen Identität über das griechisch- und russisch-orthodoxe Christentum verloren. Und zunehmend schwindet auch aus dem Bewusstsein, was einmal das osteuropäische Judentum für die Prägung und Färbung Europas bedeutet hatte.

So überraschend es klingt, über den Anteil des griechisch- oder russisch-orthodoxen Christentums konnte man in den Kreisen, die das Abendland beschworen, nicht einmal streiten, denn er wurde vernachlässigt oder schlicht jener Region zugeschrieben, die jenseits einer immer weiter nach Westen verlegten Ostgrenze Europas lag. In der Tat hatte man in den fünfziger Jahren noch den Ural als Grenze Europas beschworen. Wenig später begann dann Osteuropa am Eisernen Vorhang, also an der polnisch-tschechisch-ungarischen Grenzlinie, die sich im Balkan irgendwo verlor und auf der *mental map* des Westeuropäers bestenfalls noch wegen des merkwürdigen anachronistischen Wiedervereinigungsgebots und der Vorstellung von einer gesamtdeutschen Staatsbürgerschaft auf dem Gebiet der DDR, eine Übergangszone. Es war eine außerordentliche Leistung der Oppositionsbewegungen in Polen, der Tschechoslowakei und in Ungarn, dem resignierenden westlichen ebenso wie dem triumphierenden sowjetischen Blockdenken seit den siebziger Jahren eine Alternative entgegengesetzt zu haben. Aus *antipolitischen* Bestrebungen, das die alten Machthaber nicht nur befremdete, sondern verunsicherte und schließlich reaktionsunfähig zu machen schien, erwuchs ein neues politisches Selbstbewusstsein, das ein neues Element europäischen Selbstverständnisses markieren könnte. Galt zunächst, und Jiri Dienstbier hat es ausgedrückt, dass man von Europa nur träumen könnte, so wurde Europa zur Vision, also, und dies sagte der ungemein wichtige und überzeugende Kultureuropäer Ernst H. Gombrich in seiner kurzen „Weltgeschichte für junge Leser“, zu einem „Traum, bei dem man nicht schläft.“ [1] Die hinter dem so genannten ‚Eisernen Vorhang‘ lebenden europäischen Teilgesellschaften hatten aus der Kritik an der europäischen Spaltung in der Phase des auslaufenden ‚Kalten Kriegs‘ ein Übergangskonzept entwickelt, das nicht mehr auf Teilhabe an der Durchsetzungsmacht, sondern auf Veränderung des Bewusstseins der Beherrschten durch Fantasie und Willensentscheid zielte und deshalb die Anpassung der Oppositionellen an die vorherrschende Systemmacht der Sowjetunion und ihre Anhänger in den so genannten ‚Volksdemokratien‘ nicht zur Voraussetzung hatte.

Im ‚*Mitropa-Konzept*‘ der ostmitteleuropäischen Opposition artikulierte sich ein Partizipationswille, der auf kulturelle und politische Integration setzte. Europa wurde wahrgenommen als ein regional hochgradig differenziertes Europa, in dem sich sogar Minderheiten sicher wähnen könnten. Und davon gab es im Bereich der europäischen Gemeinschaft viele. Etwa einhundert Minderheiten hatte die europäische Administration gezählt und anerkannt. Es hatte den Respekt vor den ganz unterschiedlichen Manifestationen europäischer Vielfalt und Befindlichkeiten zur Voraussetzung und artikulierte so nicht nur den Anspruch auf Teilhabe an den europäischen Verteilungskämpfen, sondern auf Respekt vor dem Eigenen als Folge des Respekts vor dem Anderen. Antipolitik, das war so nicht nur eine Absage an Machtpolitik, an Hegemonien, sondern ein Bekenntnis zum europäischen Pluralismus. Dieses Konzept begründete viele Hoffnungen bei denen, die sich den politischen Umbruch der Jahre 1989 und 1990 nur als den Anstoß für eine umfassende Veränderung der Nachkriegsordnung und der europäischen Gesellschaften vorstellen konnten. Der Wandel sollte zu einer weiteren Veränderung führen, der mehr war als eine Erweiterung europäischer Organisationen. Dieser Wandel verlangt nicht nur Bereitschaft, Veränderungen zu wollen, nicht nur die Kraft, sie zu gestalten, sondern auch den Willen, die Welt weiterhin mit anderen Augen zu sehen.

Das klingt pathetisch und moralisch und beschreibt dennoch nicht mehr als die schlichte Voraussetzung des Wandels, der seit den siebziger Jahren mit Abrüstungsverhandlungen, Rüstungsbegrenzungen und schließlich auch kulturellen, ja menschenrechtlich begründeten Bestrebungen zur Vertiefung europäischen Zusammenlebens beigetragen sollte und tatsächlich beigetragen hat. Seitdem geht es nicht mehr um die Erweiterung, sondern um die Vollendung Europas. Was aber meinen wir mit Europa? In den fünfziger Jahren fiel die Antwort noch leicht. Wer hätte die politisch engen Definitionsversuche nicht im Ohr, die den Westen aus dem Gegensatz zum Osten begrün-

1 *Gombrich, Ernst H.*: Eine kurze Weltgeschichte für junge Leser. Von der Urzeit bis zur Gegenwart, Köln 1985, S. 149.

deten, ohne zu wissen, dass gerade im Osten die Vielfalt kleiner Volksgruppen überlebte, die Europas kulturellen Reichtum ausmachte? In unserer Gegenwart und das heißt vor unseren Augen ist ein großer Teil dieser Vielfalt vergangen. Um zu erkennen, was gefährdet ist, muss man es sehen. Dazu können wie im 14. Jahrhundert die Universitäten helfen. Wir haben lange gebraucht, um Europa zu einem sicheren, friedlichen, einheitlichen Erdteil zu machen. Vor zehn Jahren wäre es mir allerdings noch viel leichter gefallen, dies zu sagen. Denn alles, was auf den Zerfall Jugoslawiens folgte, war ein Rückfall in die Gegenwart der Generation meiner Eltern.

Europa als ‚Traum, bei dem man nicht schläft' – das ist ein schönes Bild. Europa als zu bewältigendes Abenteuer – das ist unsere Realität. Euro-Skepsis mag gewiss angesichts der Verantwortungslosigkeit politischer Führungsschichten verständlich sein. Sie hilft aber nicht weiter, um das Abenteuer zu bestehen, das auf uns zukommt. Es kann nur von Menschen bewältigt werden, die sich auskennen, die wissen, was auf sie zukommt. Veränderungen dürfen nicht schrecken, vor allem dann, wenn man weiß, dass die größte Gefahr von der Stagnation ausgeht. Allerdings ist Wandel kein Selbstzweck, denn in Bewegung ist auch der entkoppelte Motor, der mit Vollgas betrieben wird. Bewegen kann sich nur der Zielstrebige, der die Richtung kennt. Nur weil manche Politiker sie kannten, war der Wandel des Jahres 1989 möglich, konnten vor allem die Gesellschaften Ostmitteleuropas Veränderungen vollziehen und Herausforderungen bestehen, die außerordentliche Anpassungsleistungen verlangten.

Inzwischen haben wir diesen Zustand des Umbruchs weiter hinter uns gelassen, als den Deutschen, die auf die Innen- und Sozialpolitik fixiert sind, bewusst zu sein scheint. Die Europäische Union ist auf fünfundzwanzig Mitglieder angewachsen und soll sich 2007 noch einmal erweitern. Die Nato wurde erweitert und gründet nicht nur in der atlantisch-europäischen Gemeinschaft von Wertvorstellungen und Interessen, sondern auch in der Realität einer gemeinsamen europäischen Sicherheits-, Verteidigung- und Außenpolitik. Grundlegend sind die Veränderungen im Bildungssystem. Deshalb sind Universitäten wichtig. Sie schaffen und sichern die Grundlagen, die nötig sind, um heranwachsende europäische Generationen Abenteuer bestehen zu lassen. Die Grundlagen Europas fußen schon lange nicht mehr in der Geschichte. Sie werden tagtäglich in der Gegenwart geschaffen und festigten die Grundlagen einer gemeinsamen europäischen Kultur – trotz und gerade wegen der kulturellen Vielfalt, die Europa auszeichnet.

Europa, das bleibt der geschichtlich, kulturell und sprachlich differenzierteste Kontinent. Geschichte Europa lässt sich nicht zusammenführen in das Konstrukt einer Einheit, sondern findet in der Vielfalt ihre gemeinsame Grundlage – in einer Vielfalt, die sich braucht und gegenseitig ebenso bedingt wie bereichert. Ohne die Anerkennung dieser vielfältigen Grundlagen können wir nicht einmal von Europa träumen.

Aber wer nicht träumt, der wird um den Schlaf gebracht – durch Alpträume, die nur der Spiegel unserer vergangenen Ängste und überwundenen Überforderung sind.

Ende des Nationalstaates?

Dieter Oberndörfer

Der Nationalstaat entstand in Europa und wurde von hier in die ganze Welt exportiert. Nationalstaaten sind Territorialstaaten, deren Regierungen im Sinne der von dem französischen Staatsphilosophen Jean Bodin im 16. Jahrhundert entwickelten Souveränitätslehre souverän sein sollen. Souverän heißt: sie sollen ihre, wie auch immer definierten politischen Interessen, im Innern wie nach außen, möglichst ungehindert selbst durchsetzen können. Nationale Politik hat dafür zu sorgen, dass der Souveränitätsanspruch des eigenen Staates nicht eingeschränkt wird. Nationalstaaten und ihre Souveränität sind quasi sakrosankte Gebilde. Der Nationalstaat ist ewig und unauflösbar. [1]

‚Ende des Nationalstaates'? Schon ein Blick auf die politische Landkarte der Welt scheint das Fragezeichen zu widerlegen. Alle Staaten der Welt definieren sich heute als Nationen, die meisten sind Mitglieder der Vereinten Nationen und beteiligen sich am Wettbewerb bei den Olympischen Spielen. Sie alle haben sich die Symbole des Nationalstaates, die Nationalflaggen und Nationalhymnen zu eigen gemacht. An nationalen Feiertagen wird die eigene Nation kultisch zelebriert. Alle Regierungen berufen sich bei der Legitimierung ihrer Politik auf nationale Interessen und die nationale Souveränität. Gerade in den Vereinigten Staaten erleben wir seit dem 11. September eine wahre Explosion des Nationalismus und der nationalen Souveränitätsidee: America first! Ein Weltgerichtshof zur Verurteilung von Kriegsverbrechen wird unter Berufung auf die eigene nationale Souveränität abgelehnt. Die Manifestationen des amerikanischen Nationalismus erinnern an den Nationalismus der Europäer in der Zeit vor und zwischen den beiden europäischen Bürgerkriegen. In Europa selbst ist trotz der bisherigen großen Erfolge bei der politischen und wirtschaftlichen Einigung Europas eine deutliche Ernüchterung früherer Hoffnungen auf ein Ende seines nationalen Provinzialismus zu beobachten. Weitergehendere Forderungen nach Abbau der Nationalstaaten und Bildung eines neuen europäischen Staates nach dem Muster der Vereinigten Staaten werden nun heute von den meisten als realitätsfremde Utopie abgelehnt. Sogar die Bildung eines europäischen Staatenbundes wird von vielen für unwahrscheinlich gehalten. Dennoch ist es bemerkenswert, dass hier, in dem Kontinent in dem der Nationalstaat entstanden ist und zur Vorlage für die weltweite Staatenbildung wurde, von einer Erosion des Nationalstaates gesprochen und die Überwindung des Nationalstaates gefordert oder überhaupt in der Politik diskutiert wird.

1 Zum Text vgl. *Dieter Oberndörfer*: Deutschland in der Arbeitsfalle. Politische Kultur in Zeiten der Globalisierung, Freiburg u. a. 2005. *Ders.*: Der Wahn des Nationalen. Die Alternative der offenen Republik, 2. Auflg., Freiburg/Basel/Wien 1994, S. 141. *Ders.*: Politik für eine offene Republik. Die ideologischen, politischen und sozialen Herausforderungen einer multikulturellen Einwanderungsgesellschaft, in: *Klaus J. Bade* (Hrsg.): Manifest der Sechzig. Deutschland und die Einwanderung, München 1993, S. 133-147. *Ders.*: Integration or Separation. On the Way to the post-national Republic, in: *Theodor Hanf* (Hrsg.): Dealing with Difference, Religion, Ethnicity, and Politics, Baden-Baden 1999, S. 409-443. *Ders.*: Deutschland ein Mythos? Von der nationalen zur postnationalen Republik, in: *Yves Bizeul* (Hrsg.): Politische Mythen und Rituale in Deutschland, Polen und Frankreich, Berlin 2000, S. 161-196.

In dieser Debatte um Zukunft oder sogar Ende des Nationalstaates gibt es zwei Argumentationsstränge. Ein Argumentationsstrang ist der Abbau nationaler Souveränität und der Beschränkungen nationaler Politiken durch globale und regionale Vernetzungen von Wirtschaft und Politik. Durch sie werde, so heißt es, die nationale Souveränität der einzelnen Staaten immer mehr abgebaut und ausgehöhlt, daher zeichne sich ein Ende nationalstaatlicher Politik ab. An dieser These ist sicher sehr viel Richtiges, insbesondere gerade im Hinblick auf das Szenario der europäischen Politik, der Verflechtung ihrer nationalen Ökonomien und Politiken seit Ende des zweiten Weltkriegs. Zu fragen wäre in diesem Zusammenhang vielleicht, ob bei dieser Debatte nicht für die Vergangenheit von einem unhistorischen Idealtypus des Nationalstaates ausgegangen wird. Europa war auch im 19. Jahrhundert und in den vorausgehenden Jahrhunderten nie so souverän wie in dem von der klassischen Souveränitätslehre geforderten Umfange.

Ein anderer Argumentationsstrang, der im Folgenden behandelt werden soll, orientiert sich an der Auflösung bisheriger klassischer Legitimitätsmuster der Nationalstaaten. Hier geht es allerdings nur sehr eingeschränkt um die Frage nach der Zukunft des Nationalstaates, viel mehr um seine normative Orientierung. Nämlich ob Nationalstaaten sich selbst auch weiterhin als unauflösbar definieren und sich primär an ihren Eigeninteressen orientieren werden oder ob sie bereit sind, ihren eigenen politischen Bestand infrage zustellen, ihre bisherigen nationalen Grenzen als auflösbar zu betrachten und den Staat nicht, wie im klassischen Nationalstaatsdenken, quasi als außerkonstitutionell vorgegebene sakrosankte Größe wahrzunehmen. Der Staat wird hier als Zweckorganisation gesehen und an seinen Leistungen gemessen – Leistungen, zu denen nicht zuletzt die Orientierung seiner Politik an den normativen menschenrechtlichen Grundlagen des demokratischen Verfassungsstaates und seiner weltbürgerlichen Substanz gehören. ‚Nation' steht in der Perspektive dieser Debatte für das Partikulare, mit dem sich Nationalstaaten voneinander abgrenzen und legitimieren. Überwindung oder Ende des Nationalen hingegen für das weltbürgerliche normative Fundament der Republik, des modernen Verfassungsstaates, für universal gültige individuelle Menschenrechte und für die Ableitung der Rechte der Bürger aus der Natur ‚des' Menschen. Die Geschichte der modernen Nationalstaaten wird seit ihren Anfängen in der französischen Revolution und der amerikanischen Staatsgründung von diesem Gegensatz zwischen dem Partikularismus der Nation und dem weltbürgerlichen Universalismus der Republik bestimmt. Alle derzeitigen Nationalstaaten sind in jeweils unterschiedlichen Mischungsverhältnissen Nation und Republik zugleich. So sind zwar heute nach internationalem Sprachgebrauch alle Staaten der Welt ‚nation states', Nationalstaaten. Die meisten bekennen sich als Mitglieder der Vereinten Nationen zu individuellen Menschenrechten. Das Partikulare, mit dem sich Nationen legitimieren und abgrenzen, sind kollektive Eigenschaften oder Werte – ihre kollektive Kultur. Diese politische Substanz der Nation müssen die Bürger bewahren und sich ihr unterordnen.

Die politische Substanz der Republik hingegen ist die individuelle Freiheit ihrer Bürger. Sie wird durch die republikanische Verfassung, durch Gewaltenteilung, Rechtsstaatlichkeit und Grundrechte geschützt. Die Kultur der Republik ist daher nicht eine aus der kollektiven Nationalkultur abgeleitete und den Bürgern verbindlich vorgegebene Orientierungsgröße. Sie ist vielmehr ein von ihnen unterschiedlich interpretierbares Gebilde. In der Republik, im modernen Verfassungsstaat, ist die Kultur deshalb immanent pluralistisch und veränderlich. Sie ist offen für Innovation und für ursprünglich Fremdes.

Die Nation ist nicht wie die Ideologen der Nation behaupten eine a priori vorhandene und naturwüchsige Größe. Sie erschafft sich vielmehr selbst durch Abgrenzung von anderen Staaten und durch Homogenisierung im Inneren. Die Inhalte definierter nationaler Identität müssen im eigenen Staatsverband durchgesetzt und artfremde Elemente ausgeschieden werden. Wer nicht an der ‚Substanz der Gleichheit' des Staatsvolkes teilhat, also z. B. nicht die Sprache der Sprachnation spricht, nicht dem Staatsvolk des Nationalstaats angehört oder sich nicht zur Staatsreligion des religiös legitimierten Nationalstaates bekennt, wird zum Stör- und Risikofaktor der nationalen Einheit. Er muss sich, sofern ihm das überhaupt gestattet wird, anpassen. Häufig jedoch wird er in ein Ghetto minderen Rechts verwiesen, wird vertrieben oder sogar physisch vernichtet. In allen Varianten des Nationalstaats ist diese Tendenz zur Selbsthomogenisierung eingebaut.

In der Sprachnation sollen Minderheiten ihre eigene Sprache aufgeben und die Sprache des Staatsvolkes übernehmen. Die Staatssprache wird von ‚Fremdwörtern' gereinigt. Dialekte werden als sprachliche Ausdrucksformen minderen Ranges oder sogar als politische Gefährdung der nationalen Einheit abgewertet und verfemt. So wurde nach einer neueren Studie die sprachliche Reinheit Frankreichs erst im 19. Jahrhundert geschaffen. Noch um 1800 verstanden und sprachen nur 20 % der Bewohner Frankreichs französisch. Die sprachliche Einheit Frankreichs wurde erst nach dem deutsch-französischen Krieg von 1871 in der Zeit vor dem ersten Weltkrieg mit Hilfe der Volksschulen geschaffen. In Italien sprachen nach sehr sogfältigen Untersuchungen noch um 1890 nur 10 % der Staatsangehörigen italienisch. Die sprachliche Einigung Italiens wurde erst nach dem zweiten Weltkrieg durch den Ausbau des Schulsystems und durch Rundfunk und Fernsehen geschaffen.

Im völkischen Nationalismus werden die ethnischen Minderheiten vom Staatsvolk unterdrückt oder vernichtet. In der alten österreichischen Monarchie und im Osmanischen Reich war demgegenüber jahrhundertelang eine buntscheckige, regional oft stark durchmischte Koexistenz zahlreicher Völker möglich. In den neuen ethnischen Nationalstaaten, die sich in Ost- und Südosteuropa nach dem Ersten Weltkrieg unter Berufung auf das Selbstbestimmungsrecht ‚der Völker' bildeten, wurde diese Koexistenz zerstört. Die ethnische Homogenisierung wurde zum Staatsziel. Mit dieser ideologischen Legitimierung ethnischer Homogenisierung als selbstverständliches ‚Recht' jedes ‚Staatsvolkes' durften Minderheiten zwangsassimiliert, vertrieben oder vernichtet werden. Zur Verwirklichung ethnischer Homogenität wurden so von der Türkei und Griechenland nach dem Ersten Weltkrieg millionenfache Austreibungen ihrer Minderheiten durchgeführt. Mit der physischen Vernichtung von einer Million Armeniern trat zum ersten Mal in der Geschichte des modernen Nationalstaates die ‚Endlösung' des Völkermordes auf.

Wie der sprachliche und ethnische Nationalismus ist auch der religiöse Nationalismus auf Selbsthomogenisierung angelegt. Religiöse Minderheiten werden politisch rechtlos, ‚Abtrünnige' werden als Feinde Gottes und der Staatsreligion erbarmungslos verfolgt oder sogar getötet.

In den aus dem Kolonialismus hervorgegangenen Geschichtsnationen Afrikas und Asiens konstruierten die Ideologen auf Kosten der überlieferten ethnischen und kulturellen Vielfalt Einheitsstaatsbürger. Nach der amtlichen nationalen Mythologie Indiens, Kenias und Tansanias, religiös-kulturell und ethnisch gemischten Staaten, gab es nur noch ‚den' Inder ‚den' Kenianer und ‚den' Tansanier. Statistiken über Stammeszugehörigkeit werden daher in den meisten Staaten Afrikas von den Behörden als Verschlusssache behandelt. Ihre Veröffentlichung wäre ein Akt der Subversion.

In vielen Geschichtsnationen leben unterschiedliche religiöse und ethnische Gruppen in relativ friedlicher Koexistenz miteinander. Diese Leistung ist aber oft mit besonders ausgeprägter Abgrenzung nach außen verbunden. So wurde in der Schweiz lange durch Rotation verhindert, dass durch zu lange Ortsansässigkeit von Ausländern Forderungen nach Einbürgerung erhoben werden können. Der Geschichtsstaat Nigeria, ein Vielvölkerstaat, hat nach dem Zusammenbruch des Erdölbooms Hunderttausende von Gastarbeitern aus westafrikanischen Nachbarstaaten in brutaler Art und Weise zwangsdeportiert, obwohl viele der vertriebenen Gastarbeiter ethnisch mit nigerianischen Stämmen verwandt waren.

In allen Nationalstaaten wurde versucht, die Inhalte ihrer ‚Identität' aus der ‚eigenen' Geschichte zu bestimmen. Die Geschichtswissenschaft wurde dadurch zur Ideologiewissenschaft des Nationalstaates schlechthin. Wenn es um den Nachweis der Besitzrechte auf bestimmte Gebiete geht, wird häufig noch zusätzlich die Archäologie bemüht. Sie hat zu belegen, dass schon ‚früher' Vorfahren der eigenen Nation in strittigen Territorien lebten und diese ihr deshalb ‚gehören'. Alte Landkarten werden für die Rechtfertigung der gewünschten Grenzziehungen benutzt. Bei Sprach- und Religionsnationen werden die Philologie und Theologie zu weiteren Ideologiedisziplinen. Die nationale Philologie erforscht die Ursprünge und definiert die verbindliche Gestalt der Nationalsprache. Die Theologie bestimmt in den Religionsnationen die Inhalte der wahren Grundlagen.

Die von der Geschichtswissenschaft und ihren Hilfsdisziplinen konstruierten Mythen oder besser Märchen einer kontinuierlichen und definierbaren ‚wahren' nationalen geschichtlichen Überlieferung, deren Ursprünge in der Vergangenheit zeitweilig verfälscht wurden und sich in der Gegenwart wieder neu entfalten sollen, wurden und werden zur Richtschnur für die inhaltlichen Bestimmungen der eigentlichen, der ‚echten' nationalen Substanz. Die nationale Geschichte wird dadurch immer zwangsläufig zum vereinfachenden und verfälschenden Konstrukt. Bei der Ermittlung ‚der' nationalen Identität wird die tatsächliche Vielgestaltigkeit der Völker und Staatengeschichten im Nachhinein selektiv eingeschränkt, müssen bestimmte Aspekte ausgewählt und in einer künstlich zurechtkonstruierten Zwangsjacke nationaler Kontinuität und Identität festgeschrieben und für die Zukunft verbindlich gemacht werden.

In Wirklichkeit weist aber die Geschichte der Kulturen und Völker niemals nur ‚eine' und noch dazu homogene Identität auf. Kulturen und Völker sind immer vielgestaltig. Sie sind dynamische, in ihrer Geschichte sich verändernde Gebilde. Die Geschichte aller Völker und Kulturen war stets eine Geschichte kulturellen Austauschs, der kulturellen Überlagerung, der Neuinterpretation, der Differenzierung und der Evolution kultureller Werte. Eine ‚wahre', von anderen Kulturen unbeeinflusste ‚eigene' Kulturtradition, die sich wie eine Pflanze allein aus dem genetischen Potential ihres Samens entwickelt, hat es nie und nirgendwo gegeben. Sie existierte immer nur in der Form der ideologischen Kunstprodukte ‚nationaler' Geschichtsschreibung.

Bei den von der nationalen Geschichtsschreibung produzierten und definierten Inhalten nationaler Identität verarmt die individuelle und kollektive kulturelle und ethnische Vielfalt. Sie wird dem Moloch angeblich wissenschaftlicher Kunstprodukte ‚der' nationalen Identität geopfert. Da diese Identität aus der Geschichte und hier wiederum nur aus einer künstlich verengten Perspektive gewonnen wird, sind alle ihre inhaltlichen Bestimmungen zwangsläufig ausgrenzend und restaurativ auf Vergangenes bezogen. Die einmal ‚definierte' nationale Identität ist statisch. Der Blick in die Zukunft, auf neue, bessere Möglichkeiten der kollektiven und individuellen Existenz, wird durch die Messwerte einer nach politisch-ideologischen Kriterien und Interessen zurechtgestrickten Vergangenheit verstellt, und diese Interessen waren stets die Interessen politischer Herrschaftseliten.

Die dem Nationalismus immanente restaurative Orientierung an ferner, toter Vergangenheit und die dafür benutzten Geschichtsklitterungen und Mythen finden sich in der ideologischen Selbstlegitimierung aller europäischen Nationalstaaten. Die Franzosen, Italiener und Spanier leiteten die Merkmale ihrer nationalen Identität von den Römern, Galliern oder Kettiberern ab. Die Deutschen, Skandinavier, Balten, Slawen, Ungarn und Türken verlegten den Zeitpunkt ihrer Entwicklung zur Nation in jene ferne Vorzeit, in der ‚ihre' Vorfahren von der nationalen Geschichtsschreibung angesiedelt worden waren – bei den Germanen, Urslawen, Urbalten, Hunnen oder Urtürken. Im 19. Jahrhundert, zu Beginn der technisch-wissenschaftlichen Revolution und der von ihr eingeleiteten technisch-wissenschaftlichen Auflösung vorindustrieller Lebensformen, wurde für den deutschen völkischen Nationalismus die romantisch verklärte bäuerliche Lebenswelt der Germanen zum Leitbild für die Gestaltung der Zukunft.

So wurde von der deutschen Geschichtswissenschaft im 19. Jahrhundert mit hohem intellektuellem Aufwand auch eine quasi naturwüchsige und zwangsläufig lineare Kontinuität der deutschen Geschichte von ihren Anfängen bei den Germanen bis zu ihrer Erfüllung im Zweiten Deutschen Reich im Nachhinein zurechtgestrickt. Der in Rom erzogene Cheruskehrfürst Arminius, ‚Hermann der Befreier', der Reformator Luther und Friedrich der Große, ‚König von Preußen', der Französisch sprach und schrieb, Deutsch hingegen nur radebrechen konnte und, um Menschen zu gewinnen, Tartaren anzusiedeln bereit war, wurden zu Helden des Kampfes um den deutschen Nationalstaat. Das Heilige Römische Reich Karls des Großen und seiner Nachfolger, das gerade in seiner Blütezeit ein Vielvölkerimperium war, wurde zur angeblichen Kernzelle des ethnisch-deutschen Staates ‚verfälscht'.

In allen Fällen wurde eine künstliche, fiktive Kontinuität zwischen den angeblichen Anfängen der Nation in der fernen Vergangenheit und dem eigenen, neuen Nationalstaat konstruiert, die es in der wahren, immer komplexen Geschichte nie gegeben hat. Diese Kontinuität wurde als ein von Anbeginn einsetzender Kampf um nationale Selbstbestimmung konstruiert, der sich erst in der Gegenwart vollendet.

In Europa entstanden die Nationalstaaten in Gesellschaften, in denen das ‚nation-building', der Aufbau der Nation, als mindestens so wichtig, ja noch wichtiger als die Einführung demokratischer Normen, Regelmechanismen und Institutionen angesehen wurde. Die Ideologen und Ideologien der neuen Nationalstaaten waren davon überzeugt, dass die Nation nicht nur einer eigenen nationalen Kultur bedurfte, sondern dass diese Nationalkultur schon längst existierte. Sie musste lediglich neu entdeckt, neu durchgesetzt und geschützt werden. Diese Wiederentdeckung, der Wiederaufbau und der Schutz der nationalen Kultur wurden dabei vor allem für den völkischen Nationalismus, die dominante politische Ideologie der neuen Nationalstaaten Mittel-, Nord-, Ost- und Südeuropas, maßgeblich. In ihm wurde die Nationalkultur noch viel radikaler als in anderen Formen des Nationalismus zur eigentlichen Substanz der Nation.

Nach Johann Gottfried Herder, dem philosophischen Gründer der Ideologie des ethnischen Nationalismus, waren alle ethnischen Nationalkulturen seiner Zeit durch frühere Mischungen mit fremden Elementen verunreinigt und daher verkommen. Für die Wiederherstellung der wahren eigenen ‚nationalen' Kultur mussten die fremden Überlieferungen ausgeschieden werden. Die unverfälschten nationalen Traditionen selbst wurden in der Urzeit der Völker, etwa bei den Germanen, Ariern, Galliern oder Urtürken, gesucht, als die eigene Nation noch jung und eben noch nicht durch fremde Elemente verdorben war. Alle reinen, unvermischten und daher ‚echten' Nationalkulturen wurden als gleichrangig angesehen. Der romantische Nationalismus sah in jedem Volk und jeder nationalen Kultur ‚einen Gedanken Gottes'. Sie waren damit unmittelbar durch Gott geheiligt. Der Republikaner und Aufklärer Johann Gottfried Herder ging dabei von dem naiven Glauben aus, dass alle Nationen in ihrer Jugendzeit republikanische Gemeinwesen gewesen seien, die in Harmonie und Frieden miteinander gelebt hätten. Die Wiederherstellung der ‚echten' Nationen müsste deshalb den ewigen Frieden bringen. ‚Echte' Nationen würden sich niemals an den Rechten anderer Nationen vergreifen, eine Behauptung, die auch heute noch gegen alle geschichtliche Erfahrung ein Glaubenssatz zeitgenössischer Nationalisten ist.

Die romantische Philosophie behauptet die Existenz kollektiver Nationalkulturen und verkündet ihre Gleichwertigkeit. Demgegenüber ist die Kultur für die Aufklärung ein von Individuen getragener pluralistischer Prozess. Kultur im eigentlichen Sinne bildet sich als Produkt der Vernunft und der Tugend eines vernünftigen moralischen Diskurses. Der Mensch wird als vernunftbegabtes moralisches Wesen gesehen. Daher ist ein vernünftiger und moralischer Diskurs auch zwischen Menschen verschiedener Kulturen möglich. Bestimmte Normen und Rechte – universale Menschenrechte – sind für die Menschen aller Nationen gültig und einleuchtend – ‚self-evident'. Kultur ist ein Prozess der Vernunft, der schrittweise zu höheren Stufen der Erkenntnis, der Sensibilität und Zivilisation führt. Daher müssen alle Menschen ein Interesse an der Teilnahme an kulturellen Prozessen haben.

In der romantischen Philosophie des 19. Jahrhunderts wurde diese aufklärerische Idee einer dynamischen, durch individuelle Vernunft und durch vernünftigen Diskurs in Bewegung gehaltenen Kultur durch die Idee einer statischen Kultur ersetzt und zugleich durch das Prinzip der Toleranz gegen Kritik geschützt. Die Antike eignete sich also die Toleranz, diesen Schlüsselbegriff der Aufklärung, an und forderte in ihrem Namen die Akzeptanz für ein Verständnis von Kultur, das mit der aufklärerischen Vorstellung einer auf individuelle Vernunft und Pluralismus gegründeten Kultur unvereinbar war, ja dem sie selbst zutiefst feindselig gegenüberstand. Die Toleranz und die kollektiven Kulturen der Romantik wurden zum Selbstzweck. Kulturen wurden nicht mehr auf der Grundlage der Leistungen, Verdienste, Werte oder des Verhaltens ihrer Angehörigen beurteilt. Sie waren von nun an inhärent gut und mussten ohne Ansehung ihrer Inhalte toleriert werden.

Diese Sicht der Welt als eines sorgfältig zu bewahrenden Völkerkundemuseums, die bis heute die Hausphilosophie der völkischen Nationalisten oder ethnokulturellen Schwärmer geblieben ist, war tief in der Feindschaft der romantischen Philosophie gegen den Rationalismus der Aufklärung und die Prinzipien und Institutionen des Republikanismus verankert. Von dieser Grundlage aus begannen nunmehr Ethnologen, Historiker und Philologen, kollektive Nationalkulturen zu entdecken und zu konstruieren, wobei von ihnen die Übernahme des aufklärerischen Prinzips der Toleranz benutzt wurde, um für ihre jetzt erst geschaffenen Konstrukte kritiklosen Respekt und Unterwerfung zu fordern.

Die geforderte Unantastbarkeit aller kollektiven Nationalkulturen wurde politisiert. Die individuelle kulturelle Freiheit hingegen, die im Republikanismus vor politischer Unterdrückung geschützt werden muss, wurde vernachlässigt oder sogar marginalisiert. Mit der Heiligsprechung und Verehrung der von Ideologen erst jetzt im Nachhinein geschaffenen kollektiven Nationalkulturen und ihrer ebenso künstlich konstruierten kontinuierlichen nationalen Geschichte – in Wirklichkeit waren sie alle diffuse Konglomerate von Gütern und Werten meist fremden Ursprungs – wurde das Fundament einer neuen, säkularen Religion geschaffen. Sie stiftete Sinn und Zusammenhalt für die Angehörigen der neuen Nationalstaaten. Sie füllte das Vakuum, das durch die zunehmende Säkularisierung und die Schwächung der Überlieferung und ihrer Ordnungen entstand. Sie verlangte von ihren Gläubigen totale Unterwerfung.

Das Recht, die Ziele und die politischen Ordnungen der Nationalstaaten sollen aus der jeweiligen ‚nationalen' Tradition abgeleitet werden. Sie müssen mit ihr ‚übereinstimmen'. Nur so sind sie legitim. Oberste politische Norm des Nationalismus ist das Überlebensrecht der eigenen Nation. Dieses Rechtsverständnis wird klassisch in dem von Nationalisten stolz zitierten, nach moralischen Kriterien aber schrecklichen Satz ausgedrückt: ‚Right or wrong, it is my country!' Ein übernationales Recht oder übernational gültige Rechtsprinzipien wie die Menschenrechte, sind für die Idee der Nation unannehmbar. Jede Nation setzt ihr eigenes Recht.

In allen Nationalstaaten wird Gemeinschaft gestiftet – die Gemeinschaft der Nation. Beim Aufbau der Nation und ihrer Verteidigung gegen innere und äußere Feinde entfalten sich die sozialen Tugenden des Menschen: Einsatz und Hingabe für das Ganze, Treue zu den Menschen und den Überlieferungen des Staatsvolks. Die Geschichte der Nationalstaaten ist eine bewegende und eindrucksvolle Geschichte unsäglicher Leiden, selbstverleugnender Opfer und heldenhafter Taten für die Nation. Die im Nationalstaat gestiftete Gemeinschaft schließt aber nur die Angehörigen der eigenen Nation ein. Sie wird durch die Abgrenzung von ‚den anderen' geschaffen. Wie immer bei der Bildung sozialer oder politischer Kollektive – der Familie, dem Clan, dem Stamm, der Kaste, der Klasse, der sozialen Schicht oder auch profaner Zusammenschlüsse wie der Anhängerschaft von Fußballvereinen, bildet sich ein ‚Wir' Bewusstsein mit einer ‚die anderen' ausgrenzenden und abwertenden Binnenmoral. Das eigene Kollektiv, hier die Nation, ist ‚den anderen' überlegen und bildet einen höherwertigen Teil der Menschheit. Die für die Angehörigen der Nation gültigen Gesetze der Moral finden gegenüber ‚den anderen' nur in begrenztem Umfang oder überhaupt keine Anwendung. Die ‚anderen' sind prinzipiell Menschen minderen Ranges.

Diese dem Nationalismus inhärente Aufteilung der Menschheit in das gute eigene Kollektiv und die weniger wertvollen ‚anderen' hat es seit den Anfängen der menschlichen Geschichte gegeben. Sie lieferte immer wieder die Rechtfertigung für schauerliche Verbrechen von Menschen an Menschen. Schon bei manchen Urvölkern bezeichnet der sprachliche Terminus für den Menschen nur die Angehörigen des eigenen Volkes. Die Menschen anderer Völker werden damit der Welt der Tiere zugeordnet, über die nach Kriterien subjektiver Zweckmäßigkeit verfügt werden darf. Sie dürfen getötet, gequält oder als Arbeitstiere gehalten werden. Auch für die Griechen gehörten die Barbaren und „die von Natur aus sklavenhaften Sklaven" (Aristoteles) nicht zur Gemeinschaft der Menschen. Diese schizophrenen Einstellungen liegen uns nicht fern. Sie sind, wie der Rassenwahn der Nationalsozialisten veranschaulichte, uns gar nicht fern. Einen Volksgenossen selbst unter Einsatz des eigenen Lebens zu retten, wenn er gegen den Ertrinkungstod kämpfte, war eine selbstverständliche Pflicht. Der Artfremde jedoch, der sich mit letzter Kraft ans Land rettete, durfte wieder in das Wasser gestoßen werden. Diese uralte und weltweite Menschheitstradition der schizophrenen Begrenzung der Menschlichkeit auf die Angehörigen des eigenen Kollektivs bildete auch die geistig-psychischen Voraussetzungen für die großen neuzeitlichen Menschheitsverbrechen, für die Unterwerfung und Dezimierung der Indianer Amerikas, den Sklavenexport aus Afrika und den westlichen neuzeitlichen Kolonialismus. Schon die stichwortartige Erinnerung an diese Verbrechen veranschaulicht das in der Binnenmoral der Kollektive enthaltene Potential der Rechtfertigungen unreflektiert und bedenkenlos praktizierter Barbarei.

Im Unterschied zum Idealtypus der Nation schützt der Idealtypus des Verfassungsstaates, die Republik, die individuelle Freiheit der Kultur, die Freiheit der Religion und Weltanschauung, damit aber zugleich kulturelle gesellschaftliche Vielfalt und Dynamik. Die Republik ist daher nicht nur de facto, sondern auch de jure multikulturell. Anders gesagt mit einem allgemein akzeptierten Begriff aus der Zeit vor der Debatte über Multikulturalismus: Die Republik ist pluralistisch.

In der Geschichte des westlichen Verfassungsstaates ist die Freiheit der Religion und der Weltanschauung – der eigentliche Kern der kulturellen Freiheit – die Mutter der politischen Freiheit. Durch die politischen Freiheiten der Bürger soll die kulturelle Freiheit gesichert werden. Die Geburt des modernen Verfassungsstaates bildet den Schlusspunkt einer jahrhundertelangen Geschichte religiöser Bürgerkriege Europas. So wurde gerade Amerika, die älteste westliche Demokratie, als Fluchtburg für religiös Verfolgte und als Heimstatt für Gläubige unterschiedlicher Konfessionen gegründet. Zum Schutz der individuellen religiösen Freiheit und religiösen Praxis gegen Eingriffe des Staates wurden Staat und Kirche getrennt. Für die Sicherung des kulturellen Pluralismus musste der Staat eine weltanschaulich neutrale Instanz, ein säkularer Staat werden.

Zur individuellen Freiheit der Kultur gehören insbesondere die Freiheit des religiösen Glaubens und der religiösen Praxis, der Weltanschauung und der Kunst. So heißt es in Art. 4 Abs. 1 und 2 des Grundgesetzes (GG) der Bundesrepublik Deutschland: „Die Freiheit des Glaubens, des Gewissens und die Freiheit des religiösen und weltanschaulichen Bekenntnisses sind unverletzlich" und „Die ungestörte Religionsausübung wird gewährleistet". Durch Art. 5 Abs. 3 GG „Kunst und Wissenschaft, Forschung und Lehre sind frei." wird die Freiheit der Kunst, der Wissenschaft, der Forschung und Lehre ausdrücklich als Teil der kulturellen Freiheit aufgeführt. Dieser Schutz der Freiheit der Religion, der Weltanschauung und Kunst durch die Verfassung sichert den Bürgern einen weiten Spielraum (der Freiheit) bei der Bestimmung ihrer individuellen kulturellen Präferenzen auch im Alltag. Zudem werden religiöse Überzeugungen und kulturelle Werte von Minderheiten nicht nur geduldet, sondern dürfen auch aktiv vertreten werden. So besagt Art. 5 Abs. 1 GG: „Jeder hat das Recht, seine Meinung in Wort, Schrift und Bild frei zu äußern und zu verbreiten [...]. Eine Zensur findet nicht statt." Auch der verfassungsrechtliche Schutz der Versammlungsfreiheit ist für die kulturelle Freiheit der Bürger von zentraler Bedeutung.

In der Republik gibt es also keine nationalen Religionen oder Kulturen, die für ihre Bürger verbindlich gemacht werden dürfen. Jeder Versuch, einem Deutschen, Franzosen oder Amerikaner eine bestimmte Religion oder Konfession als nationale Pflicht oder Eigenschaft vorzuschreiben, wäre ein Anschlag auf den Geist und die Bestimmungen ihrer Verfassungen. Die Kultur der Deutschen, der Bürger der Bundesrepublik Deutschland, kann daher immer nur der gesamte und in sich sehr vielfältige Güterkorb der kulturellen Werte aller heutigen deutschen Staatsbürger sein. ‚Die' oder ‚eine' für alle verbindlich definierte deutsche Kultur kann es im Verfassungsstaat nicht geben. Soweit der Begriff der Nation mit kulturellen Überlieferungen und Werten verbunden wird, geschieht dies immer nur als selektive individuelle Entscheidung und Aneignung, die für die übrigen Bürger nicht zwingend verbindlich sind. Auch wenn dies autoritären nationalen Volkserziehern missfällt: Es bleibt den Bürgern der Bundesrepublik Deutschland überlassen, ob sie deutsche oder englische Liebesromane, ob sie Goethe, den Koran oder die Bildzeitung lesen, ob sie Bach, Jazz, Kuschelmusik oder Heavy Metal hören, ob sie in ihrer Freizeit Museen besuchen oder Sport treiben, ihren Urlaub in Deutschland oder im Ausland verbringen.

Kulturelle Werte dürfen in der Republik individuell interpretiert, akzeptiert oder zurückgewiesen werden. Die Kultur der Republik wird somit unvermeidlich zu einer Mischung unterschiedlicher oder sogar konfliktiver Güter und Werte. Begrenzt wird ihr Pluralismus allein durch die Grundwerte der Verfassung und deren rechtliche und politische Ordnung. Beide bilden ihrerseits die Voraussetzung für die Offenheit und Vitalität des kulturellen Pluralismus der Republik.

Die individuelle kulturelle Freiheit und ihr Pluralismus machen die Kultur der Republik, das komplexe Amalgam der kulturellen Werte und Güter ihrer Bürger, zu einem permanenten Prozess des Wandels individueller oder kollektiver kultureller Präferenzen. In diesem Prozess ist es legitim, wenn sich einzelne Bürger oder bestimmte Gruppen engagiert für die Erhaltung und auch Verbreitung von Überlieferungen einsetzen, die ihnen selbst lieb und teuer sind. Die Kultur der Republik selbst jedoch umfasst die Gesamtheit der kulturellen Güter und Präferenzen aller ihrer Staatsbürger. Wenn etwa in der Bundesrepublik Deutschland die Zahl der Staatsbürger muslimischen Glaubens zunehmen wird, werden deren religiöse Überzeugungen in noch stärkerem Umfang als schon bisher zu einem Bestandteil der Kultur Deutschlands werden.

In der pluralistischen Kultur der Republik müssen kulturelle Werte und Überlieferungen sehr viel überzeugender und engagierter vertreten werden als in einer Gesellschaft, in der ‚die' Überlieferung unbefragt und unkritisch Gegenwart und Zukunft prägen soll. Dies begünstigt eine ungleich tiefergehende individuelle Aneignung kultureller Güter durch die Bürger. Die Freiheit der Kultur in der Republik richtet sich also nicht gegen die Bewahrung kultureller Traditionen. Sie schafft indes den politischen Rahmen für eine ständig neue kritische Überprüfung ihrer Geltung und verbessert die Chancen für kulturelle Vielfalt und Innovation.

Bei den Abgrenzungen der Staaten voneinander entstehen wie in vielen anderen menschlichen Vereinigungen – in Stammeshorden, Stadtstaaten, Imperien oder politischen Parteien und Fußballvereinen – kollektive Wir-Gefühle, in denen die eigene Gemeinschaft als der eigentlich wertvolle, ‚den anderen' überlegene Teil der Menschheit eingestuft wird. Im Widerspruch zu ihrer weltbürgerlichen Wertesubstanz bilden so auch republikanische Verfassungsstaaten ein, ‚die anderen' abwertendes Wir-Bewusstsein aus. Wie in Nationalstaaten bildet auch hier die Berufung auf eine angeblich eigene Überlieferung eine eigene kollektive Kultur, die Substanz des Wir-Bewusstseins und seines Überlegenheitsdünkels. Die politische Legitimität republikanischer Verfassungsstaaten misst sich demgegenüber daran, inwieweit die weltbürgerlichen Normen der Republik in der Innen- und Außenpolitik im Rahmen des Möglichen gegen partikulare ‚nationale' Interessen engagiert durchgesetzt werden.

In den ‚nationalen' Kulturen republikanischer Verfassungsstaaten drücken sich in der Regel die kulturellen Überlieferungen der jeweils dominanten Bevölkerungsgruppen aus, ein Vorgang, der gerade auch durch das demokratische Mehrheitsprinzip begünstigt wurde. Obwohl sich die Unabhängigkeitserklärung der Vereinigten Staaten von Amerika darauf berufen hatte, ‚that all men are created equal', interpretierte die Mehrheit der Amerikaner ihren neuen Staat als eine weiße, angelsächsische und protestantische Nation. Die Indianer wurden dezimiert und von der Nation ausgeschlossen. Im amerikanischen Süden blieben den Schwarzen die Bürgerrechte noch bis in die sechziger Jahre dieses Jahrhunderts vorenthalten. Im kalvinistisch geprägten Amerika des 19. Jahrhunderts, dies ist heute vergessen, brachte die Einwanderung irischer und deutscher Katholiken noch weit mehr sozialen und politischen Zündstoff mit sich als heute die Einwanderung von Moslems in säkularisierte westliche Gesellschaften. Erst in den späten sechziger Jahren, als eine neue Masseneinwanderung aus Lateinamerika, Asien und Afrika zugelassen wurde, die Amerika zur ersten kosmopolitischen Republik machte, wurde der kulturelle Nationalismus der amerikanischen Einwanderungspolitik überwunden.

In der Nation können nur die Angehörigen des Staatsvolkes vollberechtigte Staatsbürger sein. Die Menschheit bildet für den Nationalismus somit keine Einheit. Eine republikanische Weltordung, ein ‚Weltbürgerrecht' (Immanuel Kant) oder schon weltweite mitmenschliche Solidarität werden abgelehnt. Die Welt zerfällt in einen Kosmos ewig miteinander rivalisierender Nationalstaaten. Der Nationalismus erhält damit die Funktion einer politischen Abgrenzungs- und Integrationsideologie der Staaten.

Die Republik erkennt prinzipiell alle Menschen ohne Ansehen ihrer Herkunft und Kultur als potentielle Staatsbürger an. Die Lebensgrundlage der Republik ist der Verfassungspatriotismus, die aktive Identifikation der Bürger mit der politischen Ordnung und den Werten der Republik. Verfassungspatriotismus bildet sich, wenn Recht und Freiheit das politische Handeln leiten. Hieraus entstehen in der Geschichte der Republiken ihre Mythen, der Wurzelboden des Verfassungspatriotismus. Die Aneignung und Verinnerlichung von Recht und Freiheit, eben der Verfassungspatriotismus, äußert sich bei Engländern und Amerikanern in stolzen Formeln wie ‚Rule of Law' – ‚Herrschaft des Rechtes' oder ‚This is a Free Country' – ‚dies ist ein freies Land'.

Die Zugehörigkeit zur Republik gründet nicht wie die Mitgliedschaft im Nationalstaat auf bloßer Abstammung und unfreiwilliger Einbindung in den mystischen Leib der Nation, sondern auf der Zustimmung der Bürger zur republikanischen politischen Ordnung und ihren Werten. Die Republik wurde daher als ‚Willensnation' (Ernest Renan, 1823-1892) bezeichnet, die sich durch ein tägliches Plebiszit (Plébiscite de Tous les Jours) ihrer Mitglieder als politische Gemeinschaft ständig neu konstituieren und festigen muss.

Es hätte eine große politische Symbolwirkung, wenn es gelänge, in Europa die inhumanen und provinziellen Erbschaften des klassischen Nationalstaates zu überwinden – die Hypostasierung der Nation und ihrer Binnenmoral zum Endzweck der Geschichte – und den weltbürgerlichen Prämissen der Republik Geltung zu verschaffen.

Die europäischen Staaten, die eine lange nationalstaatliche Tradition haben, werden nur langsam in ein vereintes republikanisches Europa hineinwachsen. Allein auf die Kraft der wirtschaftlichen Integration zu vertrauen, wäre aber falsch. Im Gegenteil, ein Europa, das nur durch wirtschaftliche Interessen zusammengehalten wird, in dem gleichzeitig aber die alten, nationalen Vorstellungen und Ordnungen bestehen bleiben, würde bei ökonomischen und politischen Krisen wieder auseinandergesprengt werden. Die nationalen Ressentiments und Vorurteile würden ihre frühere Fliehkraft entfalten.

Die deutsche Republik und Europa dürfen sich nicht am Status quo einer angeblich einmal irgendwo vorhanden gewesenen, in Wirklichkeit aber immer nur von Ideologen konstruierten, nationalen Identität orientieren. Sie müssen vielmehr das weltbürgerliche Wertesubstrat ihrer politischen Ordnungen konkretisieren. Hierbei ist der notwendige Bruch mit dem Nationalismus kein Ausstieg aus der eigenen Geschichte, sondern vielmehr nur eine Absage an die ideologischen Kunstprodukte der nationalen Geschichtsschreibung. In ihr wurde Geschichte als notwendige und zwangsläufige Entfaltung ‚der' Nation gesehen, zu der es keine sinnvolle Alternative geben darf. Die Geschichte ist aber selten nur passiv erfahrenes Schicksal einer zwangsläufigen ‚Entwicklung'. Sie bietet vielmehr Raum für individuelle Gestaltung, für die Wahl zwischen Möglichkeiten, für große, geschichtsverändernde Taten, vor allem auch für die Absage an das, was in der Vergangenheit falsch war. Nach den bitteren geschichtlichen Folgen des Nationalismus Europas muss die wahre Geschichte und ein der geschichtlichen Wirklichkeit angemessenes Bewusstsein erst noch gefunden werden. Geschichte muss als Geschichte der Menschen und der Menschheit entdeckt und als Chance zur Humanisierung der individuellen und kollektiven Existenz durch das Recht und eine freiheitliche politische Ordnung erfahren werden.

Der Nationalstaat wurde in Europa geboren. Er muss hier durch den Aufbau einer europäischen republikanischen Ordnung überwunden werden. Nur so behalten die ursprünglich europäischen Grundwerte und freiheitlichen Ordnungen der Republik auch über die Zeit der globalen europäischen Dominanz hinaus ihre Ausstrahlungskraft. Im 19. Jahrhundert war die Idee des Nationalstaates geschichtsmächtig und zukunftsweisend. Heute ist dies die Idee der Republik. Die ideologischen Grundlagen der europäischen Nationalstaaten, ihre Geschichtsmythen, haben ihre intellektuelle Glaubwürdigkeit verloren. Dies trifft vor allem und gerade auch für die Ideologie des deutschen Nationalstaates, den völkischen Nationalismus, zu. Weiterleben wie bisher nur als müde Traditionskompanien überholter und provinzieller nationalstaatlicher Ideologien in einer zur Einheit zusammenwachsenden Welt? In der Geschichte ist alles möglich, auch das Versagen vor der großen historischen Aufgabe – hier der Aufschmelzung der Nationalstaaten durch die Orientierung an der Idee der Republik, durch ihre Konkretisierung in einer offenen europäischen Republik. So gilt es jetzt, sich nicht erneut von dem Weihrauch oder besser Qualm restaurativer Ideologien betäuben zu lassen, sondern sich gedanklich auf die notwendige republikanische Ordnung Europas und der Weltgesellschaft vorzubereiten.

Der umstrittene Aufstieg Europas in der Frühen Neuzeit

Helga Schultz

Während der europäische Integrationsprozess den Kontinent zu einer Solidargemeinschaft umschaffen will, sind die Historiker dabei, ein Geschichtsbild zu bauen, aus dem auch eine Deutungs- und Erinnerungsgemeinschaft wachsen soll. [1] Sie heben die Gemeinsamkeiten der Geschichte ans Licht, wenn sie fragen ‚Wer sind wir? Woher kommen wir? Wohin gehen wir?' Ein europäisches Geschichtsbild ist natürlich nicht weniger eine Konstruktion als es die Nationalgeschichten waren, mit denen die Völker seit dem 19. Jahrhundert ihre Grenzen gegeneinander befestigt hatten. Seine Wirkungsmächtigkeit wird davon abhängen, ob es die Vielfalt der Nationen bewahren und doch die nationalen Mythen verdrängen kann, die auf den Siegen und Opfern im Kampf mit den Nachbarn beruhen. Die Europäer müssten so auch eine Vergessensgemeinschaft werden. Sich der eigenen Untaten zu erinnern und gleichzeitig zu vergessen, was man von den Nachbarn erlitten hat, läuft jedoch den Regeln zuwider, nach denen kollektive Gedächtnisse funktionieren. [2] Soll das neue Geschichtsbild Identifikation für alle Bürger Europas bieten, wird es weniger abendländisch sein dürfen, als das bisherige der Westeuropäer hinter dem Eisernen Vorhang, der so frappierend die Grenzen des karolingischen Imperiums im 9. Jahrhundert nachzog. Das vereinte Europa wird neben dem römischen auch das byzantinische und das osmanische Erbe annehmen, neben der mittelmeerischen und westeuropäischen Stadtkultur auch die Adelskultur des agrarischen Osteuropas als Wurzel akzeptieren und die Ungleichheit der Regionen als fundamentale Tatsache europäischer Geschichte anerkennen müssen.

Identifikation ist das eigentliche Ziel aller Gedächtnisarbeit. Das ist fragwürdig aus der Sicht wissenschaftlicher Wahrheitssuche, es ist jedoch unabweisbar die Realität aller Geschichtsbilder. Die Geschichte der Frühen Neuzeit spielte traditionell eine geringe Rolle für die Identität der meisten europäischen Nationen. Sie trat im nationalen Gedächtnis zurück hinter die Mythen der Frühzeit, hinter ein idealisiertes Mittelalter und hinter die heroisierten Nationalbewegungen des 19. Jahrhunderts. Das wird anders sein in einem europäischen Geschichtsbild, das gemeinsame Ankerplätze für das kulturelle Gedächtnis schaffen muss. Neben dem antiken Erbe und den jüdisch-christlichen kulturellen Wurzeln bietet sich hierfür die Frühe Neuzeit geradezu an: In jenen drei Jahrhunderten der Frühen Neuzeit gelang Europa ein beeindruckender Aufstieg unter den Zivilisationen der Welt. Den Europäern selbst erschien dieser Aufstieg als staunenswertes Wunder, als Muster für alle Völker und Kulturen. Renaissance und Aufklärung bezeichnen allerdings die lichten Enden einer Epoche, in deren Mitte das düstere 17. Jahrhundert der endlosen Religionskriege, der Seuchenzüge und des Hexenwahns

1 *Le Goff, Jacques*: Vorwort zu den Bänden der Reihe ‚Europa bauen', die gemeinsam von den Verlagen C. H. Beck (München), Blackwell (Oxford), Crítica (Barcelona), Laterza (Rom-Bari) und Le Seuil (Paris) herausgegeben wird. Siehe auch die Reihe ‚Europäische Geschichte' des Fischer Taschenbuch Verlags Frankfurt am Main, die seit 1996 erscheint.

2 *Assmann, Jan*: Das kulturelle Gedächtnis. Schrift, Erinnerung und politische Identität in frühen Hochkulturen, München 1999, S. 75-86.

steht. Die Europäer leiteten mit der Erschließung und Entzauberung der Welt eine universale Modernisierung ein, die alle traditionellen Kulturen vernichtete, die eigene eingeschlossen. Sie befreiten sich aus feudalen Fesseln und geistlicher Vormundschaft und brachten gleichzeitig fremde Völker und Reiche in Abhängigkeit. Wir sind geneigt, vor allem den Emanzipationsprozess zu sehen, der zur Proklamation der individuellen Freiheitsrechte führte. Ist das nicht Europas wichtigste Gabe in der Welt? Doch das Staunen der Welt hält sich in Grenzen. Allzu bitter sind die Früchte der Globalisierung europäischer Errungenschaften. Die Debatte um das ‚Wunder Europa' ist daher mit neuer Schärfe entbrannt.

1. Zentrum und Peripherie: das europäische Weltsystem

Erst während der Frühen Neuzeit wuchs Europa zu einem Wirtschaftsraum zusammen. Erst jetzt traten die Mittelmeerwelt und die Welt der Hanse um Ost- und Nordsee miteinander in intensiveren Güteraustausch. Erst seitdem seetüchtige holländische Lastschiffe Getreide in großen Mengen durch Sund und Belt führten, waren Ost- und Westeuropa wirtschaftlich symbiotisch miteinander verbunden. Osteuropäische Agrarprodukte und Walderzeugnisse bildeten die Grundlage der urbanen Bevölkerungsverdichtung und der blühenden Gewerbetätigkeit im nordwestlichen Europa. Die wirtschaftshistorische Forschung hat diesen Veränderungen lange Zeit nicht dieselbe Aufmerksamkeit geschenkt wie den Folgen der großen Entdeckungen. Immanuel Wallerstein brachte beide Erscheinungen zusammen, indem er darin die Herausbildung des einen europäischen Weltsystems sah. [3] Im Unterschied zu den älteren asiatischen Weltsystemen gewann es seine Kraft aus kapitalistischem Expansionsstreben. Es stellte sich somit den traditionellen Agrargesellschaften auf dem eigenen Kontinent und in der übrigen Welt als eine moderne, auf fortwährender technischer Innovation beruhende Zivilisation entgegen. Der technische Charakter begründete militärische Überlegenheit. So hätte sich Europa Schritt um Schritt die Welt unterworfen, bis zur Stufe heutiger Globalisierung.

Das europäische Wirtschaftssystem der Frühen Neuzeit beruhte in dieser Theorie von allem Anfang an auf Ungleichheit, auf der Ausbeutung von Unterentwicklung. Die Herausbildung des europäischen Wirtschaftssystems wird erklärt als Unterwerfung peripherer Regionen unter die Interessen eines kapitalistischen westeuropäischen Kerns. Tatsächlich verlagerte sich im Verlaufe des 16. und 17. Jahrhunderts das Zentrum der Wirtschaftsentwicklung in den Nordwesten Europas, in die Niederlande, nach England und das nördliche Frankreich. Und es ist keine Frage, dass erst der mächtige Aufschwung des Handelskapitalismus holländischer und englischer Prägung die massenhafte und langfristige Nachfrage nach Konsumgütern und Rohstoffen schuf und zugleich die Mittel bereitstellte, sie durch einen Import über weite Entfernungen zu

3 *Wallerstein, Immanuel*: The Modern World-System, Capitalist Agriculture and the Origins of the European World Economy in the Sixteenth Century, Bd. I, New York/London 1974; Bd. II: Mercantilism and the Consolidation of the European World-Economy, 1600-1750, New York/London 1980; Bd. III: The Second Era of Great Expansion of the Capitalist World-Economy, 1730-1840, New York/London 1989.

befriedigen. Der Handelskapitalismus brachte die internationale Arbeitsteilung hervor, und diese Arbeitsteilung bedeutete Abhängigkeit. Der nicht-äquivalente Austausch aufgrund von ungünstigen Terms of Trade – billigen Agrarprodukten gegen teure Manufakturerzeugnisse – liefert hierzu den Schlüssel. Die Weltsystem-Theorie erklärt diese Abhängigkeit im Verein mit kolonialer Herrschaft als Quelle dauernder Unterwerfung der Peripherie durch das Zentrum. Daraus folgt die Akkumulation des ganzen Reichtums des Systems in seinem Kern. Schon vor Wallerstein hatte André Gunder Frank die koloniale Einbindung Lateinamerikas in ein europäisches Weltsystem theoretisch ausgearbeitet. Er hat damit die Grundlagen der neueren, anti-imperialistischen Dependenz-Theorie gelegt, die davon ausgeht, dass Unterentwicklung keine Frage der zeitlichen Verzögerung, des bloßen Nachhinkens ist, sondern dass sie aus der strukturellen Abhängigkeit im Weltsystem herrührt und sich notwendig immer erneut reproduziert und verstärkt, solange das System besteht. [4]

Zur Peripherie des europäischen Weltsystems gehörten während der Frühen Neuzeit die Kolonien der Neuen Welt, das ganze ostelbische Europa, Russland und Skandinavien. Die asiatischen Handelspartner und Interessensphären waren hingegen noch nicht in die europäische Weltwirtschaft integriert; sie bildeten noch immer eigene Weltwirtschaften, die allerdings über den Austausch von Luxusprodukten gegen Silbergeld mit der europäischen verbunden waren. [5] Zwischen Kern und Peripherie breitete sich nach dieser Theorie eine Zone der Semiperipherie aus, die das Schicksal der Peripherie abgemildert erlitt. Sie umfasste das westelbische Deutschland, den südlichen, größeren Teil Frankreichs und die Mittelmeerländer. Gerade diese Semiperipherie bildet den theoretisch und empirisch vernachlässigten Schwachpunkt der Theorie. Unter mitteleuropäischen und italienischen Wirtschaftshistorikern fanden sich daher mindestens so viele Zweifler und Kontrahenten wie Anhänger einer solchen Interpretation. [6]

Die Theorie rückt die Bedeutung der regionalen Arbeitsteilung in das Blickfeld, die Bedeutung des Raumes, die der Historiker so häufig übersieht. Der große Ökonom Johann Heinrich von Thünen, ein mecklenburgischer Gutsbesitzer, der 1783 geboren die Schattenseiten dieses frühneuzeitlichen europäischen Wirtschaftssystems noch aus eigener Erfahrung kannte, hat die Grundgedanken schon genau beschrieben. [7] Die Transportkosten, die unter den Verkehrsbedingungen jener Zeit ganz anderes Gewicht hatten als heute, entscheiden in seinem Modell darüber, dass sich um die Stadt im isoliert gedachten Staat zunächst ein Ring des intensiven Ackerbaus mit Stallfütterung des Viehs legte. An die Stelle der Stadt lässt sich leicht das Zentrum der europäischen Wirtschaftsentwicklung in Holland und England setzen. Die Landwirtschaft in den Niederlanden und in England entsprach genau dem ersten Ring des Ackerbaus in seinem Modell. Daran schloss sich in Thünens Modell eine Mehrfelderwirtschaft mit Brache an, wie sie in weiten Teilen Mitteleuropas vorherrschte, um schließlich in eine extensive

4 *Frank, André Gunder*: Kapitalismus und Unterentwicklung in Lateinamerika, Frankfurt am Main 1969.

5 *Rothermund, Dietmar*: Europa und Asien im Zeitalter des Merkantilismus, Darmstadt 1978.

6 Eingehende kritische Würdigung bei *Hans-Jürgen Nitz* (Hrsg.): The Early Modern World-System in Geographical Perspective, Stuttgart 1993.

7 *Thünen, Johann Heinrich von*: Der isolierte Staat in Beziehung auf Landwirtschaft und Nationalökonomie, 3 Bde, Hamburg 1826; Rostock 1850.

Weidewirtschaft überzugehen, wie sie die Ursprungsländer der kujawischen Mastochsen betrieben. Fernand Braudel, der Wallersteins Thesen in wesentlichen Punkten zustimmte, hat auf diese wissenschaftliche Vorleistung von Thünens verwiesen, die den Dependencia-Theoretikern aber wohl nicht bekannt war. [8]

Das Modell des kapitalistischen Weltsystems verbindet ökonomische mit sozialen und politischen Faktoren. Die wirtschaftliche Abhängigkeit hat unmittelbare außerökonomische Konsequenzen. So sind Freiheit und politische Partizipation das Privileg der Kernregionen; unfreie Arbeit und autoritäre Regime beherrschen die Peripherie. Die Entstehung und die Wirkungsweise von Unterentwicklung und regionaler Ungleichheit werden linear aus der Natur des europäischen Kapitalismus heraus erklärt, und zwar sowohl die Ungleichheit innerhalb Europas als auch das europäische Kolonialsystem des 19. und 20. Jahrhunderts und der gegenwärtige Nord-Süd-Konflikt.

2. West- und Osteuropa in der Frühen Neuzeit

Der Getreidehandel des südlichen Ostseeraumes mit Holländern und Engländern seit dem 16. Jahrhundert, der russische und schwedische Handel mit den Rohstoffen des Schiffbaus, der dänische, ruthenische und ungarische Ochsenexport entsprechen diesem Bild. Das kapitalistische Zentrum hätte dieser Theorie zufolge die Unterentwicklung der Agrarregionen stabilisiert und verschärft. Der Export von Gewerbeerzeugnissen in die Peripherie stand einer einheimischen Gewerbeentwicklung im Wege, die Gutsherrschaft mit leibeigenen Bauern wurde zur Regel. Die Konsequenz war ein geringeres Bildungsniveau und niedrigere Arbeitsproduktivität in der Peripherie. Dieselben Erscheinungen waren aber charakteristisch für das ganze Europa östlich der Elbe, von Schleswig und Mecklenburg bis in die baltischen Ostseeprovinzen: Die Gutswirtschaften des Adels, die dem Getreideboom folgten, die neue Leibeigenschaft der Bauern, deren übrige Lebensbedürfnisse der Getreideproduktion geopfert wurden, der Niedergang der kleinen Städte und des ländlichen Gewerbes im ostelbischen Getreidegürtel führten tatsächlich überall zu einer Stagnation des Wirtschaftslebens. Von Refeudalisierung, der Wiederkehr mittelalterlicher Verhältnisse, sei hingegen zu Unrecht die Rede gewesen. Unfreiheit und Ungleichheit wären ebenso wesentlich mit der Herausbildung des europäischen Weltsystems des Kapitalismus verbunden gewesen wie die Sklavenarbeit auf den amerikanischen Zucker- und Baumwollplantagen.

Es ist offensichtlich, dass eine solche Sicht schlüssige Erklärungen liefert für eine Reihe grundlegender Prozesse in der Wirtschaftsgeschichte der Frühen Neuzeit. Die Armut der Peripherie ließe sich so nicht aus deren Unterentwicklung erklären, sondern aus der Entwicklung des Zentrums. Denn das west-östliche Gefälle von Urbanisierung und Wohlstand in Europa entspräche nicht einem zeitlichen Nachhinken, wäre nicht die Ungleichzeitigkeit des Gleichzeitigen. Also könnte der Abstand auch nicht aufgeholt werden, sondern die Karten müssten neu gemischt, die Rollen zwischen Zentrum und

8 *Braudel, Fernand*: Aufbruch zur Weltwirtschaft. Sozialgeschichte des 15. bis 18. Jahrhunderts, Bd. 3, München 1986, S. 35/36.

Peripherie neu verteilt werden. Dies war schon der Ausgangspunkt von André Gunder Franks Analyse der chilenischen und brasilianischen Geschichte. Sie war wie Wallersteins und alle folgenden Dependencia-Theorien eine Absage an die Modernisierungstheorien. Diese Fundamentalkritik begleitete das aktuelle Versagen der Modernisierungsstrategien in den Entwicklungsländern und das Aufbrechen des Nord-Süd-Konflikts in der Krise der siebziger Jahre.

Wie jede große historische Theorie leistet auch diese das meiste auf einem sehr hohen Abstraktionsniveau. Bei genauerer Betrachtung sind vielfältige Einwände und Ergänzungen anzubringen. Zunächst ist der Eindruck zu korrigieren, dass das europäische Wirtschaftssystem sich allein oder hauptsächlich nur durch den Handel zwischen Kern und Peripherie bildete. Es entwickelten sich vielfältige und stabile Handelsbeziehungen zwischen Zentren zweiter Ordnung und benachbarten Regionen. Dies ist besonders von ostmitteleuropäischen Wirtschaftshistorikern betont worden.[9] Die Beziehungen zwischen dem osmanischen Balkan und Mitteleuropa sind ebenso zu nennen wie der Handel Schlesiens, dessen Textilien in allen Nachbarregionen wichtiger waren als die englischen, oder der Handel Venedigs nach seinem Abstieg von der Spitze des Welthandels, das innerhalb des italienisch-sizilianischen Raumes seine eigenen Peripherien hatte. Während der Frühen Neuzeit nahmen alle Handelsbeziehungen in Europa an Umfang und Wichtigkeit für die Partner zu. Die Gesamtheit des innereuropäischen Wirtschaftsaustausches schuf das europäische Wirtschaftssystem.

Ein zweiter Einwand betrifft die Bewertung von Agrarerzeugnissen und Gewerbeprodukten im Austausch von Kern und Peripherie. Es kann wohl nicht davon ausgegangen werden, dass dieser Handel grundsätzlich zu Lasten der Rohstofflieferanten ging und von seinem Wesen her ungleicher Austausch gewesen ist. Als während des späten 16. und frühen 17. Jahrhunderts aufgrund wachsender Bevölkerung und verschlechterten Klimas ein permanenter Mangel an Nahrungsmitteln in West- und Südeuropa entstand, war der Markt zweifellos günstig für die peripheren Regionen, die das Benötigte liefern konnten. Dieser Handel war keine koloniale Ausbeutung, wie es die Einfuhr von Silber, Tabak und Zuckerrohr aus dem spanischen Amerika gewesen ist. Wie wären sonst die Marktanreize zu erklären, die zur Intensivierung der Landwirtschaft in den Kernregionen führten und Korn- und Ochseneinfuhr aus Osteuropa langsam zum Erliegen brachten? Offenkundig rechnete sich die landwirtschaftliche Produktion auch im Zentrum des Weltsystems, wenn sie effizient genug war, wie es beispielsweise in England mit der ‚new husbandry' geschah. Der Export von Agrarerzeugnissen und Rohstoffen konnte für die Länder der Peripherie durchaus vorteilhaft sein, lieferte er doch im 16. Jahrhundert offensichtlich die wirtschaftliche Grundlage für die Blüte des Jagiellonischen Staates mit seiner Renaissancekultur.

Bemerkenswert sind die klar aktiven Handelsbilanzen der peripheren Regionen mit den Kernländern, die zumindest am Beginn jenes West-Ost-Handels standen.[10] Offensichtlich spielte die Einfuhr von Gewerbeprodukten aus dem Zentrum nur eine geringe

9 *Mczak, Antoni/Samsonowicz, Henryk/Burke, Peter* (Hrsg.): East-Central Europe in transition. From the fourteenth century to the seventeenth century, Cambridge 1985.

10 Siehe *Artur Attman*: The Russian and Polish Markets in International Trade 1500-1650, Göteborg 1973.

Rolle und beschränkte sich hauptsächlich auf die Luxusbedürfnisse der Oberschicht. Konnte so eine eigenständige Gewerbeentwicklung in der Peripherie tatsächlich verhindert werden? Welche Rolle spielten Geld und Edelmetalle, die in die peripheren Regionen strömten? Dienten sie nur der Schatzbildung und dem Luxuskonsum? Oder speisten diese Zahlungsmittel die Geldflüsse im Inneren, so die Entwicklung von Waren- und Zahlungsverkehr anregend? Das Letztgenannte ist wohl richtig. Der Messhandel über Land entfaltete sich gerade im ostelbischen Europa während der Frühen Neuzeit und glich alsbald die positiven Bilanzen des Seehandels aus. [11] Der ausgeglichene Handel ist das sicherste Zeichen für die wechselseitige Verflechtung der Wirtschaften und die tatsächliche Einbeziehung Ostmitteleuropas in ein gesamteuropäisches Wirtschaftssystem. Mit den islamischen und asiatischen Weltwirtschaften trieben die Europäer noch während der Frühen Neuzeit sehr einseitigen Handel, sie hatten kaum eigene attraktive Erzeugnisse anzubieten. So ruhte das europäische Wirtschaftssystem keineswegs auf wenigen Leitgütern des Fernhandels, sondern es wurde getragen von einem rasch sich verdichtenden Netzwerk überregionalen Austausches. Und diese Verflechtungen der europäischen Wirtschaft waren langfristig nicht systematisch auf Übervorteilung gegründet, sondern auf wechselseitigem Interesse.

Damit wird es aber immer unwahrscheinlicher, dass direkte Ausbeutung der ostelbischen Peripherie durch das westeuropäische Zentrum der eigentliche Grund relativer Armut und Unterentwicklung gewesen ist, wie es die Theorie von Immanuel Wallerstein annimmt. Das wäre dann wahrscheinlich, wenn vor der Entstehung des kapitalistischen europäischen Weltsystems, also am Ausgang des Mittelalters, keine tief greifenden Unterschiede zwischen den europäischen Regionen bestanden hätten. Wallerstein geht davon aus, gestützt vor allem auf regionale Forschungen zur Agrargeschichte des späten Mittelalters und der Frühen Neuzeit in Polen. Die Abbildung 1 stellt einige hoch aggregierte Daten zusammen, die das Gefälle zwischen Zentrum und Peripherie im Verlauf der Frühen Neuzeit zeigen. Als Indikatoren sind hier die Erträge bei Brotgetreide, die Dichte der Bevölkerung und schließlich der Anteil der Stadtbevölkerung gewählt worden. Das sind relativ einfache Indikatoren, die sich verhältnismäßig gut schätzen lassen. Es steht zugleich außer Frage, dass diese Indikatoren recht zuverlässig Auskunft über die Produktivität und den Entwicklungsstand vorindustrieller Gesellschaften geben. Bedauerlich ist, dass die Daten hier für politische Einheiten wie das *Heilige Römische Reich deutscher Nation* gesammelt sind und die bedeutsame Trennlinie entlang der Elbe unberücksichtigt bleibt. Die Differenzen zwischen der westmitteleuropäischen Semiperipherie und der ostmitteleuropäischen Peripherie wären sonst deutlicher ausgefallen.

11 *Bur, Márta*: Das Raumergreifen balkanischer Kaufleute im Wirtschaftsleben der ostmitteleuropäischen Länder im 17. und 18. Jahrhundert, in: *Vera Bácskai* (Hrsg.): Bürgertum und bürgerliche Entwicklung in Mittel- und Osteuropa, Budapest 1986, S. 17-88; *Reinhold, Josef*: Polen-Litauen auf den Leipziger Messen des 18. Jahrhunderts, Weimar 1971.

Abbildung 1

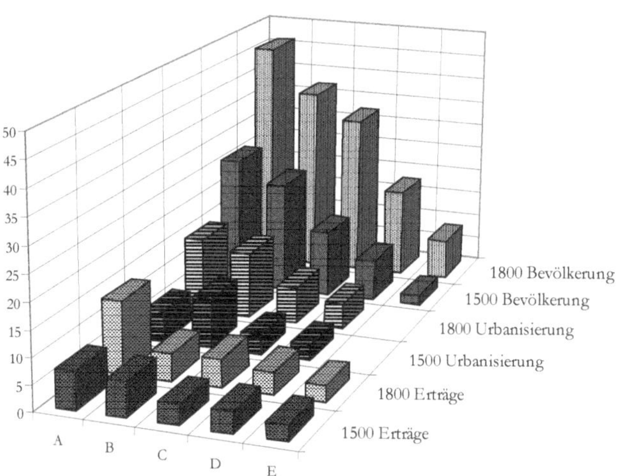

A: Westeuropa; B: Mittelmeerraum; C: das Reich; D: Polen, Böhmen, Ungarn; E: Rußland. – Erträge: Vielfaches der Aussaat bei Brotgetreide (Quelle: *Franz Irsigler* in: Ploetz, 1989, 27; *Bernard Slicher van Bath:* De agrarische geschiedenis, Utrecht 1976, S. 362-365; *Aldo de Maddalena* in: Europäische Wirtschaftsgeschichte, Bd. 2, 1983, S. 381-389; *Ulrich Bentzien*: Bauernarbeit, Berlin 1980, S. 192; Economic History of Poland in Numbers, Table 16, 21, 22, 21, 26/27);
Urbanisierung: Prozent der Bevölkerung in Städten mit mehr als 10.000 Einwohnern (Quelle: *Paul M. Hohenberg/Lynn Hollen Lees:* The Making of Urban Europe, 1985, S. 119);
Bevölkerung: Einwohner pro km² (Quelle: *Jan de Vries*: The Economy of Europe, 1976, S. 5; *Roger Mols* in: Europäische Wirtschaftsgeschichte, Bd. 2, 1983, S. 20; Economic History of Poland in Numbers, Table 3, 8).

Augenfällig ist das Wachstum in allen Bereichen und allen Regionen. Hinsichtlich des Bevölkerungswachstums stehen die peripheren Regionen den Kernregionen des Kontinents nicht nach. In allen Regionen waren um 1800 Produktivitätsfortschritte erzielt worden, die sehr viel mehr Menschen Nahrung gaben, als am Beginn der Neuzeit. Das Ausgangsniveau um 1500 war aber höchst ungleich gewesen. Verstädterung und Siedlungsdichte wiesen auch nach den großen europäischen Siedlungsbewegungen des hohen Mittelalters noch gravierende Unterschiede auf. Die Voraussetzungen, mit denen die Regionen in die Frühe Neuzeit eintraten, waren also keineswegs ausgeglichen, wie Wallerstein annimmt, sondern die Karten waren gewissermaßen schon verteilt. Diese Unterschiede sind weit älter, da die Besiedlungsdichte in den weiten Ebenen des nordöstlichen Europas schon in der Völkerwanderungszeit um ein Vielfaches geringer war als an den Küsten vom Mittelmeer und Atlantik. Möglicherweise spielen klimatische und geographische Faktoren neben historischen eine große Rolle. Die Bevölkerungsdichte ist nun an sich schon ein wichtiger Faktor für das Wirtschaftswachstum, und sie war es besonders in vorindustrieller Zeit.

Die Beziehung zwischen Bevölkerungsdichte und Bodenertrag liegt nahezu auf der Hand. Eine intensivere Bodenbearbeitung erfordert und ermöglicht eine dichtere Bevölkerung. Keineswegs einleuchtend ist deshalb die Stagnation der Erträge im ostelbischen Europa, wo auch um 1800 noch kaum mehr als das *vierte Korn*, also das Vierfache der Aussaat, geerntet wurde. Die Gutsherrschaft, die schlechten Besitzrechte und die Unfreiheit der Bauern sind die unbezweifelbare Ursache dieses Dilemmas. Jene Koppelung zwischen negativen ökonomischen und politisch-sozialen Faktoren, die im System von Immanuel Wallerstein für die Peripherie charakteristisch sind, ist kaum zu leugnen. Hier sehe ich theoretische Impulse dieses Gedankengebäudes, die von den Historikern noch kaum aufgenommen worden sind und nicht einfach durch historische Detailkritik beiseite geschoben werden können.

Es ist klar, dass ein stagnierender Agrarsektor die Entwicklung von Städten und Gewerben behindert. So ist es kein Wunder, dass auch die Unterschiede der Großstadtbevölkerung auf die wesentlich intensivere Wirtschaftstätigkeit im Mittelmeerraum und in Westeuropa hinweisen. In diesen Regionen war das Städtenetz schon seit der römischen Zeit geknüpft worden. Die Urbanisierung war dementsprechend auf dem Boden der antiken Stadtkulturen am höchsten. Doch auch hinsichtlich dieses Merkmals ließ der Westen in der Frühen Neuzeit alle anderen Regionen Europas deutlich hinter sich. Diese drei Faktoren, die in enger Wechselwirkung standen, hatten offenbar im Westen Europas schon ein beträchtliches Niveau erreicht, bevor die Verlagerung der Handelswege diese Region zum Kern der frühkapitalistischen europäischen Weltwirtschaft prädestinierte.

Die regionale Ungleichheit innerhalb Europas hat sich während der Frühen Neuzeit sichtlich vertieft. Schwankten beispielsweise am Beginn des 16. Jahrhunderts die Ernteerträge nur etwa um 100 Prozent zwischen den fruchtbaren und den kargen Großregionen, so erweiterte die Modernisierung der Landwirtschaft im Nordwesten Europas diese Kluft auf mehr als 200 Prozent. Stallfütterung, Düngung und Fruchtwechselwirtschaft – die ‚new husbandry' – verwandelten England binnen kurzem von einem Agrarimportland in ein Gebiet landwirtschaftlicher Überproduktion. In gleichem Maße vergrößerten sich die Unterschiede der Verstädterung. Das Diagramm zeigt zugleich, wie an die Stelle des mittelalterlichen Nord-Süd-Gefälles ein deutliches Ost-West-Gefälle trat. Neu ist dabei vor allem die scharfe Bruchstelle zwischen dem östlichen und dem westlichen Mitteleuropa, die Scheidelinie, die das Gebiet der ostelbischen Gutsherrschaft von der westelbischen Grundherrschaft trennte.

Schließlich ist festzuhalten, dass sich zwar in allen Regionen ein Wachstum auf jedem dieser Felder vollzog, dass die zurückgebliebenen Regionen aber bei keinem Indikator das Niveau erreichten, auf dem sich die fortgeschrittenen Regionen am Beginn der Neuzeit befunden hatten. Es gelang also nicht aufzuholen. Das ist eine sehr pessimistische Erkenntnis. Das unterschiedliche Niveau, auf dem sich dieses Wachstum vollzog, entsprach ungleichen Chancen auf diesem Weg. Die Niveauunterschiede scheinen über alle Entwicklungen und Wandlungen hinweg geradezu entmutigend zählebig gewesen zu sein. Die Kluft, die sich in der Frühen Neuzeit auftat, vertiefte sich während der Industrialisierung des Kontinents noch einmal entschieden. Die Rolle von

Zentrum und Peripherie waren indessen nicht schicksalhaft festgelegt. Und tatsächlich war Skandinavien die einzige europäische Großregion, die von der Peripherie in das Zentrum der europäischen Weltwirtschaft aufsteigen konnte. Die Zugehörigkeit zur Peripherie war also kein unentrinnbares Schicksal, wie es die Theorie vom europäischen Weltsystem nahe legt, da sie den systemischen, sich selbst unheilvoll und unentwegt reproduzierenden Charakter der Beziehung hervorhebt. Allerdings war Skandinavien auch von dem sozialen Kainszeichen der Peripherie, der Unfreiheit des Arbeiters, verschont geblieben. Es kannte keine unumschränkte Adelsherrschaft und keine Leibeigenschaft der Bauern.

Der Dualismus zwischen dem nordwestlichen Zentrum des europäischen Weltsystems und den peripheren Regionen, zu denen vor allem der ganze Osten des Kontinents zählte, war seit der Frühen Neuzeit eine der Grundtatsachen europäischer Geschichte. Dies ist jedoch nicht nur negativ zu begreifen. Nur durch die Einbeziehung der Peripherie konnten sich die wirtschaftlichen Wachstums- und Wandlungsprozesse bis hin zur Industrialisierung über den ganzen Kontinent verbreiten. Für die Integration Europas hatte die Bildung des europäischen Wirtschaftssystems dieselbe Bedeutung wie Renaissance und Aufklärung und wie die Bildung des europäischen Mächtesystems nach dem Dreißigjährigen Krieg. Die Frühe Neuzeit war eine Hochzeit europäischer Integration, bevor der Nationalismus im 19. Jahrhundert das Pendel in die Gegenrichtung trieb.

3. Das ‚Wunder Europa'

Die Theorie des europäischen Weltsystems hat weniger die Beziehungen der europäischen Regionen im Auge. Sie will die Mechanismen der europäischen Weltherrschaft im kolonialen und nachkolonialen Zeitalter aufzeigen, also die Struktur des globalen Nord-Süd-Konflikts bloß legen. Auch die seit den achtziger Jahren geführte Debatte um das Wunder Europa stellt die Frage nach dem Platz unseres alten Kontinents in der Weltgeschichte und damit nach der Rolle Europas in der heutigen Welt.

Das Buch des Australiers Eric Lionel Jones war der Auslöser.[12] Wallerstein hatte den Aufstieg des nordwestlichen Europas analysiert als die Begründung repressiver Herrschaft, die in konzentrischen Kreisen Entwicklungschancen anderer Regionen und Erdteile zunichte macht. Die Meistererzählung von Jones schien dagegen das alte eurozentrische Weltbild wieder in sein Recht zu setzen, wie es von Alexis de Toqueville über Karl Marx und Max Weber bis zu Marc Bloch geherrscht hatte. Insbesondere Max Webers große Erzählung der Geburt des kapitalistischen Geistes aus der protestantischen Ethik steht Pate für diesen neuen Eurozentrismus.[13] Auch David Landes beantwortet am Ende seines großen Buches die Frage, warum die einen Völker arm und die andern reich sind, wieder mit Max Weber: „Kultur macht den entscheidenden Unter-

12 *Jones, Eric Lionel*: Das Wunder Europa. Umwelt, Wirtschaft und Geopolitik in der Geschichte Europas und Asiens, Tübingen 1991.

13 *Weber, Max*: Die protestantische Ethik und der ‚Geist' des Kapitalismus. Textausgabe auf der Grundlage der ersten Fassung von 1904/05 mit einem Verzeichnis der wichtigsten Zusätze und Veränderungen aus der zweiten Fassung von 1920, 3. Aufl., Weinheim 2000.

schied.“ [14] Anders als Weber suchen Jones und Landes die Wurzeln des europäischen Wunders deutlich vor dem Beginn der frühen Neuzeit, vor den großen Entdeckungsfahrten, vor Renaissance und Reformation. Sie suchen sie in der germanisch-römisch-christlich-jüdischen Synthese des frühen Mittelalters, die wenig verfestigte, offene, vielfältig fragmentierte Institutionen geschaffen habe. Gerade vor dem Hintergrund der feudalen Zersplitterung Europas sei die Ausbildung des Privateigentums, der Aufstieg der Stadtbürger, die geistige Beweglichkeit und letztlich die Erfindung des Erfindens (Landes) möglich gewesen. So sei am Ende des Mittelalters der technologische Vorsprung der asiatischen Zivilisationen aufgeholt gewesen. Das westeuropäische Mittelalter er-scheint in Ackerbau und Grundherrschaft, Stadtkultur und religiösem Leben, Feudalität und Kommunikation in einem großen Abriss von Michael Mitterauer, der das europäische Wunder rationalisiert als Grundlage eines weltgeschichtlichen ‚Sonderweges.‘ [15] Auch diese wirtschafts- und sozialhistorische Schau legt das Schwergewicht der Erklärung nicht auf die Technologien, sondern auf die Institutionen und die Kultur.

Alle diese Lobpreisungen Europas meinen das abendländische Europa der lateinischen Christenheit, noch enger seinen westlichen Rand, der vom Karolingerreich bis zur industriellen Revolution das Zentrum der Innovation und Entwicklung gewesen ist. Das Wunder Europa, wenn es denn eines war, meint den unvorhersehbaren Aufstieg dieser kleinen Region an der Atlantikküste, die während der Frühen Neuzeit nur dem Süden Skandinaviens und dem westelbischen Deutschland Entwicklungsimpulse zu geben vermochte. Das Europa östlich der Elbe verharrte an der Peripherie in wachsender Rückständigkeit. Auch die Mittelmeerwelt, die während des Mittelalters noch vom antiken Erbe zehrte und unter der Herrschaft Venedigs die Verbindung zu den asiatischen Weltreichen vermittelt hatte, wurde vom atlantischen Zentrum an den Rand gedrängt. Die Kolonialreiche der Portugiesen und der Spanier verhalfen der iberischen Halbinsel nicht zu einer zentralen Rolle im kapitalistischen Weltsystem, sie boten nur die Plattform für den Aufstieg der niederländischen Generalstaaten und Englands. Der Zusammenhang zwischen der Kolonialisierung beider Amerika und der Herausbildung des kapitalistischen Weltsystems war komplexer und vermittelter, als es Wallerstein beschreibt. [16] Nicht die Silberströme aus der neuen Welt, nicht die Ausplünderung der Peripherien und die Akkumulation von Kapital im Zentrum waren der Schlüssel für den Entwicklungsschub in der frühen Neuzeit, sondern die Ausbildung bürgerlicher Institutionen, die das Eigentum gegen die Willkür des Herrschers schützten und die Transaktionskosten senkten. Und diese Institutionen entfalteten sich während der Frühen Neuzeit in England und Holland. So lautet die Botschaft der neuen Sicht der Wirtschaftsgeschichte, die Douglass C. North auf Grund der neuen Institutionenökonomik unter-

14 *Landes, David S.*: Wohlstand und Armut der Nationen – Warum die einen reich und die anderen arm sind, Berlin 1999.

15 *Mitterauer, Michael*: Europa – Grundlagen eines Sonderwegs, München 2003.

16 *O'Brian, Patrick Karl/Prados de la Escoura, Leandro*: The Cost and Benefits of European Imperialism from the Conquest of Ceuta, 1415, to the Treaty of Lusaka, 1974, in: *Clara-Eugenia Núñez* (Hrsg.): Debates and Controversies in Economic History. Proceedings Twelfths International Economic History Congress, Madrid 1998, S. 9-68.

breitet.[17] Auch diese der neoklassischen Wirtschaftstheorie verbundene Interpretation baut mit am modernen Eurozentrismus.

Einen Schlüssel zur Erklärung des europäischen Sonderweges liefert die europäische Stadtkultur von der griechischen Polis bis zu den italienischen Stadtrepubliken und den deutschen Reichsstädten. Unsere Vorstellungen von einem Vorsprung der europäischen Stadtentwicklung wurden allerdings durch neuere Forschungen korrigiert.[18] Der Anteil der Stadtbevölkerung erwies sich vor 1800 in allen eurasischen Zivilisationen als erstaunlich gleichmäßig zwischen 13 Prozent und 16 Prozent liegend, wenn man die Siedlungen mit mehr als 2000 Einwohnern zählt. Damit war das Maß des unter den Bedingungen agrarischer Gesellschaften Möglichen wohl ausgeschöpft. Hygiene und Versorgung warfen Probleme auf, die dem Wachstum Grenzen setzten. Die Gewerbetätigkeit war angesichts der manuellen Technik und des Antriebs durch Menschen-, Tier- und Wasserkraft noch weit in der Fläche zerstreut und mit der bäuerlichen Wirtschaft verbunden. Die sehr großen Städte mit mehr als 200.000 Einwohnern lagen lange außerhalb Europas. Erst um 1700, als sich die vier europäischen Städte Paris, London, Amsterdam und Neapel unter die 20 Metropolen der Welt einreihten, entsprach dies dem europäischen Anteil an der Weltbevölkerung. Der Vorsprung der asiatischen Zivilisationen hinsichtlich der sehr großen Städte hing natürlich wesentlich mit den zentralisierten Großreichen zusammen, die entsprechende Zentren der Verwaltung und Konsumtion benötigten. Das europäische Wunder erweist sich auch aus dieser Sicht nicht als eines der Zahl, sondern als eines der Institutionen:

> „Die Städte des christlichen Europa scheinen im allgemeinen stärker nach außen gerichtet in ihrer Wirtschaftstätigkeit, von stärkerer Eigenart und Verschiedenheit in Stadtbild und Architektur, bevölkert von besser gebildeten Bürgern gewesen zu sein, und so bildeten sie schließlich eine freiere Welt."[19]

Als Gegenstück zu dem europäischen Rechtssatz „Stadtluft macht frei" zitiert der Autor einen Kenner der chinesischen Geschichte: „Chinas Luft macht niemanden frei."[20] Nicht nach den Quellen des Wachstums ist also zu fragen, sondern nach jener besonderen europäischen Freiheit, die offenbar der Motor einer Dynamik war, die schließlich den Quantensprung zur Industriegesellschaft auslöste.

Die Erklärung des ‚europäischen Wunders' bedarf der Untersuchung ihrer wichtigsten Konkurrenten und Gegenspieler, der alten Weltzivilisationen und vor allem Chinas. Warum leitete die Kenntnis des Kompass und des Schießpulvers die Chinesen nicht zur Entdeckung und Eroberung der Welt? Im 14. bis 16. Jahrhundert hatten die Chinesen den ganzen Indischen Ozean befahren und Kolonien an der Küste Indochinas, der Westküste Indiens und dem Persischen Golf gegründet. Mit dem Zerfall des Ming-Reiches fand diese Expansion plötzlich ein Ende. China hörte auf, eine Seemacht zu sein

17 *North, Douglass C.*: Theorie des institutionellen Wandels. Eine neue Sicht der Wirtschaftsgeschichte, Tübingen 1988.

18 *Bairoch, Paul/Batou, Jean/Chèvre, Pierre*: La Population des villes européennes. Banque de données et analyse sommaire des résultats 1800-1850, Genève 1988.

19 *Bairoch, Paul*: Urbanization and the Economy in preindustrial societies: the findings of two decades of research, S. 284, in: The Journal of European Economic History, Vol. 18/1, 1989, S. 239-290. (Die oben gegebenen Zahlen S. 246, S. 260).

20 Ebd., S. 284 mit Bezug auf *Mark Elvin*: The Pattern of the Chinese Past, London 1973, S. 166.

und zog sich hinter seine Große Mauer zurück. Warum führte der Buchdruck dort nicht zur Literarisierung der Massen, zur Rationalisierung der Welt und zur Säkularisierung der Gesellschaft? Warum löste das Papiergeld in China nicht alle traditionellen Bindungen zugunsten der gefühllosen baren Zahlung (Marx) auf? Ein globaler Hinweis auf die zerstörerischen Mongoleneinfälle und die lähmende Wirkung der mongolischen Reichsbildungen für die asiatischen Zivilisationen löst das Rätsel wohl nicht, auch wenn es zu den Glücksfällen Europas gehört, dass der Mongolensturm in der Mitte des 13. Jahrhunderts halt machte, nachdem er schon ganz Polen und Ungarn durchquert und Mähren und Schlesien erreicht hatte, und dass die Osmanen, die 1529 und 1683 vor Wien standen, den Rückzug antraten.

Asiens Geschichte ist während der Frühen Neuzeit keineswegs durch Stagnation gekennzeichnet. Sein Anteil an der Weltbevölkerung war zwischen 1500 und 1800 von etwa der Hälfte auf rund zwei Drittel gewachsen, während Europa recht gleichbleibend ein knappes Fünftel der Menschheit trug. Da Dichte und Dynamik der Bevölkerung in agrarischen Gesellschaften ein guter Indikator für die Wirtschaftstätigkeit sind, müssten wir das Zentrum der Weltentwicklung auch zur Zeit Napoleons noch in Asien vermuten. Wenn wir vom Wunder Europa in der Fühen Neuzeit sprechen, kann diese bedeutsame quantitative Seite der Zivilisation nicht gemeint sein.

Abbildung 2

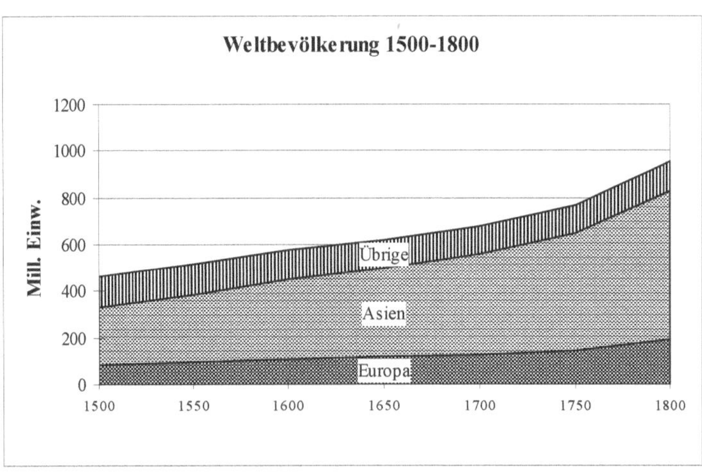

Quelle: *Massimo Livi-Bacci:* Population and Nutrition. An Essay on European Demographic History, Cambridge 1991, S. 2.

Das gebremste Bevölkerungswachstum Europas wird nicht nur durch Geographie und Klima erklärt, die hier nur eine Ernte im Jahr ermöglichten, sondern auch durch das sogenannte europäische Heiratssystem, das ‚european marriage pattern'. Nur im westlichen und nördlichen Europa war die Kleinfamilie das vorherrschende Familiensystem, in Asien dominierte die Großfamilie aus mehreren Generationen und Geschwisterfamilien unter einem Dach.[21] Mit dem europäischen Familiensystem ging eine lange Jugendzeit in fremdem Dienst und ein hohes Heiratsalter einher. Niedrigere Geburtenzahlen folgten daraus. In Asien waren Menschen zahlreich und menschliche Arbeitskraft daher billig, in Europa hingegen knapper und kostbarer. Tierische Antriebskraft wurde daher umfangreicher genutzt, Wasserräder universell eingesetzt. Die Knappheit dieser Ressourcen mündete um 1800 in eine Energiekrise, deren Lösung schließlich die industrielle Revolution mit dem Übergang zur Dampfmaschine bot. Gerade der Menschenreichtum Asiens könnte erklären, warum die Nutzung und Fortentwicklung bekannter Technologien stagnierte, warum die dortigen Weltwirtschaften nicht zu technischen Zivilisationen wurden. Die Prosperität der asiatischen Reiche, die sich dem westlichen Reisenden im Glanz ihrer Städte, in der Fruchtbarkeit ihrer Länder, in der außerordentlichen Zahl ihrer Bewohner und in der Effizienz ihrer Verwaltungs- und Steuersysteme darbot, beruhte auf einem Gleichgewicht, das eher Stabilität als Entwicklung verhieß. Es ließe sich ein Zusammenhang zwischen Bevölkerungsreichtum und Staatsstruktur annehmen. Karl Wittfogel hatte vor einem halben Jahrhundert in einer einflussreichen Studie die despotische und letztlich entwicklungsfeindliche Zentralisierung aller alten Reiche aus den Notwendigkeiten von Bewässerungsgesellschaften erklärt, wo regelmäßig große Menschenmassen zu Regulierungsmaßnahmen organisiert werden mussten.[22] Die ‚orientalische' oder ‚asiatische' Produktionsweise der alten mesopotamischen und ägyptischen Reiche mit ihren Priesterhierarchien war schon für Karl Marx eine griffige Formel gewesen. Inwieweit solche Deutungen nicht nur eurozentrisch, sondern auch rassistisch sind, lässt sich wohl nicht einfach aus der Begrifflichkeit, sondern nur aus der Argumentation herleiten.

Auch die neue Debatte um den Aufstieg Europas wendet sich den Entwicklungsproblemen agrarischer Gesellschaften zu.[23] Herausgearbeitet werden die inneren Fallen der Agrargesellschaften. Deren jahrtausendelange Dauer verdankte sich möglicherweise solchen internen Entwicklungsblockaden. Da war zunächst die malthusianische Falle aus Übervölkerung und Knappheit, die auf Zeiten des Wachstums solche der Kontraktion durch Seuchen, Kriege und soziale Unruhen folgen ließ. Katastrophen zeichneten gleichermaßen das vorindustrielle Europa, das mit dem Schwarzen Tod im 14. Jahrhundert und mit der Krise des 17. Jahrhunderts existentielle Einbrüche erlebte. Das Bild der malthusianischen Falle hat ja seinen Ausgangspunkt im fortgeschrittensten Winkel Europas im ausgehenden 18. Jahrhunderts. Der britische Ökonom Thomas Robert Malthus stellte damals die Theorie von der unvermeidlichen Schere zwischen dem raschen Wachstum der Bevölkerung und den nur langsam zu vermehrenden Nahrungserträgen auf. Europa fand damals seinen Ausweg in der industriellen Revolution, sieht sich aber zwei Jahrhunderte später mit neuen Ressourcenknappheiten konfrontiert und erlebt gegenwärtig einen neomalthusianischen Paradigmenwechsel. Die zweite Falle sehen die Autoren in der jegliche Emanzipation erstickenden Priestermacht und Herrscher-

21 *Laslett, Peter*: The World We Have Lost: England before the Industrial Age, London 1971; *Michael Mitterauer*: Europäische Familienformen im interkulturellen Vergleich, in: *ders.*: Historisch-anthropologische Familienforschung. Fragestellungen und Zugangsweisen, Wien/Köln 1990, S. 25-40.

22 *Wittfogel, Karl August*: Die orientalische Despotie – eine vergleichende Untersuchung totaler Macht, Köln 1962.

23 *Baechler, Jean/Hall, John A./Mann, Michael* (Hrsg.): Europe and the Rise of Capitalism, Oxford and Cambridge/MA 1989.

willkür. Auch diese Falle war den Europäern nicht unbekannt. Mit Inquisition, Hexenverfolgungen und Absolutismus reichte sie durchaus in die Neuzeit hinein. Die Fallen der agrarischen Gesellschaften sind also kein Problem der asiatischen Zivilisationen. Ihnen entronnen zu sein, war allerdings ein europäisches Privileg. Nicht wir sind das Wunder, schreibt Ernest Gellner, sondern das Wunder ist uns geschehen. Das Tor zur Flucht aus der agrarischen Gesellschaft stand einen historischen Moment lang offen, und die Europäer standen davor und konnten hindurchgehen. [24]

4. Gegen den Eurozentrismus und Fortschrittsglauben

So wird das eigentliche Wunder sichtbar, dass es nämlich der Menschheit überhaupt gelang, die Jahrzehntausende dauernde agrarische Gesellschaft zu überwinden. Die Geschichte der Menschheit erscheint allerdings um die gegenwärtige Jahrtausendwende nicht mehr als vorgezeichneter Aufstieg durch Nacht zum Licht, sie ist keine folgerichtige Befreiung aus Armut und Unmündigkeit. Dieser Optimismus ist heute ganz und gar unmöglich, denn das zwanzigste Jahrhundert hat ihn ebenso gründlich zerstört, wie ihn das neunzehnte genährt hatte. Nicht zufällig ist der Angelus novus Walter Benjamins zur meist zitierten Metapher gegenwärtiger Geschichtsschreibung geworden: der vom Paradies fortgetriebene Engel der Geschichte, der rückwärts blickend die Trümmer der Katastrophen sich türmen sieht. [25] Der Fortschrittsglaube erscheint nur noch als tiefster Ausdruck des Eurozentrismus. Tatsächlich musste er als Rechtfertigung herhalten für Gewalt und Kolonisation, für die Weltherrschaft des nach Nordamerika erweiterten Europas im Namen von Freiheit, Demokratie und Menschenrechten. Als die europäische Aufklärung das lineare Geschichtsbild eines stufenweisen Menschheitsfortschritts schuf, wertete sie zugleich das Bild des Andern rassistisch ab. Die Bewohner anderer Kontinente erschienen in diesem Spiegel als Orientalen, Wilde oder Primitive. Der große spanische Wirtschaftshistoriker Josep Fontana blickt auf das ‚Wunder Europa‘ im Spiegel dieser anderen, und was er sieht, ist nichts als ein ziemlich blutiger Sonderweg der Weltgeschichte, gepflastert mit den Opfern der vernichteten Kulturen und zerstörten Möglichkeiten autochthoner Entwicklungen. [26] Dass auch diese gründliche Revision in der Reihe ‚Europa bauen‘ erschien, steht für die Unlösbarkeit der Aufgabe, eine europäische Identität zu konstruieren. Fontana ist nicht mehr bereit, in der Geschichte einen Entwicklungsprozess zu sehen, dessen Motor der Fortschritt in Welterkenntnis und Naturbeherrschung war. Er versteht nicht nur die außereuropäischen Kulturen als Opfer des europäischen Kolonialismus und der Globalisierung, er zeigt auch die europäischen Bauern und die Massen der modernen europäischen Gesellschaften als Verlierer dieses großen Elitenprojektes des Fortschritts. Die Frühe Neuzeit ist ihm das ‚Zeitalter der Qualen‘, das mit Despotismus,

24 *Gellner, Ernest*, in: *Jean Baechler/John Hall/Michael Mann* (Hrsg.): Europe and the Rise of Capitalism, Oxford 1989, S. 1-5.

25 *Benjamin, Walter*: Über den Begriff der Geschichte, in: *ders.*: Illuminationen, Frankfurt am Main 1977, S. 251-262.

26 *Fontana, Josep*: Europa im Spiegel. Eine kritische Revision der europäischen Geschichte, München 1995.

Inquisition, Hexenverfolgung und langen Kriegen der großen Mehrzahl der Europäer allzu hohe Opfer für jenen Aufstieg des Kontinents zur Weltmacht abverlangte.

Das Gegenmodell zur linearen Sicht der Weltgeschichte als Fortschritt sind Kreisläufe, die Wiederkehr des Immergleichen im Aufblühen und Vergehen von Kulturen und Reichen. Das können Kreisläufe sein, die Teufelskreisen gleichen, wie es die These von den inneren Fallen der agrarischen Gesellschaften nahe legt. Kreisläufe können jedoch auch als Muster eines fragilen Gleichgewichts verstanden werden, das Nachhaltigkeit möglich macht. So versteht es André Gunder Frank in seinen späten Arbeiten zur Weltsystemtheorie.[27] Ihm ist inzwischen die ganze Menschheitsgeschichte seit den ersten Reichsbildungen im Zweistromtal eine ewige Geschichte des Weltsystems, das sich mit wechselnden Zentren immer wieder neu aufbaut. Das Zentrum des Weltsystems wandert weiter, und es sei gerade dabei, sich wieder nach Asien, in den Orient zu verschieben. Der Reise des Columbus im Jahre 1492 und somit der europäischen Entdeckung und Unterwerfung Amerikas kommt in dieser Perspektive keinerlei tiefere Bedeutung mehr zu. Die marxistische Unterscheidung verschiedener Gesellschaftsformationen ist ebenso eine eurozentrische Täuschung wie die Annahme eines progressiven Institutionenwandels zu Freiheit und Demokratie. Es gab keinen Übergang vom Feudalismus zum Kapitalismus um 1500. Es gibt keine Transformationen, es gibt keinen realen Fortschritt und keine Unterentwicklung. Es gibt nur immer neue Ungleichheit durch die Akkumulation des Reichtums im jeweiligen Zentrum des Systems:

> „Die Weltsystem weite Realität ist der Kampf aller gegen alle, wie Hobbes sagte, wo der Mensch des Menschen Wolf ist, in dem nur wenige gewinnen können und die Vielen verlieren müssen. Und so ist es seit Jahrtausenden gewesen, dank der ungleichen Struktur des Weltsystems, die Wallerstein uns zu erkennen hilft.“[28]

Wenn Frank hier ausdrücklich mit dem Verweis auf Immanuel Wallerstein schließt, so kann dies nicht darüber hinwegtäuschen, wie weit sich die beiden Begründer und Wortführer der Weltsystemtheorie gedanklich voneinander entfernt haben. Wallerstein beharrt in demselben von Frank herausgegebenen Band auf seinem kritischen Eurozentrismus. Er beharrt darauf, dass während der Frühen Neuzeit jenes europäische Weltsystem entstand, das sich von allem vorhergewesenen und von allem umgebenden grundsätzlich dadurch unterschied, dass es ein kapitalistisches war. Es unterscheidet sich durch die rastlose und unbegrenzte Akkumulation, die das exponentielle Wachstum erzwingt: das Wachstum des Kapitals, der Produktion, des Verbrauchs. Aus diesem exponentiellen, kapitalistischen Akkumulationszwang ergab sich die zerstörerische globale Ausbreitung dieses Systems. Was Gellner noch ein unverdientes Privileg der Europäer scheint, die Flucht aus den Fallen der agrarischen Gesellschaften, sieht Wallerstein als Fluch, als einen grandiosen Unfall der Weltgeschichte. Dieses Desaster konnte geschehen, weil das westliche Europa schwach war. Um 1500 kumulierten mehrere solcher Schwachpunkte zur Krise des Feudalsystems: Die Schwäche der Grundherren, die unter der Agrarkrise litten und von Bauernrevolten attackiert wurden; die Schwäche der Staaten, die von Sondergewalten ausgehöhlt wurden; die Schwäche der

27 *Frank, André Gunder*: ReOrient – Global Economy in the Asian Age, Berkeley 1998.

28 *Frank, André Gunder/Gills, Barry K.* (Hrsg.): The World-System – Five hundred years or five thousand? London/New York 1996, S. 215.

Kirche, die sich mit der Reformation konfrontiert sah. Normalerweise wäre der zerrissene Kontinent zur Beute äußerer Eroberer geworden. Damit wäre die Ordnung wieder hergestellt und die Entstehung des Kapitalismus verhindert worden. Zu allem Übel – so Wallerstein – waren die Mongolen jedoch wieder umgekehrt und auch die Osmanen vermochten die Europäer nicht zu bezwingen. [29]

So kehrt Wallerstein die Argumentation der Verfechter des europäischen Wunders in jedem ihrer Punkte um. Die Dekonstruktion des Wunders Europa bedeutet die Widerrufung der europäischen Geschichte, und wohl nicht nur ihres expansionistischen Teils. Sie signalisiert, dass das Projekt der Moderne mit seinen Wohlstands- und Freiheitsversprechen, das sich aus der europäischen Aufklärung herleitete, an sein Ende gekommen ist. Befinden wir uns in der Sackgasse? Fontanas Schlussappell klingt nahezu versöhnlich, er lässt einen Ausweg offen:

> „Das erste, was wir uns vor Augen zu halten haben, ist, dass unsere und die Probleme der unterentwickelten Länder gemeinsam gelöst werden müssen. Beharren wir darauf, uns hinter Mauern zu verschanzen, werden wir Opfer der uns von innen wie von außen her drohenden Belagerer. So wie alle Volksgruppen verschwunden sind, die zu einer Anpassung an sich verändernde Umstände nicht mehr in der Lage waren, so würden dann auch die Europäer und die ihnen eigene Zivilisation verschwinden. Und tritt dies ein, dann hat ein Kapitel der Geschichte des Menschen sein Ende gefunden, und es wird weitergeblättert.“ [30]

29 *Wallerstein, Immanuel*: World System versus World-Systems – A critique, in: Ebd., S. 292-296.
30 *Fontana*, 1995, S. 207.

5. Literaturverzeichnis

Assmann, Jan: Das kulturelle Gedächtnis. Schrift, Erinnerung und politische Identität in frühen Hochkulturen, München 1999

Attman, Artur: The Russian and Polish Markets in International Trade 1500-1650, Göteborg 1973

Bath, Bernard Slicher van: De agrarische geschiedenis, Utrecht 1976

Baechler, Jean/Hall, John A./Mann, Michael (Hrsg.): Europe and the Rise of Capitalism, Oxford and Cambridge 1989

Bairoch, Paul/Batou, Jean/Chèvre, Pierre: La Population des villes européennes. Banque de données et analyse sommaire des résultats 1800-1850, Genf 1988

Bairoch, Paul: Urbanization and the Economy in preindustrial societies: the findings of two decades of research, in: The Journal of European Economic History, Vol. 18/1, 1989, S. 239-290

Benjamin, Walter: Über den Begriff der Geschichte, in: *ders.*: Illuminationen, Frankfurt am Main 1977

Bentzien, Ulrich: Bauernarbeit, Berlin 1980

Bur, Márta: Das Raumergreifen balkanischer Kaufleute im Wirtschaftsleben der ostmitteleuropäischen Länder im 17. und 18. Jahrhundert, in: *Vera Bácskai* (Hrsg.): Bürgertum und bürgerliche Entwicklung in Mittel- und Osteuropa, Budapest 1986

Elvin, Mark: The Pattern of the Chinese Past, London 1973

Fontana, Josep: Europa im Spiegel. Eine kritische Revision der europäischen Geschichte, München 1995

Frank, André Gunder: ReOrient – Global Economy in the Asian Age, Berkeley 1998

Frank, André Gunder: Kapitalismus und Unterentwicklung in Lateinamerika, Frankfurt am Main 1969

Frank, André Gunder/Gills, Barry K. (Hrsg.): The World-System – Five hundred years or five thousand? London/New York 1996

Gellner, Ernest, in: *Jean Baechler/John Hall/Michael Mann* (Hrsg.): Europe and the Rise of Capitalism, Oxford 1989, S. 1-5

Jones, Eric Lionel: Das Wunder Europa. Umwelt, Wirtschaft und Geopolitik in der Geschichte Europas und Asiens, Tübingen 1991

Landes, David S.: Wohlstand und Armut der Nationen – Warum die einen reich und die anderen arm sind, Berlin 1999

Laslett, Peter: The World We Have Lost: England before the Industrial Age, London 1971

Mitterauer, Michael: Europäische Familienformen im interkulturellen Vergleich, in: *ders.*: Historisch-anthropologische Familienforschung. Fragestellungen und Zugangsweisen, Wien/Köln 1990

Livi-Bacci, Massimo: Population and Nutrition. An Essay on European Demographic History, Cambridge 1991

Mczak, Antoni/Samsonowicz, Henryk/Burke, Peter (Hrsg.): East-Central Europe in transition. From the fourteenth century to the seventeenth century, Cambridge 1985

Mitterauer, Michael: Europa – Grundlagen eines Sonderwegs, München 2003

Nitz, Hans-Jürgen (Hrsg.): The Early Modern World-System in Geographical Perspective, Stuttgart 1993

North, Douglass C.: Theorie des institutionellen Wandels. Eine neue Sicht der Wirtschaftsgeschichte, Tübingen 1988

O'Brian, Patrick Karl/Prados de la Escoura, Leandro: The Cost and Benefits of European Imperialism from the Conquest of Ceuta, 1415, to the Treaty of Lusaka, 1974, in: *Clara-Eugenia Núñez* (Hrsg.): Debates and Controversies in Economic History. Proceedings Twelfths International Economic History Congress, Madrid 1998

Reinhold, Josef: Polen-Litauen auf den Leipziger Messen des 18. Jahrhunderts, Weimar 1971

Rothermund, Dietmar: Europa und Asien im Zeitalter des Merkantilismus, Darmstadt 1978

Wallerstein, Immanuel: World System versus World-Systems – A critique, in: *André Gunder Frank/Barry K. Gills* (Hrsg.): The World-System – Five hundred years or five thousand? London/New York 1996, S. 292-296

Wallerstein, Immanuel: The Modern World-System, Capitalist Agriculture and the Origins of the European World Economy in the Sixteenth Century, Bd. I, New York/London 1974; Bd. II: Mercantilism and the Consolidation of the European World-Economy, 1600-1750, New York/London 1980; Bd. III: The Second Era of Great Expansion of the Capitalist World-Economy, 1730-1840, New York/London 1989

Weber, Max: Die protestantische Ethik und der ‚Geist' des Kapitalismus. Textausgabe auf der Grundlage der ersten Fassung von 1904/05 mit einem Verzeichnis der wichtigsten Zusätze und Veränderungen aus der zweiten Fassung von 1920, 3. Aufl., Weinheim 2000

Wittfogel, Karl August: Die orientalische Despotie – eine vergleichende Untersuchung totaler Macht, Köln 1962

Bewegte Zeiten für Europa!

Klaus Kinkel

Die Europäische Union durchläuft momentan bewegte Zeiten. Wichtige Fortschritte und positive Entwicklungen halten sich mit für das Integrationsprojekt bedenklichen, ja sogar gefährlichen Tendenzen die Waage und machen eine Einschätzung der Zukunftsperspektiven der Integration schwierig. Sicher ist nur, dass die Phase der wichtigen Weichenstellungen für unseren Kontinent bei weitem noch nicht beendet ist und dass die kommenden Jahre genauso bewegt bleiben werden, wie die letzten beiden.

Zunächst zum Positiven: Der Beitritt von zehn neuen Mitgliedsländern und der schließlich doch noch erfolgreiche Abschluss der Regierungskonferenz zur Erarbeitung einer neuen Verfassung waren beides ohne jeden Zweifel wichtige Fortschritte für den Integrationsprozess. Der politische Vollzug der Erweiterung war allerdings der vergleichsweise einfachere. Jetzt folgt der schwerere: die innere Konsolidierung.

Die Union ist durch die Erweiterung größer geworden, sie erwirtschaftet mit nun 450 Millionen Menschen inzwischen einen erheblichen Teil des weltweiten Bruttosozialproduktes. Die Erweiterung ist aber auch jenseits der bloßen Vergrößerung der Union ein Gewinn. Die meisten der Staaten, die jahrzehntelang jenseits des Eisernen Vorhangs unter Staatswirtschaft und totalitären Systemen gelitten haben, können jetzt an dem europäischen Friedens- und Freiheitswerk teilhaben. Bulgarien und Rumänien werden voraussichtlich schon bald dazu stoßen. Die Leistung der EU beim Heranführungsprozess dieser Transformationsländer kann gar nicht hoch genug bewertet werden. Der erfolgreiche Export von Demokratie, Rechtsstaatlichkeit, Marktwirtschaft und nicht zuletzt Frieden und Stabilität ist und bleibt eine der wichtigsten Leistungen der Union bei der Gestaltung der Zukunft unseres Kontinents.

Nun gilt es, auch die erweiterte Union entscheidungs- und handlungsfähig zu halten. Der von der Regierungskonferenz nach langem Hin und Her dann doch noch verabschiedete Verfassungsentwurf ist auf dem Wege dahin ein wichtiger Fortschritt. Die Verfassung muss allerdings – das darf nicht vergessen werden – erst noch ratifiziert werden. Das ist in mindestens zehn EU-Staaten mit Volksabstimmungen verknüpft, längst nicht für alle Länder in trockenen Tüchern und wird sicher zu einem der spannendsten Aspekte des Integrationsprozesses der kommenden beiden Jahre.

Was bringt die neue Verfassung an entscheidenden Veränderungen für das Institutionengefüge der Union? Mehrheitsentscheidungen werden auf neue Bereiche ausgeweitet und die Einführung der doppelten Mehrheit stellt gegenüber dem unzureichenden Kompromiss von Nizza sicher eine Verbesserung dar. Die Rechte des Europäischen Parlaments werden gestärkt. Der Kommissionspräsident wird durch seine Wahl durch das Europäische Parlament besser demokratisch legitimiert. Das Rotationsverfahren wird für die Ratspräsidentschaft aufgehoben und in den Fachminister-Räten entzerrt. Ein europäischer Außenminister und ein entsprechender diplomatischer Dienst werden der Union schließlich nach außen künftig noch deutlicher Gesicht und Stimme verleihen.

All das sind bedeutende Fortschritte, die allerdings gerade im Bereich der GASP und damit der äußeren Handlungsfähigkeit der Union dadurch eingeschränkt wurden, dass hier am Einstimmigkeitsprinzip festgehalten wurde. Ohnehin gehört der Zustand der gemeinsamen Außen- und Sicherheitspolitik der EU zu den eher problematischen Entwicklungen der jüngsten Vergangenheit. Der Irak-Krieg war nicht nur die schwerste transatlantische Zerreißprobe der letzten Jahrzehnte, er hat auch eine tiefe Spaltung innerhalb der Europäischen Union offenbart. Besserung ist kaum in Sicht, denn die neuen EU-Mitglieder werden aufgrund ihrer Erfahrung aus dem Kalten Krieg und ihrer Sicherheitsbedürfnisse noch über Jahre sicherheitspolitisch stärker nach Washington schauen als nach Brüssel. Die deutsche Außenpolitik ist während der Irak-Krise ihrer traditionellen Rolle als Brückenschläger zwischen Europa und Nordamerika, zwischen Paris und Washington, nicht gerecht geworden. Im Gegenteil, Berlin hat durch antiamerikanisches Wahlkampf-Gezündel, durch den Eindruck einer Achsenbildung mit Paris und Moskau und nicht zuletzt durch eine sträfliche Vernachlässigung der Beziehungen zu den kleineren EU-Partnern zu dieser Spaltung Europas eher noch aktiv beigetragen. Die EU ist durch die Irak-Krise in ihren Bemühungen, von dem ökonomischen Riesen, der sie inzwischen ohne Zweifel geworden ist, künftig auch zu einem politischen globalen Machtfaktor zu werden, weit zurückgeworfen worden. Kann das größer gewordene Europa überhaupt einen weltpolitischen Anspruch verfolgen? Trotz der Erweiterung ist die EU davon heute noch weit entfernt, und zwar nicht von ihrem Potenzial, sondern von ihrer tatsächlichen Verfassung her. Ein Blick auf die wirklich wichtigen Wirtschafts- und Militärdaten macht deutlich, dass die EU auch mit 25 Mitgliedern weder die Wirtschaftskraft der USA erreicht, noch sich bei den Verteidigungsausgaben auch nur ansatzweise mit den Amerikanern vergleichen kann. Und in diesen beiden Bereichen spielt nun einmal die Musik.

Anlass zur Sorge um das europäische Integrationsprojekt geben die Anzeichen für eine Aushöhlung des Stabilitätspaktes zur Wirtschafts- und Währungsunion. Wenn die großen EU-Mitglieder sich das Recht herausnehmen, mit ihrem Einfluss die Verhängung der für eine Verletzung der Stabilitätskriterien eigentlich vorgesehenen Sanktionen zu verhindern, dann wird damit nicht nur die Stabilität der europäischen Währung, sondern auch die Glaubwürdigkeit der europäischen Institutionen insgesamt aufs Spiel gesetzt. Deshalb ist es gut, dass der Europäische Gerichtshof die Entscheidung des Finanzministerrates im Sommer einkassiert hat. Es bleibt allerdings angesichts der wachsenden Zahl von Staaten, die bei der Einhaltung der Stabilitätskriterien Schwierigkeiten haben, zweifelhaft, ob der Finanzministerrat seiner Verantwortung künftig besser gerecht werden wird.

Zu einer Belastungs-, ja möglicherweise sogar zu einer Zerreißprobe für die Politik, aber auch für die Gesellschaften in den derzeitigen Mitgliedsländern der EU könnte in den kommenden Monaten und Jahren auch die Frage eines EU-Beitritts der Türkei werden. Nicht nur in Deutschland wird diese Diskussion hochgradig ideologisiert geführt, die Meinungen gehen weit auseinander. Bei allen zum Teil berechtigten Befürchtungen über die wirtschaftliche Rückständigkeit, die schlichte Größe und auch die kulturelle Andersartigkeit der Türkei dürfen zwei Gesichtspunkte dabei nicht außer Acht gelassen werden. Zum einen haben wir der Türkei seit 1963 immer wieder verbindlich zugesagt, dass sie eine Beitrittsperspektive habe. Wir haben die Umsetzung dieser Perspektive dann an die Erfüllung konkreter Vorbedingungen geknüpft. Die Türkei hat in den letzten beiden Jahren erhebliche, sehr mutige Reformanstrengungen unternommen, um diese Bedingungen zu erfüllen. Wir können jetzt, wo es nach vier Jahrzehnten kontinuierlicher Versprechungen und aktuellen Reformbemühungen Ernst zu werden droht, nicht einfach einen Rückzieher machen. Das wäre fatal sowohl für die Glaubwürdigkeit der Europäer, als auch für die Reformen und möglicherweise auch die Stabilität in der Türkei. Das in der europäischen und deutschen Diskussion immer wieder aufgebrachte Angebot einer ‚privilegierten Partnerschaft' ist dabei keine wirkliche Alternative, denn es wird kaum über das hinausgehen können, was die türkischen Beziehungen zur EU schon heute auszeichnet. Zum anderen sollte in der deutschen und europäischen Diskussion aber nicht weiter so getan werden, als stünde der tatsächliche Beitritt der Türkei ganz unmittelbar bevor. Zunächst geht es nur um die Aufnahme von Beitrittsverhandlungen, der Beitrittsprozess selbst wird noch viele Jahre und möglicherweise sogar länger als ein Jahrzehnt dauern. Und am Ende dieses Prozesses werden sowohl die Türkei als auch die EU sich so stark verändert haben, dass der Beitritt dann ganz anders zu bewerten sein wird.

Insgesamt wird die EU in der kommenden Zeit nicht darum herumkommen, sich endlich stärker mit ihren Außengrenzen zu befassen. Es ist abzusehen, dass der Erweiterungsprozess selbst nach der Beantwortung der Türkei-Frage nicht abgeschlossen sein kann. Die Staaten des West-Balkan haben in Thessaloniki bereits eine Beitrittsperspektive zugesprochen bekommen. Die Ukraine, die Republik Moldau, die Kaukasischen Staaten und möglicherweise eines Tages auch Belarus werden mittel- bis langfristig einen Beitritt zur EU anstreben. Noch scheint dieser Zeitpunkt aufgrund der innen- und wirtschaftspolitischen Zustände in diesen Ländern weit entfernt. Aber irgendwann wird die EU auf Beitrittsgesuche dieser Staaten Antworten geben müssen, die dem eigenen Interesse an Stabilitäts- und Wohlstandsexport und den Ansprüchen einer europäischen Wertegemeinschaft gerecht werden und gleichzeitig die Gefahren einer geographischen Überdehnung und einer institutionellen Lähmung umgehen. Vertiefung versus Erweiterung – dieses Spannungsverhältnis, das die europäische Integration schon seit Jahren prägt, ist längst noch nicht aufgelöst. Kann die Bildung eines ‚Kerneuropas', eines ‚Europas der unterschiedlichen Geschwindigkeiten' hier eine Lösung sein? Sie wäre zweifellos ein Druckmittel für die Langsameren, brächte aber gleichzeitig das große Risiko einer Spaltung Europas mit sich. Aber für die Zukunft kann und sollte so eine Lösung trotzdem nicht völlig ausgeschlossen werden.

Ein kurzer, abrissartiger Blick auf den Zustand der Europäischen Integration ergibt also viel Ermutigendes, bietet aber auch Anlass zur Sorge. Und die Sorge könnte die kommenden Jahre dann sogar möglicherweise dominieren, wenn nicht bald eine überzeugende Antwort gefunden wird auf das wohl drängendste Problem: Die trotz aller Erfolge und Fortschritte in großen Teilen unseres Kontinents weiter wachsende Europa-Skepsis, die mangelnde Identifikation mit den europäischen Institutionen. Die verheerend niedrige Wahlbeteiligung bei den jüngsten Wahlen zum Europaparlament war dafür nur das augenfälligste Beispiel. Obwohl inzwischen fast sämtliche Bereiche der Arbeits- und Lebenswelt durch europäische Richtlinien, Verordnungen und Gesetze geprägt und beeinflusst werden, sind die wirklichen europäischen Entscheidungsprozesse dem demokratischen Willensbildungsprozess immer noch größtenteils entzogen. Die Europäer kapitulieren vor dem undurchsichtigen und komplexen Geflecht aus einzelstaatlichen und europäischen Kompetenzen. Der Bürger hat das Gefühl der Machtlosigkeit. Er hat deshalb bis heute kein Verhältnis zum europäischen Parlament entwickelt. Die Friedensaufgabe der europäischen Integration wird heute als Selbstverständlichkeit hingenommen, der volkswirtschaftliche Nutzen angesichts der schlechten gesamtwirtschaftlichen Situation nicht richtig verstanden. Hier liegt deshalb die eigentliche Hauptaufgabe für die europapolitischen Eliten in allen EU-Mitgliedsländern: Europa muss wieder fester in den Herzen und Köpfen der Menschen verankert werden. Denn das ist die wichtigste Voraussetzung für das Gelingen des europäischen Einigungswerkes.

Wirtschaft und Kultur – im Kontext von Globalisierung, Nation und Europa.

Ein Plädoyer für ‚kulturelle Kompetenz'

Ulrich Merkel

1.

Im Jahre 1997 fanden in Buenos Aires auf Initiative des Goethe-Instituts mit unterschiedlichen argentinischen Mitveranstaltern und unter Mitwirkung der örtlichen Kulturinstitute Italiens, Spaniens, des British Council und der Alliance Francaise Symposien zum Thema ‚Globalisierung' statt. Diskutiert wurden – nacheinander – die wirtschaftlichen, kulturellen und politischen Aspekte des Themas. Das Projekt hatte in der argentinischen Öffentlichkeit ein außerordentliches Echo: Zum einen hatte eine derartige europäisch-argentinische Zusammenarbeit Seltenheitswert, zum anderen waren ‚Folgen der Globalisierung' gegen Ende der 1990er Jahre, als sich auf Grund jahrelangen Raubbaus an den Ressourcen des Landes und der künstlich aufrechterhaltenen Dollar-Peso-Parität das wirtschaftliche Desaster Argentiniens zunehmend deutlich ankündigte, ein brennend aktuelles Thema.

Unter anderem sprach am 13. Mai Horst Siebert, Direktor des Instituts für Weltwirtschaft in Kiel, in einem Kreis von hochrangigen argentinischen Politikern, Wirtschaftsfachleuten und Intellektuellen über ‚Das Pro und Contra in der augenblicklichen Debatte'. Die darauf folgende Diskussion war außerordentlich kontrovers. Horst Sieberts wissenschaftlich fundierten und auf hohem Niveau vorgetragenen makroökonomischen Überlegungen wurde mit der Frage begegnet, ob nicht doch eine Regionalisierung der Perspektiven und eine interdisziplinäre Erweiterung der Fragestellungen unbedingt erforderlich seien, um die spezifische argentinische Problematik sinnvoll diskutieren zu können. In der Tat hätte Horst Siebert seinen Vortrag unverändert und wahrscheinlich mit dem gleichen Ergebnis auch in Jakarta oder Madrid halten können.

Die damalige Kritik entsprach der, nach dem wirtschaftlichen Zusammenbruch und der dramatischen gesellschaftlichen Krise Argentiniens inzwischen auch international deutlich gewordenen Kritik an den Verfahrensweisen des Internationalen Währungsfonds (IWF), wie sie u. a. von dem Nobelpreisträger Joseph Stiglitz vorgetragen wird; Stiglitz war Anfang der 1990er Jahre Wirtschaftsberater des US-Präsidenten Bill Clinton und Ende der 90er Chefökonom der Weltbank. Er bescheinigte dem IWF Unfähigkeit, auf die Finanzkrisen in Russland, Asien und Lateinamerika angemessen zu reagieren, wenn er aus dem Wörterbuch der Marktideologie jeweils nur die Standardantworten Flexibilisieren und Liberalisieren (Sparen und Marktöffnung) hervorgeholt habe:

> „Jene Annahmen, die dem Marktfundamentalismus zugrunde liegen, gelten nicht in Industrieländern, geschweige denn in Entwicklungsländern.“ [1]

In den vorgenannten Beispielen spiegelt sich eine Schein-Objektivität der Wirtschaftswissenschaften, die vor und nach 1989 im nationalen und internationalen Kontext komplexe Realitäten analysieren zu können glaubten, ohne die wirtschaftlichen Probleme eines Landes an seine gesellschaftlichen und mentalen (alias kulturellen) Probleme rückzukoppeln. Der Soziologe Wolf Lepenies bescheinigt der Ökonomie „das kulturfernste aller sozialwissenschaftlichen Fächer“ [2] zu sein,

> „wenn wir unter ‚Kultur‘ ein Sinnsystem verstehen, das Menschen gemeinsam und untereinander produzieren.“ [3]

Die bevorzugte Sprache dieser Wissenschaft sei die Mathematik, das heisst ihr Wissen werde *kontextunabhängig* generiert und werde folglich *kontextunabhängig* genutzt. Nach Niklas Luhmann gilt dies freilich auch für andere Wissenschaften; er beschreibt sie als Subsysteme unseres Bewusstseins, zwischen denen es kaum Kommunikation gebe. Jedes Subsystem sucht Antworten, für die es selbst die Fragen gestellt hat. Der Einsicht in das durchaus reich differenzierte *Eigene* entspricht die Blindheit gegenüber dem Ganzen. Das erschwert oder verhindert die Lösung von Problemen, die (der Struktur der modernen Gesellschaft entsprechend) komplex sind, das heisst, deren Elemente sich als interdependent erweisen:

> „Keine Beobachtung sieht, was sie nicht sieht, und keine Beschreibung beschreibt, was sie nicht beschreibt.“ [4]

Der Alltag in der globalisierenden Wirtschaft, Politik und Kultur sieht, insbesondere seit 1989, längst anders aus. Vor einigen Jahren suchte Daimler-Chrysler per Anzeige in deutschen Zeitungen einen

> „Corporate Protocol Key Relationship Manager mit natürlicher Affinität zum transatlantischen Kommunikationsstil und interkultureller Rundum-Bildung.“ [5]

In der Tat sind für Spitzenfunktionen in Wirtschaft, Politik und Kultur *Komplexitätskompetenz* oder *kulturelle Kompetenz* im Sinne der Fähigkeit zur interkulturellen und interdisziplinären Vermittlung und Problemlösung meist schon wichtiger als das einschlägige Fachwissen.

Zunehmend gibt es – nicht nur im europäischen, sondern auch im transatlantischen Kontext – Angebote an Fortbildungsseminaren in Sachen Kultur und kultureller Verhaltensweisen des Partners, um kulturelle Interferenzen annähernd auszugleichen und Verständigung zu erleichtern. Die vergleichsweise bescheidenen Erfolge deutscher Autoexporte in Japan in den letzten Jahrzehnten lagen sicher auch daran, dass sich deutsche Firmen (oft noch bis heute) wesentlich auf die englischen Sprachkenntnisse ihrer Mitarbeiter verlassen und ein intensives Training in japanischer Sprache und Kultur für entbehrlich halten – ganz im Unterschied zu japanischen Salesmanagern, die z. B. für

1 *Stiglitz, Joseph*: Die Schatten der Globalisierung, Berlin 2002.

2 *Lepenies, Wolf*: Benimm und Erkenntnis. Die Sozialwissenschaften nach dem Ende der Geschichte, Frankfurt am Main 1997, S. 51-100.

3 *Lepenies*, 1997, S. 75.

4 *Luhmann, Niklas* zitiert nach: *Hermann Glaser*: Das Verschwinden der Arbeit. Die Chancen der neuen Tätigkeitsgesellschaft, Düsseldorf/Wien/New York 1988, S. 24 f.

5 Wirtschaftswoche, 14. 01. 1999.

das deutsche soziokulturelle Umfeld sehr sorgfältig vorgebildet werden. An erster Stelle steht natürlich das Erlernen der Sprache – aber eben nicht nur der Sprache im lexikalischen und grammatischen sondern im weitesten Sinne: Im Sinne des deutschen alias japanischen kommunikativen Verhaltens im täglichen Leben: Interessen, Mode, Alltagsästhetik, Verhaltensweisen, Gesprächsstrategien.

2.

> „Wirtschaftssysteme sind Subsysteme der Kultur. Die Art und Weise, wie Ressourcen genutzt, Güter produziert und getauscht, wie Einkommen, Reichtum und Armut entstehen und verteilt werden, hat über Zeit und Raum im Rahmen der jeweiligen Naturgegebenheiten immer etwas mit dem Selbstverständnis der Menschen zu tun: mit Wissen und Glauben, mit Gesellschaftsordnungen und Wertvorstellungen.“ [6]

Im Wirtschaftsteil der ‚Zeit' war 1998 von den wirtschaftlichen Schwierigkeiten Südkoreas die Rede. Die Überschrift des Artikels lautete: „Der Klan der Koreaner. Filz und Korruption beherrschen das Land – die Koreaner müssen ihre Mentalität ändern, um die Wirtschaft wieder auf Wachstumskurs zu trimmen.“ Der Artikel erläutert dann den Zusammenhang:

> „Für wirkliche Reformen sind nicht nur neue Gesetze und Vorschriften nötig. Gefordert ist ein Wandel in der Psyche und Mentalität Koreas. [...] Koreas Gesellschaft kreist um Beziehungen. Sie beginnen im Klan und in der Familie und setzen sich an Schulen und Hochschulen fort. [...] Aus Beziehungen erwachsen Filz, manchmal Korruption und Machtmißbrauch.“ [7]

Interessant ist hier zweierlei: Zum einen macht auch dieser Autor deutlich, dass wirtschaftliches Denken und Handeln aus kulturellen Traditionen entsteht. Die heutigen international üblichen wirtschaftlichen Verhaltensweisen und das wirtschaftliche Denken sind für ihn dabei ganz offensichtlich aus dem Kontext europäischer Traditionen gewachsen, jedoch im Verlauf von fast 300 Jahren; während eben dieses wirtschaftliche Denken in nur wenigen Jahrzehnten auf völlig anders strukturierte Kulturen übertragen wurde und fast im gesamten asiatischen Raum nach boomartigen Anfangserfolgen vor allem aus Gründen kultureller Inkompatibilität zu schwerwiegenden Wirtschaftskrisen führte.

Das Beispiel Deutschland: Die im Vergleich zu Westdeutschland sehr viel höheren Ziffern der Arbeitslosigkeit in Ostdeutschland liegen nur zum Teil daran, dass Ostdeutschland nach dem Fall der Mauer in ganzen Regionen zunächst eine Desindustrialisierung erlebte, weil die dortigen Unternehmen strukturell nicht mehr konkurrenzfähig waren. Nimmt man die Jahre der Hitlerdiktatur und des realexistierenden Sozialismus der DDR zusammen, so haben fast 60 Jahre Planwirtschaft die Deutschen im Osten mehrheitlich dem in einer offenen Konkurrenzwirtschaft notwendigen initiativen Han-

6 *Loeffelholz von, Bernhard*: Von der Gewinnorientierung zur Sinnorientierung, in: *Hilmar Hoffmann* (Hrsg.): Kultur und Wirtschaft. Knappe Kassen – Neue Allianzen, Köln 2001, S. 65 ff.

7 *Tenbrock, Christian*: Der Klan der Koreaner. Filz und Korruption beherrschen das Land – die Koreaner müssen ihre Mentalität ändern, um die Wirtschaft auf Wachstumskurs zu trimmen, in: Die Zeit, 22. 12. 1998.

deln entwöhnt und dafür andere Verhaltensweisen entwickeln lassen. Daraus nun ein Werturteil über ‚die Ostdeutschen' abzuleiten, wäre absurd. Dennoch – und dies ist der zweite interessante Aspekt des Artikels über Korea, die nur oberflächliche und deswegen mangelhafte Analyse einer anderen Kultur führt leicht dazu, dass man voreilig Phänomene mit negativen Werturteilen versieht, die einfach nur einer anderen Kultur, d. h. einem anderen Wertesystem angehören. Schon dem oben zitierten Redakteur der ‚Zeit' kann man vorwerfen, dass er den Koreanern etwas zu leichtfertig Filz und Korruption nachsagt, d. h. damit auch Phänomene zu Unrecht abwertend charakterisiert, die im Grunde nur einer in Asien besonders traditionsreichen Hochschätzung der Familie und des Klans angehören.

Ein Beispiel aus eigener Erfahrung in Indien, welches das Problem kulturellen Missverstehens verdeutlicht: In den siebziger Jahren baute die Firma KWU-Siemens zusammen mit einem Konsortium indischer Firmen im indischen Rurkela ein Kraftwerk. Ich erinnere mich der Klagen eines deutschen Monteurs, der uns im Max Müller Bhavan besuchte, wie mühsam es doch sei, mit indischen Arbeitern zurechtzukommen, sie seien faul, unpünktlich, unzuverlässig, ineffizient etc. Was er nicht verstand, war, dass er es mit Menschen zu tun hatte, die in einer agrarischen Welt und unter anderen kulturellen Prämissen aufgewachsen waren und ihnen folglich Vokabeln wie Fleiß, Pünktlichkeit, Schnelligkeit etc. vom bestmöglichen Dolmetscher nicht vermittelt werden konnten, weil es diese Wörter (die spezifische europäische Werte bezeichnen) in ihrem Hindi-Dialekt gar nicht gibt.

Überprüfen wir den Tatbestand, stellen wir fest, dass auch andere Sprachen vorindustrieller Kulturen keine Wörter haben für Vergangenheit und Zukunft, Effizienz, Fleiß, Fortschritt, Pünktlichkeit usw. Einer der Gründe, weshalb sich z. B. indische Wissenschaftler und Wirtschaftsleute auch untereinander fast immer der englischen Sprache bedienen. Offenbar hängen die genannten Wörter bzw. Wertbezeichnungen eng mit der industriellen und wirtschaftlichen Kultur Europas zusammen. Und die Vermutung liegt nahe, und lässt sich unschwer belegen, dass es auch in Europa vor der beginnenden Industrialisierung die für modernes, wirtschaftliches Denken und Handeln unerlässlichen Verhaltensweisen, Werte und Wörter ebensowenig gab, wie heute in der indischen oder afrikanischen Provinz.

3.

Die oben genannten Begriffe und Werte, die alle zusammen das von Europa ausgegangene und heute globalisierende wirtschaftliche Denken prägen, haben eines gemeinsam: Sie kreisen um den Begriff und das Verständnis von Zeit.

Die Kultur und die Sprachen des *europäischen Mittelalters* kennen noch keinen Zeitbegriff in unserem heutigen Sinne; sie unterscheiden nicht zwischen Vergangenheit, Gegenwart und Zukunft. Die Welt wird, wie der romanische Kirchenbau, räumlich erlebt, mit dem Mittelpunkt Jerusalem bzw. Rom und einem mehr oder weniger kreisförmigen Horizont. Der Raum der *romanischen Kirche* ist gekennzeichnet durch die

Harmonie der Proportionen von Länge, Breite und Höhe. Die diesem Raum entsprechende Musik der Gregorianik hat weder Anfang noch Ende, also keine zeitlichen Begrenzungen und wird folgerichtig weder in puncto Rhythmus noch Tempo notiert. Das wirtschaftliche Leben spielt sich in agrarischen Kleinregionen ab, die je auf sich selbst bezogen sind und folglich auch den Begriff räumlicher Distanz noch kaum kennen.

Erst das *Hochmittelalter*, architekturgeschichtlich die *Zeit der Gotik*, bringt deutliche Veränderungen. Die Kreuzzüge des 11. und 12. Jahrhunderts entwickeln die Fähigkeit zur Wahrnehmung von Distanz und kultureller Differenz; auch der Einfluss der sehr viel höher entwickelten islamischen Kulturen in Spanien und Sizilien trägt dazu bei. Im Kirchenbau der Gotik hat sich die Harmonie der Proportionen in eine dynamisierende Überbetonung der Längsachse und der Vertikalen verwandelt. Gott ist nicht mehr selbstverständlich als Immanenz in den Dingen präsent. In den Epen von Chrétien de Troyes und Wolfram von Eschenbachs ‚Parzifal' (um das Jahr 1200) brechen die Ritter analog zu den Kreuzzügen auf, um Gott (den Gral) zu suchen – Begriffe wie Suche und Weg erscheinen erstmals im Denken und in der Sprache in neuer Bedeutung – und langsam dringen in die europäischen Sprachen auch Zeitbegriffe ein.

Im 14. Jahrhundert erscheinen in den Städten die ersten Turmuhren; sie sind einerseits Ausdruck eines neuen Zeitverständnisses und andererseits verändern sie von den Städten aus in einem von nun an schnelleren Tempo bisherige gesellschaftliche d. h. auch wirtschaftliche Verhaltensweisen und Werte. Die Ende des 15. Jahrhunderts beginnende Entdeckung und Kolonisierung der Neuen Welt wird von den Spaniern und Portugiesen als direkte Fortsetzung der Kreuzzüge empfunden; in den Briefen von Christoph Columbus lassen sich dafür deutliche Belege finden. Diesmal ist es die Suche nach dem utopischen Goldland *El Dorado.*

Nach dem neuen Weltbild des Kopernikus bewegt sich die Erde um die Sonne und ist nur noch ein winziger Stern unter anderen, und der Mensch ein marginaler Zufall. Das neue Lebensgefühl der Freiheit von dogmatischen Bindungen, die Möglichkeit, sich mittels naturwissenschaftlichem Denken die Welt nun selbst einzurichten, führt zu einem neuen Selbstbewusstsein. Das Gefühl der Freiheit ist freilich ambivalent begleitet vom Gefühl der Verlorenheit. Die Entdeckung des ‚Ich', z. B. in den Essays von Michel de Montaigne, hat eine solche Ambivalenz. Und aus der Erfahrung, nicht mehr von Gott erschaffen und bestimmt zu sein, erschafft der Mensch der Renaissance und der Aufklärung sich selbst als einen denkenden Menschen: Dies ist der Sinn des Cartesischen ‚Cogito ergo sum' und die Basis der Entwicklung eines kulturellen Zeitbewusstseins als Voraussetzung moderner Kultur und modernen Wirtschaftsdenkens.

Die lineare Zeitbewegung in eine utopische Zukunft, die niemals Gegenwart wird, ist die typische Zeitbewegung der europäischen Moderne. Der Zeitpfeil, der die scheinbare Kontinuität von der Vergangenheit über die Gegenwart in die Zukunft ausdrückt, ist ihr Symbol. Doch der Zweifel an der Zuverlässigkeit dieser scheinbaren Kontinuität und den damit verbundenen neuen Werten beginnt sehr früh; schon die frühe Neuzeit weiß von den Ambivalenzen. Und ein Philosoph des 17. Jahrhunderts beklagt ein Grundübel der europäischen Moderne, das bis in unsere Tage Thema im Roman und der Lyrik geblieben ist – den Verlust der Gegenwart:

> „Niemals ist die Gegenwart Ziel, Vergangenheit und Gegenwart sind Mittel, die Zukunft allein ist unser Ziel. So leben wir nie, sondern hoffen zu leben, und so ist es unvermeidlich, dass wir in der Bereitschaft, glücklich zu sein, es niemals sind.“ [8]

In Goethes 1810 erstmals publiziertem *Faust I* gibt Mephisto, als Professor Faust verkleidet, einem Studenten gute Ratschläge für seine wissenschaftliche Laufbahn und kommentiert im anschließenden Selbstgespräch das Ganze wie folgt:

> „Eritis sicut Deus, scientes bonum et malum – dir wird bestimmt noch einmal bei Deiner Gottähnlichkeit bange.“ [9]

Im quasi parallel zum frühen Kapitalismus und den Anfängen der Industrialisierung im 19. Jahrhundert entstandenen ‚Faust II‘ (um 1831 beendet) erreicht die Kritik in ihrer bildhaften Komplexität eine bis heute immer noch unterschätzte Qualität und Aktualität. Höhepunkt (oder Tiefpunkt) ist die Szene von Faust als erfolgreichem Unternehmer, der als alter und inzwischen erblindeter Mann seinen Arbeitern zuhört, die vermeintlich dem Meer neues Ackerland abgewinnen. In Wirklichkeit aber graben die Arbeiter sein Grab. Ein eindringliches Bild vom wirtschaftlichen Fortschritt, der uns langsam aber sicher die Lebensgrundlagen entzieht.

Als Korrelat seines Vertrauens in die Planbarkeit von Zukunft und Fortschritt kennt auch Faust schon Zukunftsangst und Sorge; letztere lässt Goethe personifiziert auftreten. Die Zweifel an den Segnungen des Fortschritts, die Zukunftsangst, sind der ideelle Beginn eines der blühendsten Wirtschaftszweige unserer Zeit, des Versicherungswesens. Statt Selbstvertrauen oder gar Gottvertrauen: Die Lebensversicherung von der Allianz! Mit der in dreißig Jahren oder im Schadensfall ausgezahlten Versicherungssumme wird Zukunft wieder berechenbar. Die Lebensversicherung als säkulare Folge christlicher Eschatologie?

Inzwischen, spätestens nach 1989, ist der Zeitpfeil zerbrochen und die scheinbaren Kontinuitäten (eine längerfristige Planbarkeit von Wirtschaft und Politik war auch vorher schon die Ausnahme) blieben eigentlich nur auf eine kurze Spanne von dreißig Jahren in der zweiten Hälfte des 20. Jahrhunderts beschränkt. [10] Das heisst aber, dass die nach Habermas der Ära einer *neuen Unübersichtlichkeit* entsprechenden komplexen Realitäten in einem eigentümlichen Kontrast zu den immer noch funktionierenden Markt- und Fortschrittsideologien in Wissenschaft und Politik und ihrem damit verbundenen Glauben an die Weltgültigkeit spezifischer, im europäischen Kontext entstandener Werte – und einer verquasten Begrifflichkeit, die sich, offen oder verdeckt, auf eine imaginierte Vergangenheit bezieht, stehen, die es niemals gegeben hat. Dies betrifft u. a. auch die vieldiskutierte Dichotomie von Globalisierung und Nationalkultur. Sie erweist sich als Scheinproblem, wenn man die dazugehörigen Begriffe und ihre Entstehung unter die Lupe nimmt.

---

8 *Blaise, Pascal*: Pensées. Fragment 43, 1670.

9 *Goethe, Johann Wolfgang v.*: Faust. Der Tragödie erster Teil, HA 3, Vers 2048, S. 66.

10 *Sennett, Richard*: Der flexible Mensch. Die Kultur des neuen Kapitalismus, Berlin 2000, S. 26 f.

4.

Begriffe, auch fachwissenschaftliche Begriffe, haben – ausreichend lange wiederholt – die Tendenz, sich in unumstößliche Wahrheiten zu verwandeln, die nicht mehr kritisch hinterfragt werden müssen; schließlich ist die wahrheitsgenerierende Wiederholung von Sprachformeln die Basis fast jedes religiösen Rituals. Konzeptionen und Begriffe, vor allem auch der Kulturwissenschaften, sollten somit weniger am grünen Tisch als aus recht verstandener Praxis entstehen und in dieser immer von neuem verifiziert und mit der Änderung des Umfeldes gegebenenfalls verändert werden.

Dies ist die conditio sine qua non auch eines tragfähigen offenen Kulturbegriffs, mit dem das Goethe-Institut seit fast vier Jahrzehnten arbeitet und dem es seine Erfolge verdankt. Schon im Namen der Institution wird als eine der wichtigen Kernaufgaben die Förderung der internationalen kulturellen Zusammenarbeit genannt, nicht aber eine – sprachlich und inhaltlich problematische – Vermittlung deutscher Kultur ins Ausland.

In der Tat zeigt die Praxis, dass eine nationalkulturelle Selbstdarstellung im Ausland kaum Sympathien erweckt und nur im Ausnahmefall zu einem fruchtbaren Dialog mit Partnern des Gastlandes führt. Mitarbeiter der französischen Kulturinstitute, die an staatsnähere institutionelle Strukturen gebunden sind, haben uns dies des öfteren neidvoll bestätigt. 1965 definierte Herbert Marcuse einen ‚affirmativen Kulturbegriff'; er verstand darunter

> „jene der bürgerlichen Epoche angehörige Kultur, welche im Verlaufe ihrer eigenen Entwicklung dazu geführt hat, die geistig-seelische Welt als ein selbständiges Wertreich von der Zivilisation abzulösen und über sie zu erhöhen." [11]

Die dafür typische Verbindung von Spiritualität und nationaler Repräsentanz in Verbindung mit ihren Kunsttempeln und ihrem allgemeingültigen Bildungsauftrag hat im Europa der Nationalkulturen von ihrem Mainstream-Prestige leider immer noch wenig eingebüßt. [12] Die Terminologie der 2001 von Olaf Schwencke vorgelegten und kommentierten Sammlung von Dokumenten europäischer Kulturpolitik bietet dafür einige Belege. [13]

Ein Beispiel aus der Praxis: 1997 erreichte uns in den Goethe-Instituten weltweit die Aufforderung des Auswärtigen Amtes und unserer Zentrale, wir möchten doch bitte im Goethejahr 1999 in angemessener Weise unseren Nationaldichter feiern. Beispiel Argentinien: Was macht man mit Goethe in einem Lande, wo von einer kleinen Minderheit allenfalls einmal der Werther gelesen wurde, und allenfalls aus der Oper von Charles Gounod noch die traurige Geschichte von dem naiven blonden Mädchen bekannt ist, das von einem deutschen Professor verführt wurde? Derartige primär vom deutschen Interesse ausgehenden und in der Umsetzung folglich problematischen Vorgaben waren zum Glück eine Ausnahme – und wir lösten das Problem, ausgehend von

11 *Marcuse, Herbert*: Kultur und Gesellschaft I. Über den affirmativen Charakter der Kultur, Frankfurt am Main 1965, S. 63.

12 *Haerdter, Michael*: Kultur – Kunst – Nachhaltigkeit. Essen 2002, S. 110.

13 *Schwencke, Olaf*: Das Europa der Kulturen – Kulturpolitik in Europa. Dokumente, Analysen und Perspektiven – Von den Anfängen bis zur Grundrechtscharta, Bonn 2001.

einer sorgfältigen Analyse der Goethe-Rezeption in Ländern spanischer Sprache, unerwartet erfolgreich. [14]

Man braucht nicht in kulturpolitischer Mission nach Rio de Janeiro oder nach Bombay zu gehen, um zu erfahren, dass Kultur etwas prozesshaft Lebendiges ist: Ein Buch im Regal ist überall und immer tote Materie: Es wird erst lebendig, wenn es gelesen wird. Der Autor bedarf des Lesers – quasi als Mitautor seines Buches. Und ein argentinischer oder chinesischer Leser wird Goethe, wenn er ihn denn überhaupt lesen will, aus einem jeweils anderen durch die jeweils anderen kulturellen Traditionen und seinen durch die augenblickliche politische und soziale Situation bedingten Verständnishorizont lesen. Analoges gilt für das Theater, für die bildende Kunst und für die Musik (Daniel Barenboims Erfahrungen in Israel und Palästina). Erfolg oder Misserfolg kultureller Praxis hängen folglich mit der Fähigkeit des Veranstalters zusammen, das jeweilige Umfeld mit möglichst intensiver Kenntnis richtig einzuschätzen. Ein Dialog wird nur dann zum echten, für beide Partner gewinnbringenden Austausch, wenn er primär von den Interessen des Partners ausgeht. Dementsprechend verstehen wir unter Kultur in der heutigen Welt die Vielfalt der Lebens- und Ausdrucksformen des individuellen und gesellschaftlichen Lebens. Dies ist notwendigerweise ein offener Begriff: Gemeint ist Kultur als lebendiger Prozess, als Austausch des Eigenen und des Fremden.

Was aber ist dieses *Eigene* und wo bleibt das *Nationale*? Dirk Baecker definiert es wie folgt:

> „Kultur ist das, was sich an den Lebensweisen der Menschen unterscheidet und in dieser Hinsicht mit den Lebensweisen anderer Menschen verglichen werden kann [...]. Der moderne Kulturbegriff ist das Ergebnis der intellektuellen Praxis des Vergleichens. Erst in zweiter Linie, als Begriff zweiter Ordnung, der so tut, als wäre er ein Begriff erster Ordnung, reagiert der Kulturbegriff auf den Vergleich und mobilisiert den Einwand der Unvergleichlichkeit, des Authentischen und Identischen, der es dann umso interessanter macht, jetzt erst recht zu vergleichen.“ [15]

Und kein geringerer als Karl Kraus bringt den Gedanken auf den Punkt:

> „Daß Du nicht *meiner* Mutter Sohn,
>
> das wird mich immer stören:
>
> Es war schon immer der Stolz der Nation,
>
> zur anderen *nicht* zu gehören.“ [16]

Und die Schritte vom Vergleich *(Wir sind anders als die Franzosen)*, zum Werturteil *(Wir sind besser als die Franzosen)* und anschließend zur fundamentalistisch mörderischen Aggression – wie die jüngste Geschichte zeigt – sind dann nicht mehr allzu weit auseinander.

14 Vgl. *Merkel, Ulrich*: Dem Geheimrat auf der Spur. Das Goethe-Jahr in Argentinien, in: Zeitschrift für Kulturaustausch, 49. Jg., 2/99, S. 34-37.

15 *Baecker, Dirk*: Wozu Kultur? Berlin 2000, S. 47.

16 *Kraus, Karl*: Worte in Versen, München 1959.

Im Rahmen der bereits erwähnten argentinisch-europäischen Veranstaltungen 1997 zum Thema ‚Globalisierung' hielt der Philosoph Hans-Peter Krüger aus Potsdam einen Vortrag zum Thema ‚Globalisierung und Nationalstaat: Eine falsche Antinomie. Ein Plädoyer für eine multipolare Welt.' Er verwies naheliegender Weise auf die fragwürdige Geschichte des Begriffs Identität, der von keinem Geringeren als Carl Schmitt 1934 in seinem Buch ‚Der Führer schützt das Recht' in die Staatsrechtslehre eingeführt wurde und seitdem seine ‚unheimliche Konjunktur' [17] entfaltet. Die Zusammenhänge mit den Begriffen *Nationalismus, Nation, National* – alias *Leitkultur* sind evident.

Alle diese Begriffe sind freilich ambivalent: In chaotischen Zeiten wächst die Sehnsucht nach ‚Identität' schaffenden, d. h. Harmonie simulierenden Bezugsgrößen – und dies insbesondere nach dem Ende des ideologisch doch so erfreulich stabilisierenden Ost-West-Schismas, wo jeder genau wusste, was Gut und was Böse war. Die neuere Nationalismusforschung, von Benedict Andersons ‚Die Erfindung der Nation' bis zu Hans-Ulrich Wehlers ‚Nationalismus', weiß von dieser Ambivalenz. Der Schotte Tom Nairn bringt es auf den Punkt, wenn er den Nationalismus als eine Pathologie bezeichnet, die in der modernen geschichtlichen Entwicklung offenbar unvermeidlich sei, vergleichbar der Neurose als konstituierendem Element der persönlichen Entwicklung. [18]

„Wer sich kulturell für identisch hält, vergisst, dass er seine Identität aus dem Vergleich gewonnen hat und der und das Andere daher im Zentrum dieser Identität sitzt.“ [19]

Ohne *den* Franzosen oder *den* Polen gäbe es nicht *den* Deutschen. Eine Nation alias Nationalkultur entspricht folglich nicht der Summe der Werte, mit denen eine Gesellschaft ausgestattet ist, sondern einer mitlaufenden Beobachtung, die zu jedem Wert den passenden Gegenwert bereithält.

Sich dessen bewusst zu sein, ein Element des Selbstzweifels also, bietet allein die wichtige Chance, den Kulturbegriff aus seiner selbst simulierten Verpflichtung auf eine Vergangenheit herauszulösen [20] und ihm das Moment der Erfahrung einer offenen Zukunft einzutragen; eine Form des Selbstzweifels also, welche allein uns vor unkritischen und damit gefährlichen nationalen Überzeugungen bewahren kann, die nicht nur unsere staatlichen Grenzen, sondern auch unser Denken und Fühlen in mentaler und sentimentaler Nabelschau nach außen verschließen. Wir sollten nicht nur 100 % Deutsche oder Franzosen sein, sondern zugleich immer auch Fremde, selbst im ‚eigenen' Land. Allein eine Dosis Fremdsein vermittelt uns nämlich jenen ‚distanzierten Blick', der das scheinbar Selbstverständliche im eigenen Verhalten und Denken kritisch zu betrachten in der Lage ist.

17 *Niethammer, Lutz*: Kollektive Identität. Heimliche Quellen einer unheimlichen Konjunktur, Hamburg 2000.

18 *Martínez, Tomás Eloy*: Como se inventa una nación? Buenos Aires 1994.

19 *Baecker*, 2000, S. 9.

20 *Baecker*, 2000, S. 10.

Fremdsein ist auch eine soziale Qualität. In einem Gedicht von Hilde Domin heißt es:

„Gewöhn dich nicht.
Du darfst dich nicht gewöhnen.
Eine Rose ist eine Rose.
Aber ein Heim
ist kein Heim.“ [21]

Hans-Georg Gadamer sagte es 1971 in einer Laudatio auf Hilde Domin explizit: Gemeint ist es

„auch so, dass wir immer aus dem Selbstverständlichen auswandern – wir nennen das Denken – und zurückkehren in ein Andersgewordenes – wir nennen das Erkenntnis.“ [22]

Das unreflektierte Selbstverständliche wäre nämlich *Heimat* – und entspräche in seiner Unreflektiertheit einer Rückkehr in das Paradies vor dem Sündenfall. Es wäre dies eine Art Kuhglück: Kühe ruhen in sich selbst, ihre ungebrochene Selbstverständlichkeit wiederkäuend. Diese Verbindung von Denken und Erkenntnis im Sinne Gadamers nennen wir *kulturelle Kompetenz* – nicht ‚interkulturelle Kompetenz': denn das *inter* ist in einem auf Austausch und Dialog basierenden offenen Kulturbegriff bereits enthalten.

Bedarf an kultureller Kompetenz gibt es nicht erst, seit sich die moderne Welt *globalisiert*. Das Phänomen unterschiedlicher Lebens- und Denkweisen existiert, seit es Menschen gibt. Die Notwendigkeit kultureller Kommunikation mit dem Fremden beginnt bereits zu Hause, wenn der Sohn oder die heranwachsende Tochter sagen: ‚Papi, du verstehst mich nicht!' Dann gilt es erst mal kritisch gerade das anzuzweifeln, was man eigentlich für selbstverständlich hält, und zweitens herauszufinden, was Sohn/ Tochter (alias der sogenannte Türke von nebenan alias der argentinische Dialogpartner etc.) für selbstverständlich hält. Dazu bedarf es nicht der *Toleranz* – denn diese gehört zum gefährlichen Umfeld des affirmativen Kulturbegriffs (lat. *tolerantia* = geduldiges Ausharren). Wer nur ‚toleriert', braucht nicht ein Jota von eigenen Positionen abrücken. Gefragt ist vielmehr Empathie – phantasievolle Einfühlung.

Kulturelle Kompetenz im oben definierten Sinne, vom binnenländischen Alltag bis zur Kulturarbeit des Goethe-Instituts im Ausland, einschließlich politischer Konfliktlösungen wie zum Beispiel heute im Nahen Osten, erfordert folglich Kommunikationsformen, mit denen man im Dialog das Verbindende *und* das Trennende herausfindet; bereit ist, sich mit phantasievoller Einfühlung auf die Position des Partners einzulassen und Eigenes in Frage zu stellen. Erst aus gegenseitigem Verstehen wächst Verständigung als Voraussetzung zu gemeinsamem Handeln, aus dem gemeinsamen Herausfinden des Trennenden erwächst Selbstvergewisserung oder auch *Identität*, wenn wir es denn mit Vorsicht so nennen wollen; eine Identität freilich, die befragbar, bezweifelbar, veränderbar bleiben muss.

21 *Domin, Hilde*: Mit leichtem Gepäck, in: *dies.*: Gesammelte Gedichte, Frankfurt am Main 1987, S. 210.

22 *Gadamer, Hans-Georg*: Hilde Domin. Dichterin der Rückkehr, in: *Bettina von Wagenheim* (Hrsg.): Vokabular der Erinnerungen. Zum Werk von Hilde Domin, Frankfurt am Main, 1987, S. 33.

Folgerichtig bedarf es auch für die Integration von Ausländern in unserem Lande nicht der gefährlichen Homogenitätsillusion einer *Leitkultur*, die es nicht gibt und nie gegeben hat. Staatsbürgerliche Integration funktioniert vielmehr durch – paradox formuliert – kulturelle Desintegration.[23] Wir alle sind doch nicht nur, sondern wir spielen uns auch. Wenn ich einer Inderin nicht kräftig die Hand schüttele, sondern mich mit zusammengelegten Händen und einem freundlichen ‚Namaskar' leicht verbeuge, bin ich bereits zu 3 % Inder. Jeder auch nur teilweise funktionierende kommunikative Kontakt zwischen Menschen enthält notwendigerweise auf dem Weg der Empathie ein Moment in Frage gestellter eigener und zugleich gespielter neuer Identität.

5.

„Überzeugungen sind der beste Schutz vor dem Lebendig-Wahren."[24] Dieses ‚Lebendig-Wahre', gleichsam der Einbruch des Chaos in die Ordnung des scheinbar Selbstverständlichen, hätte nach dem 11. September 2001 in den USA in der Tat zu schmerzhaften und angstbesetzten Prozessen der Selbsterkenntnis führen müssen, hätte man sich nicht in solidarisch-nationalem Schulterschluss auf ‚das Böse' geeinigt, das nun bekämpft werden müsse. Dabei entspricht es der psychosozialen Realität des Nationalismus, dass dieses Böse nur ein bestimmtes Gesicht, wie Osama Bin Laden oder Sadam Hussein oder ein bestimmter Schurkenstaat sein kann. Hans-Ulrich Wehler beschreibt die Entstehung des Nationalismus

> „als Antwort auf strukturelle Krisen der frühmodernen westlichen Gesellschaften und ihrer ehemals verbindlichen Weltbilder [...]. Er geht aus einer kritischen Phase fundamentaler Verunsicherung des ‚Regelvertrauens' hervor."[25]

Trotz positiver gegensätzlicher Entwicklungen in puncto zunehmender Durchlässigkeit der Grenzen (europäische Einigung, Globalisierung durch Wirtschaft und world-wide-web) funktioniert der alte Mechanismus wie eh und je: In gesellschaftlichen Krisen wächst die Sehnsucht nach nationaler Harmonie und Homogenität simulierender Identität – mit ihrem unvermeidlichen Korrelat der Ausgrenzung von scheinbar Andersartigen. Angesichts wachsender Arbeitslosigkeit und Zukunftsangst kann man auch in Europa mit der Schürung von Ausländerfeindlichkeit im größer werdenden rechten politischen Spektrum wieder Wahlen gewinnen.

Zur Entstehung des Nationalismus gehört ein bis heute wirksamer Rückgriff auf religiöse jüdisch-christliche Traditionen und Topoi des Alten Testaments: die Vorstellung vom *auserwählten Volk*, vom *gelobten Land (Gods own country)* und einem Messianismus, z. B. des *american way of life,* an dem (wie einstmals am deutschen Wesen) die Welt genesen soll.[26] Das Verhalten sowohl der USA in ihrem Kampf gegen das Böse als auch der israelischen Regierung im Palästina-Konflikt beweist durch seine eigen-

23 *Schwan, Gesine*: Alle Jahre wieder. Leitkultur wird als letzter Halt missbraucht, in: Frankfurter Allgemeine Zeitung, 16. 12. 2000.

24 *Frisch, Max*: Tagebuch 1946-1949. Frankfurt am Main 1976.

25 *Wehler, Hans-Ulrich*: Nationalismus. Geschichte, Formen, Folgen, München 2001, S. 18.

26 *Wehler, Hans-Ulrich*: Nationalismus. Geschichte, Formen, Folgen, München 2001, S. 27 ff.

tümlichen Asymmetrien (militärische Logistik und Panzer gegen Selbstmordattentäter, Kampf gegen den globalen Terrorismus als Kampf gegen Schurkenstaaten) die Zerstörung von Politikfähigkeit durch Nationalismus. Auch in diesen Konflikten könnten erfolgversprechende politische Strategien allein aus *kultureller Kompetenz* erwachsen: aus phantasievoller Einfühlung in die Position des Partners und der Bereitschaft Eigenes in Frage zu stellen.

6.

Europa: Die zunehmende Durchlässigkeit nationaler Grenzen und der zunehmende Austausch und Dialog auf vielen Gebieten sind ein Gewinn, wenngleich sich der Fortschritt (im Sinne von Günter Grass) auch hier als Schnecke erweist. Analysiert man jedoch die Terminologie auch neuerer Dokumente der europäischen Einigung,[27] gewinnt man den Eindruck, als werde der affirmative Kulturbegriff nun auf Europa übertragen und würde in einer neuen Homogenitätsillusion einen Eurozentrismus kreieren und fördern. Es betrifft nicht nur die falsche Antinomie von Globalisierung und Nationalkulturen oder die Vorstellung von der angeblich notwendigen Fundierung einer europäischen Leitkultur.

Problematisch ist auch die Selbstverständlichkeit, mit der z. B. in der Diskussion der Weltgeltung der Menschenrechte, bestimmte Wertvorstellungen, die aus spezifischem europäischen Kontext erwachsen sind, auf außereuropäische Länder übertragen werden. Der Philosoph und Bioethiker Godfrey Tangwa (Universität Yaounde, Kamerun) kritisiert dieses westliche Denken: Es sei ein Merkmal der westlichen Ethik, zu glauben, sie funktioniere losgelöst von den Glaubenssätzen und Bräuchen ihrer Gesellschaft.[28] In Afrika stehe das Zusammengehörigkeitsgefühl im Zentrum – nicht wie im Westen das Individuum. Dem Westen klarzumachen, dass seine Ich-Kultur nicht wie ein Teekannenwärmer der Wir-Kultur übergestülpt werden kann, ist Tangwas wichtigste Mission. Er verlangt nur, dass der Westen nicht immer rede, sondern auch mal zuhöre und Afrika als ebenbürtigen Partner in bioethischen Fragen betrachte.

7.

Kulturelle Kompetenz als Einsicht in die Ambivalenz und Gefährlichkeit nationaler Homogenitätsillusionen, als Vorbedingung einer funktionierenden internationalen kulturellen Zusammenarbeit, als unerlässliche Bedingung funktionierender politischer Konfliktlösungsstrategien (d. h. von Friedenspolitik), zur Schaffung von zunehmender Komplexitätskompetenz von Wissenschaft, Wirtschaft und Politik in einer zunehmend unübersichtlicher werdenden (oder erscheinenden) Welt ist bereits Voraussetzung zur Bewältigung – wir sagten es schon – unseres Alltags.

---

27 *Schwencke*, 2001.

28 *Schweizer, Gabriele*: Öko-Bio-Kommunitarist. Der afrikanische Bioethiker Godfrey Tangwa kritisiert das westliche Denken, in: Die Zeit, 31. 01. 2002.

Sie hat zu tun mit staatsbürgerlichen Tugenden, Fähigkeit zur Selbstkritik und zur Empathie in den Anderen. Sie hat folglich auch zu tun mit einer notwendigen Öffnung des Bildungsbegriffes, der gerade in Mitteleuropa immer noch auf soziales Lernen weitgehend verzichten zu können glaubt. Von dem um das Jahr 1800 entstehenden Anspruch, ein individualisiertes Weltkorrelat im Bewusstsein der jungen Menschen hervorzubringen, bleibt in vielen Fällen gerade mal ‚ein leicht konsumierbarer Abklatsch reduzierten Weltwissens.'

So mündet abschließend das Plädoyer für *kulturelle Kompetenz* in ein Plädoyer für einen nicht nur in unserem Land, sondern einen transnational lebenswichtigen neuen Begriff von Bildung, die

> „in diesem Sinne verstanden, als Austausch und ständigen, wach erlebten Umbau der emotionalen und intellektuellen Verhaltensformen [...] einen Menschen in den Besitz seiner Möglichkeiten bringt."

> „Diese Bildung führt zur Selbstdistanz, gelegentlich zur Selbstkritik, erweitert insgesamt die Fähigkeit zur Kritik, weil in ihr der Wechsel der Perspektiven eingeübt worden ist: Ich kann einen anderen Standpunkt als meinen eigenen probeweise übernehmen." [29]

29 *Podak, Klaus*: Reisen durch die Welt zu sich selbst. Wie Mensch zum Menschen wird: Plädoyer für eine Neubewertung des Bildungsbegriffs, in: Süddeutsche Zeitung, 27./28. 04. 2002. S. 1.

8. Literaturverzeichnis

Anderson, Benedict: Die Erfindung der Nation. Zur Karriere eines folgenreichen Konzepts, Berlin 1998

Baecker, Dirk: Wozu Kultur? Berlin 2000

Blaise, Pascal: Pensées. Fragment 43, 1670

Domin, Hilde: Mit leichtem Gepäck, in: Gesammelte Gedichte, Frankfurt am Main 1987

Frisch, Max: Tagebuch 1946-1949, Frankfurt am Main 1976

Gadamer, Hans Georg: Hilde Domin, Dichterin der Rückkehr, in: *Bettina von Wangenheim* (Hrsg.): Vokabular der Erinnerungen. Zum Werk von Hilde Domin, Frankfurt am Main 1998

Glaser, Hermann: Das Verschwinden der Arbeit. Die Chancen der neuen Tätigkeitsgesellschaft, Düsseldorf/ Wien/New York 1988

Goethe, Johann Wolfgang v.: Faust. Der Tragödie erster Teil, Hamburger Ausgabe in 14 Bänden. Hrsg. v. Erich Trunz. Bd. 3: Dramatische Dichtung I, München 1988

Haerdter, Michael: Kultur-Kunst-Nachhaltigkeit. Die Bedeutung von Kultur für das Leitbild nachhaltige Entwicklung, Essen 2002

Haug, Wolfgang (Hrsg.): Angriff auf die Freiheit? Die Anschläge in den USA und die Neue Weltordnung. Hintergründe, Analysen, Positionen, Grafenau 2001

Höffe, Otfried: Kleine Geschichte der Philosophie, München 2001

Kraus, Karl: Worte in Versen, München 1959

Krüger, Hans-Peter: Globalisierung und Nationalstaat: Eine falsche Antinomie. Ein Plädoyer für eine multipolare Welt, Buenos Aires 1997

Lepenies, Wolf: Benimm und Erkenntnis. Die Sozialwissenschaften nach dem Ende der Geschichte, Frankfurt am Main 1997

Freiherr von Loeffelholz, Bernhard: Von der Gewinnorientierung zur Sinnorientierung, in: *Hilmar Hoffmann* (Hrsg.): Kultur und Wirtschaft. Knappe Kassen – neue Allianzen, Köln 2001

Martínez, Tomás Eloy: Como se inventa una nación? Buenos Aires 1994

Marcuse, Herbert: Kultur und Gesellschaft I. Über den affirmativen Charakter der Kultur, Frankfurt am Main 1965

Merkel, Ulrich: Dem Geheimrat auf der Spur. Das Goethe-Jahr in Argentinien, in: Zeitschrift für Kulturaustausch, 49. Jg., Stuttgart 2/99

Merkel, Ulrich: Economía y Cultura. Un abordaje Interdisciplinário desde la experiencia Alemana, in: SeriEnfoques. Centro Paraguayo para la Promoción de la Libertad Económica y de la Justícia Social, Asunción, Julio 1999

Niethammer, Lutz: Kollektive Identität. Heimliche Quellen einer unheimlichen Konjunktur, Hamburg 2000

Podak, Klaus: Reisen durch die Welt zu sich selbst. Wie der Mensch zum Menschen wird: Plädoyer für eine Neubewertung des Bildungsbegriffs, in: Süddeutsche Zeitung, 27./28. 04. 2002

Schwan, Gesine: Alle Jahre wieder. Leitkultur wird als letzter Halt missbraucht, in: Frankfurter Allgemeine Zeitung, 16. 12. 2000

Schweizer, Gabrielle: Öko-Bio-Kommunitarist. Der afrikanische Bioethiker Godfrey Tangwa kritisiert das westliche Denken, in: Die Zeit, 31. 01. 2002

Schwencke, Olaf: Das Europa der Kulturen – Kulturpolitik in Europa. Dokumente, Analysen und Perspektiven – Von den Anfängen bis zur Grundrechtscharta, Bonn 2001

Sennett, Richard: Der flexible Mensch. Die Kultur des neuen Kapitalismus, Berlin 2000

Sommer, Theo: Einwanderung ja. Ghettos nein. Warum Friedrich Merz sich zu Unrecht auf mich beruft, in: Die Zeit, 16. 11. 2000

Stiglitz, Joseph: Die Schatten der Globalisierung, Berlin 2002

Tenbrock, Christian: Der Klan der Koreaner. Filz und Korruption beherrschen das Land – Die Koreaner müssen ihre Mentalität ändern, um die Wirtschaft wieder auf Wachstumskurs zu trimmen, in: Die Zeit, 22. 12. 1998

Uchatius, Wolfgang: Medizin für den Markt. Der Nobelpreisträger Joseph Stiglitz kritisiert Krankheiten der Globalisierung, in: Die Zeit, 14. 03. 2002

Wehler, Hans-Ulrich: Nationalismus. Geschichte, Formen, Folgen, München 2001

Wendorff, Rudolf: Zeit und Kultur. Geschichte des Zeitbewußtseins in Europa, Opladen 1980

Wendorff, Rudolf: Im Netz der Zeit. Menschliches Zeiterleben interdisziplinär, Stuttgart 1989

Europäische Großregionen als wirtschaftliche Keimzellen einer überregionalen Identität?

Anspruch, Wirklichkeit und Perspektiven

Christian Scholz und Volker Stein

In der Überschrift dieses Beitrages stecken vier Kernbegriffe – und dies natürlich nicht rein zufällig: Sie signalisieren Idee und Argumentationslogik des Beitrages. ‚Europa' ist als der geografische Bezugsrahmen das zu erschließende Handlungs- und Verhaltensfeld für Institutionen und Individuen. ‚Wirtschaft' und ‚Identität' sind die Probleme, die simultan bestehen und simultan gelöst werden müssen. ‚Großregionen' sind der Lösungsansatz, der unter bestimmten Voraussetzungen Beiträge zur Problemlösung erwarten lässt. Der nachfolgende Aufsatz konkretisiert vor diesem Hintergrund zunächst die Problematik, nach der in Europa ein Bedarf nach gemeinsamer Identität besteht, jedoch parallel zu dem Zwang, gemeinsam wirtschaftlichen Erfolg hervorzubringen. Europäische Großregionen sind ein Handlungsansatz mit dem expliziten Ziel, beides zu leisten – bislang aber nur mit äußerst eingeschränktem Erfolg. Dieser wird allerdings dann wahrscheinlicher, wenn vor dem Hintergrund eines multiperspektivischen Verständnisses eine bewusstere Steuerung der europäischen Großregionen erfolgt. Ansatzpunkte hierzu werden in diesem Aufsatz vorgestellt. Diese Steuerung kann dazu führen, dass Europa im globalen Kontext gestärkt wird.

1. Das Problem: Wettbewerbsintensivierung und Identitätsverlust

Trotz der mit ihr verbundenen Chancen für Bürger, Arbeitnehmer oder Kunden ist Globalisierung [1] ein Phänomen mit einer bedrohlichen Konnotation, stellt sie doch Bestehendes in Frage, so die Bedeutung nationaler Grenzen, lokaler Macht und gesellschaftlicher Kontinuität. Ökonomisch werden solche Veränderungen gerade im ‚Europa der Regionen' sichtbar, das durch den Vertrag von Maastricht angestrebt wird.

Schon seit Jahren ist eine steigende Wettbewerbsintensität unübersehbar [2] und führt nicht nur zu einem erhöhten Druck auf die Entscheidungsträger, sondern auch zur Dekonstruktion von lange gepflegten Beherrschbarkeitsvorstellungen. Nicht alles Gewünschte ist machbar und erreichbar, vor allem nicht in einer Welt, die aus überaus

1 *Senett, Richard*: Der flexible Mensch. Die Kultur des neuen Kapitalismus, Berlin 1998; Steger, Ulrich (Hrsg.): Wirkunsgmuster der Globalisierung. Nichts geht mehr, aber alles geht, Bericht des Ladenburger Kollegs ‚Globalisierung verstehen und gestalten', Gottlieb- Daimler und Karl Benz-Stiftung, Ladenburg 1998; Scholz, Christian: ‚Ein Gespenst geht um in Europa: Globalisierung' – Reflexionen eines Betriebswirtes, in: Schmeling, Manfred/Schmitz-Emans, Monika/Walstra, Kerst (Hrsg.): Literatur im Zeitalter der Globalisierung, Würzburg 2000c, S. 39-47.

2 *Evans, Paul/Pucik, Vladimir/Barsoux, Jean-Louis*: The Global Challenge. Frameworks for International Human Resource Management, Boston/London 2002, S. 32.

anpassungsfähigen Konkurrenten besteht. Oder um es kurz zusammenzufassen: Unser aktueller Wettbewerb ist hochgradig globalisiert,[3] darwinistisch[4] und geprägt vom Turbo-Kapitalismus.[5]

Ein spezieller Aspekt in der Folge dieser Problematik ist die Frage, wie die Akteure im Wirtschaftsraum Europa mit den Konsequenzen der Wettbewerbsintensivierung umgehen, und zwar nicht nur strategisch-ökonomisch, sondern auch mental und emotional. Proteste im Zusammenhang mit Weltwirtschaftsgipfeln oder mit Sparprogrammen internationaler Konzerne, Rohstoffverknappungen bei Stahl und Erdöl sowie aufbrechende ethnische Konflikte sind Anzeichen für den Verlust an Sicherheit und Geborgenheit, der mit Globalisierung einhergeht. In diesem Kontext gilt Identitätsbildung als die zu betrachtende persönliche und gesellschaftliche Herausforderung: Menschen versuchen, über die Suche nach Gemeinsamkeiten mit anderen Menschen Halt und Perspektive zu finden. ‚Identität' wird somit als immer wichtiger, gleichwohl aber immer stärker problembeladen wahrgenommen. Das Problem von Europa besteht – nicht nur, aber auch – nun darin, dass die Suche nach wirtschaftlichem Erfolg von der Suche nach gemeinsamer Identität nicht getrennt werden kann: Europa braucht – und dies ist die Basisthese des vorliegenden Aufsatzes – beides, und zwar simultan. Gesucht ist daher als Reaktion auf den steigenden externen Druck eine Form des gemeinsamen Lebens von Bürgern, die gleichzeitig stabile Orientierung und wirtschaftlichen Erfolg mit sich bringt: Denn eine stabilisierte Lebenswelt ohne wirtschaftlichen Erfolg bringt ebenso wenig wie wirtschaftlicher Erfolg ohne Orientierung.

2. Der Lösungsvorschlag: Europäische Großregionen

Die Lösung für die vorgestellte Problematik wird unter anderem in europäischen Großregionen gesehen: Sie werden vor allem von Seiten der Politik als notwendig dargestellt, weil sie zum einen Identifikationspotenziale bereit stellen, zum anderen aber auch wirtschaftlichen Erfolg induzieren sollen. Europäische Großregionen wären damit eine mögliche institutionelle Lösung, die der Simultaneität der Problematik gerecht werden könnte.

2.1. Die Idee: Was Großregionen liefern könnten

Europa ist insgesamt stark regionalisiert[6] und deckt von städtischen Ballungszentren über periphere Regionen bis hin zu landwirtschaftlichen Regionen ein breites Spektrum

3 *Steger, Ulrich* (Hrsg.): Facetten der Globalisierung. Ökonomische, soziale und politische Aspekte, Berlin u. a. 1999.

4 *Scholz, Christian*: Spieler ohne Stammplatzgarantie. Darwiportunismus in der neuen Arbeitswelt, Weinheim 2003.

5 *Luttwak, Edward N.*: Turbo-Kapitalismus. Gewinner und Verlierer der Globalisierung, Hamburg/Wien 1999.

6 *Blotevogel, Hans Heinrich*: Auf dem Wege zu einer ‚Theorie der Regionalität': Die Region als Forschungsobjekt der Geographie, in: *Gerhard Brunn* (Hrsg.): Region und Regionenbildung in Europa, Baden Baden 1996, S. 44-68.

an Wirtschaftsstrukturen ab. Diese Regionen, die überwiegend historisch gewachsene eigene Identitäten aufweisen, sind zunächst in den nationalen Wirtschaftskontext ihres Landes eingebunden. Die Grenzen der in sich regionalisierten europäischen Nationalstaaten werden jedoch immer durchlässiger. Die Idee von Regionen in Grenzgebieten ist schon lange, über diese Grenzen hinweg zusammen zu arbeiten, Kompetenzen zu bündeln, Synergien zu entdecken und zu realisieren, sich letztlich gemeinsam besser zu stellen, als man es allein täte. Diese nahe liegende Idee wird auch politisch reflektiert und aktiv gefördert: Warum soll nicht im Rahmen der politischen Einigung Europas die Wirtschaft ein Motor sein, der wiederum weitere gesellschaftliche Entwicklungen anstößt? Dies gipfelt in dem politischen Postulat des Aufbaus überregionaler Identitäten mit dem Fernziel des Aufbaus einer gesamteuropäischen Identität.

Im Laufe des europäischen Einigungsprozesses verstärkt sich zwangsläufig die Einbindung von national verankerten Regionen in ihr länderübergreifendes Umfeld. Dies ergibt sich aus der Tatsache, dass die wirtschaftlichen Grenzen einer Region nicht klar gezogen werden können und sie all das einbeziehen (wollen), was den regionalen Produktionsnetzwerken dienlich sein kann. Den produktiven Kernen ist in der Regel ein angemessen großes unterstützendes Umfeld angegliedert. [7]

Die europäischen Großregionen in ihrer heutigen Form sind vor allem das Ergebnis der Interreg-Programme der Europäischen Union. Als Gemeinschaftsinitiative des Europäischen Fonds für regionale Entwicklung (EFRE) stärken sie ab dem Beginn der 1990er Jahre die Zusammenarbeit zwischen den Regionen der Europäischen Union. [8] Die finanziell geförderte grenzüberschreitende, transnationale und interregionale Zusammenarbeit ist explizit auf Integration und ausgewogene räumliche Entwicklung hin ausgerichtet. Sie zielt zudem darauf ab, Regionen, die es isoliert nicht schaffen würden, ein unterstützendes Umfeld zu finden – also insbesondere Regionen in äußerster Randlage und entlang der Grenzen zu den EU-Beitrittsländern – und die Möglichkeit zu geben, durch den Zugewinn dieses Umfeldes im internationalen Standortwettbewerb das notwendige Gewicht zu erlangen. Allein das Interreg III-Programm (2000-2006) verfügt über einen EU-weiten Gesamthaushalt von 4,875 Milliarden Euro. In Ergänzung dieser Programme erhalten die europäischen Großregionen zusätzlich Mittel aus weiteren Programmen der Strukturfondsförderung der EU.

Europäische Großregionen gehen also über die Intensivierung einer homogenen, rein national definierten Region hinaus, da sie explizit grenzüberschreitend angelegt sind. Einige Beispiele für europäische Großregionen mit deutscher Beteiligung sind die Euregio Maas-Rhein, die europäische Großregion Saar-Lor-Lux-Rheinland-Pfalz-Wallonien, die europäische Großregion Oberrhein, die Vernetzungsregion ENLARGE-NET-Sachsen-Niederschlesien-Nordböhmen und im weiteren Sinne auch europäische Zukunftsregionen wie der Ostseerat, der seit 1992 für alle Ostseeanrainer vielfache Kooperationsfelder erschließt.

7 *Heidenreich, Martin*: The Changing System of European Cities and Regions, in: European Planning Studies 6 (1998), S. 315-332.

8 Karte *Europäische Gemeinschaften*, Interreg III-Karten, in: http://europa.eu.int/comm/regional_policy/interreg3/images/pdf/int3a_eur15_a4p.pdf, 23. 04. 2003, abgerufen am 19. 10. 2004.

Politisch sind die europäischen Großregionen mit viel Enthusiasmus gestartet. In der Regel wurden eine Reihe von Kooperationsinstitutionen etabliert wie etwa gemeinsame politische Gipfeltreffen der beteiligten Regionen, interregionale parlamentarische Räte, überregionale Kommissionen sowie spezielle Komitees zu sachlichen Themengebieten.

2.2. Die Notwendigkeit: Großregionen als Entwicklungskern

Die EU-Erweiterung und die massive Konkurrenz aus Fernost sind real und nicht mehr weg zu definieren, genauso wenig wie die Imigration aus allen Teilen der Welt. ‚Die Welt in Europa' bekommt im Falle einer regionalen Entkopplung viel weniger die Möglichkeit, in sinnvoller Weise in Europa konsolidiert und integriert zu werden. Schon jetzt wird kaum gesehen, dass Europa über sein militärisches, politisches und wirtschaftliches Engagement viel mehr Außengrenzen hat und damit näher am Rest der Welt liegt als gedacht: Seien es die spanischen Enklaven in Nordafrika, die Überseeterritorien Frankreichs in Südamerika, die direkte Berührung europäischer Truppenkontingente mit China an der afghanisch-chinesischen Grenze und vieles mehr. Diese internationale Präsenz erfordert koordiniertes und kooperatives Vorgehen, für das europäische Großregionen einen wichtigen Beitrag – und sei es auch nur ‚zum Üben' – leisten könnten.

Insgesamt unterliegt das, was als win-win-Situation sowohl für die beteiligten nationalen Regionen als auch für die entstehenden europäischen Großregionen gedacht war, vor allem im Lichte des gegenwärtigen schlechten wirtschaftlichen Klimas, der Gefahr, nur noch als unrealisierbare Utopie wahrgenommen zu werden. Doch vielleicht bietet diese Situation gerade die Chance, eine realistische Perspektive für europäische Großregionen als wirtschaftliche Keimzellen einer überregionalen Identität zu entwickeln.

2.3. Die Wirklichkeit: Unintegrierte Subventionsempfänger

Wie sieht aber die Realisierung der europäischen Großregionen und die Verankerung ihrer Identität in den Köpfen der Menschen aus? Hier ist inzwischen Ernüchterung eingekehrt. Wirklich gemeinsame Macht- und Gesetzgebungsstrukturen oder Budgets existieren kaum bis gar nicht und auch an konkreten Realisationen von Gemeinschaftsprojekten mangelt es in der Regel. [9] „Die Verbindungen über die Staatsgrenzen hinweg sind auch nach Jahrzehnten noch nicht frei von administrativen und mentalen Barrieren." [10] Auch in der Lebenswelt der Bürger der europäischen Großregionen wurden sprachliche und landeskulturelle Barrieren kaum reduziert. Hinzu kommt, dass bei der Zusammenführung gesellschaftlicher Strukturen keine unmittelbaren Einflussmöglichkeiten auf die Akteure bestehen, wie dies etwa in Unternehmen im Führungskraft-Mit-

9 *Gengler, Claude*: La Grande Région, un bel exemple d'identités partagées, in: *Christian Scholz* (Hrsg.): Identitätsbildung: Implikationen für globale Unternehmen und Regionen, München/Mering 2005.

10 *Georgi, Hanspeter* [Saarländischer Wirtschaftsminister] Saarland: Zukunft in Europa, in: *Christian Scholz*, 2005.

arbeiter-Verhältnis der Fall ist. In der Konsequenz stellte sich auch der wirtschaftliche Erfolg europäischer Großregionen nicht in dem erhofften Ausmaß ein. Selbst interessante Initiativen wie etwa ‚Eurozonen' [11] als grenzüberschreitende Dienstleistungs- und Gewerbeparks bleiben teilweise in ihren Startlöchern stecken.

Dementsprechend konzentriert sich das Verhalten und die Kommunikation von nationalen Regionen, die Partner europäischer Großregionen sind, in jüngerer Zeit vor allem auf das Herausstellen eigener Alleinstellungsmerkmale, eigener Kernkompetenzen. Es geht um Standortmarketing und aktive Imagearbeit in eigener Sache. Man versucht, durch Strukturpolitik Selbstwahrnehmung und allgemeines Klima in der Region sowie die Fremdwahrnehmung zu beeinflussen.

In dem Maße, wie die starken regionalen Partner einer europäischen Großregion ihre Wettbewerbsvorteile kommunizieren, bauen sie Abstände zu den schwächeren Partnern auf. Der Befürchtung, sich das negativere Image schwächerer Partner zurechnen lassen zu müssen, wird durch Abgrenzung bis hin zur Entsolidarisierung begegnet. Kaum verwunderlich ist es daher, wenn die Gegenbewegung der schwächeren Partner eintritt: Sie nutzen ihre Möglichkeiten aus, als Trittbrettfahrer des Erfolges der stärkeren Partner opportunistisch ihren eigenen Nutzen zu verfolgen und im Übrigen die bestehenden bürokratischen Wege zur Erlangung von finanzieller Unterstützung zu strapazieren.

Eine fatale weitere Folgewirkung zeichnet sich ab: Wenn man jetzt das Scheitern der Idee europäischer Großregionen beklagt und resigniert und/oder sich als nationale Region tatsächlich ausschließlich auf die eigenen Interessen konzentriert, dann könnte dies zu einer weiteren Abkopplung vom globalen Wirtschaftsgeschehen führen.

3. Die Perspektive: Systematische Multiperspektivität

Für die systematische Verbesserung der Erfolgswahrscheinlichkeit europäischer Großregionen und ihrer Identitätsbildung wird die theoriebasierte und standardisierte Methodik der ‚Multiperspektivität' [12] herangezogen, die mit ihren sechs Betrachtungsperspektiven dazu dient, die innere Logik komplexer Systeme zu verstehen und Gestaltungsspielräume zu erschließen. Nachfolgend soll der Versuch unternommen werden, mit Hilfe dieser multiperspektivischen Methode Anforderungen an eine identitätsstiftende Zusammenführung europäischer Großregionen abzuleiten.

3.1. Strategisch: Tragfähige Vision

Zunächst ist festzulegen, inwieweit Gemeinsamkeiten/Identitätspotenziale und Unterschiedlichkeiten/Wettbewerbspotenziale bei der Definition der Zielvorstellungen europäischer Großregionen eine Rolle spielen sollen. Der Kampf um Standortvorteile und

11 www.eurozone-saarbruecken-forbach.org/

12 *Scholz, Christian*: Strategische Organisation. Multiperspektivität und Virtualität, 2. Aufl., Landsberg/Lech 2000b.

Wirtschaftskraft ist dabei ebenso von Interesse wie die Schaffung und der Erhalt einer kulturellen Einheit und Stimmigkeit. Um die Zukunftsperspektiven der europäischen Großregionen wach zu halten, sind gemeinsame Zielkonkretisierungen sinnvoll, denen sich die beteiligten Regionen verpflichten. Visionen und Leitbilder können Meilensteine setzen, an denen sich eine Entwicklung zeitlich ausrichten kann.

Dass eine Vision für eine europäische Großregion von den beteiligten Partnern geteilt werden kann, zeigt ein erstes Beispiel: So verfügt die europäische Großregion Saar-Lor-Lux-Rheinland-Pfalz-Wallonien seit 2003 als erste über ein ‚Zukunftsbild 2020'.[13] Unter Leitung des früheren Präsidenten der Europäischen Kommission und luxemburgischen Premierministers Jacques Santer wurden Schlüsselthemen und das institutionelle Umfeld neu definiert, um eine realisierbare politische Leitidee für die europäische Großregion als Orientierungsrahmen zur Verfügung zu haben.Auch wenn es trivial klingt: Zunächst sind also die Zielvorstellungen, die mit europäischen Großregionen erreicht werden sollen, zu konkretisieren – und zwar in einer ehrlichen, realistischen Form, die von den Partnerregionen und ihren Bevölkerungen weitgehend akzeptierbar ist. Ansonsten bleibt Raum für Bedenken: Sind nicht offene Konkurrenz und Wettbewerb zur Stärkung des national-regionalen Wirtschaftserfolgs hilfreicher und ist es für Europa nicht insgesamt besser, wenn es aus effektiven kleineren Regionen besteht anstatt aus nicht so effektiven Großregionen? Denn es ist zumindest nicht von vornherein klar, dass die Konzentration auf Gemeinsamkeit und Identität das wirtschaftliche Potenzial einer Region stärkt: Dies könnte auch durch Rivalität und das Bestreben den anderen zu überflügeln geschehen.

3.2. Mechanisch: Differenzierte Zentralisierungs-Dezentralisierungs-Balance

Als zweites gilt es, Autonomie und Selbstorganisationsverantwortung zu thematisieren. Auch hier steckt ein Problem, das bei den vielen schönen Festreden der Politiker leicht unter den Tisch fällt: Denn die Einrichtung europäischer Großregionen geht einher mit einer Zentralisierung von zuvor regional-dezentral geleisteten Aufgaben und Verantwortlichkeiten. Dennoch bleiben Bestrebungen der beteiligten Regionen bestehen, Kontrolle über politische und wirtschaftliche Handlungsfelder zu behalten. Daher ist es notwendig, im Prozess der Einrichtung europäischer Großregionen bewusst zu reflektieren, wo zentralisierte und wo dezentralisierte Verantwortlichkeiten sinnvoll und für das gemeinsame Ziel nützlich sind. Der Anspruch, zu einer generellen Zentralisierung zu kommen, ist gerade in einer grenzüberschreitenden und damit landeskulturell diversen Beteiligungsstruktur nicht realisierbar. Somit ist das Postulat nach Subsidiarität auch für europäische Großregionen zu beachten.

Darüber hinaus sind jedoch Bestrebungen zu verstärken, als europäische Großregionen Subsidiarität ‚von Brüssel' einzufordern. Sie würde direkt einer wirtschaftlichen

13 *Politische Kommission ‚Zukunftsbild 2020'* (Hrsg.): Zukunftsbild 2020 für den interregionalen Kooperationsraum Saarland, Lothringen, Luxemburg, Rheinland-Pfalz, Wallonische Region, Französische Gemeinschaft und Deutschsprachige Gemeinschaft Belgiens, in: http://www.saarlorlux.saarland.de/medien/inhalt/Zukunftsbild_2020_-_dt_Internet-Fassung.pdf, 30. 06. 2003, abgerufen am 20. 10. 2004.

Effektivitätsstärkung dienen können: Wenn von der EU finanzielle Mittel bereit gestellt werden, dann sollten diese in Zukunft bürokratieärmer abgerufen und verwendet werden können. Dies impliziert jedoch umgekehrt eine verbesserte Evaluationsstruktur sowie wirksamere Sanktionen, wenn die europäischen Großregionen mit den finanziellen Mitteln nicht die vereinbarten wirtschaftlichen Erfolge erzielen. Dass dies eine riesige Herausforderung ist, zeigt der Stabilitäts- und Wachstumspakt der EU – er zeigt aber gleichzeitig auch, dass an anderer Stelle ähnliche Herausforderungen tatsächlich angegangen werden.

3.3. Organisch: Identitäten-Synergie

Identitäten werden nicht nur ‚planvoll' gestaltet. Viel wichtiger ist die Erkenntnis, dass diese organisch ‚von selbst' wachsen und sich verändern, also eine eigene Entwicklungsdynamik entfalten. Drittens geht es daher um die Aktivierung multipler Identitäten von Individuen und hier vor allem um das Verhältnis zwischen Pluralität sowie Synergie: Dabei kann man im Hinblick auf überregionale Identitäten entweder die Zahl der Identitäten erhöhen oder verringern, indem man die Beziehungen und Verknüpfungen zwischen den Identitäten in Richtung Konvergenz oder Divergenz variiert. [14] Eine hohe Identitäten-Pluralität wäre generell dann empfehlenswert, wenn die existierenden unterschiedlichen Identitäten von jeweils einflussreichen, relevanten Anspruchsgruppen unterstützt werden, wenn sie von vielen Anspruchsgruppen legitimiert sind, wenn sie jeweils einen politischen, sozialen oder ökonomisch-strategischen Wert haben und insbesondere, wenn sie dem Identifikationsobjekt ‚europäische Großregion' die Beschaffung kritischer Ressourcen erleichtern.

Doch ist aus der Identitätsforschung bekannt, dass Menschen mit einer bis zwei gelebten Identitäten bereits ausgelastet sind. Daher ist eine hohe Identitäts-Synergie empfehlenswert: Sie basiert darauf, dass die multiplen Identitäten kompatibel sind, dass die Anspruchsgruppen eine hohe Verzahnung aufweisen und dass die existierenden vielfachen Identitäten über die Großregion hinweg stark diffundieren. Somit sind dies die Aufgabenfelder für die Identitäten-Beeinflussung in europäischen Großregionen.

Unterschiedliche Mechanismen können der Beeinflussung der Identitäten dienen: symbolische Führung, temporäre oder dauerhafte Separation bestimmter Subgruppen mit eigenen Identitäten, Entwicklung von ‚Anti-Identitäten', spezielle Sozialisation neuer Akteure der europäischen Großregion und identitätsbeeinflussende Trainingsmaßnahmen. Inhaltlich lassen sich (wirtschafts-)politische Erwartungen und Vorstellungen an eine überregionale Zielidentität dadurch beeinflussen, dass man attraktive Zukunftsszenarien entwirft, möglichst viele Personen und Institutionen an der Identitätsentwicklung beteiligt und vor allem gegenseitige Verzahnungen und Interdependenzen verdeutlicht. Die Formierung von Identität ist ein Prozess, der niemals vollständig beendet ist, sondern in Abhängigkeit von Lernaktivitäten der Beteiligten immer wieder

14 *Pratt, Michael G./Foreman, Peter O.*: Classifying Managerial Responses to Multiple Organizational Identities, in: Academy of Management Review 25 (2000), S. 18-42, S. 23-24.

zu Anpassungen der Identität(en) führt. Ziel ist auch die Schaffung eines emotionalen Klimas, in dem Individuen eine Balance zwischen dem Wunsch, einer europäischen Großregion anzugehören und sich bewusst als ihr Teil zu fühlen, und dem Willen, die eigene Identität zu erhalten, finden können.

3.4. Kulturell: Europäische Großregionen im Kulturkorridor

Sucht man nach Kulturkernen für europäische Großregionen im Sinne gemeinsamer Grundlogiken, gemeinsamer Werte und gemeinsamer Symbole, so birgt bereits die im Grunde harmlos klingende Frage nach der Unterschiedlichkeit der Kulturen in Europa und ihren zukünftigen Entwicklungen typischerweise weit reichende Schwierigkeiten. Ausgehend von der wirtschaftlichen und politischen Verflechtung Europas in den letzten Jahrzehnten kann man mittlerweile von einer Stabilisierung der Europäischen Union in ihren vernetzten Strukturen ausgehen. Unklar ist jedoch noch immer, ob sich auch die bestehenden landeskulturellen Unterschiede, [15] die als Störgröße einer internationalen und daher auch einer interregionalen Zusammenarbeit angesehen werden können, in Zukunft angleichen.

Drei Grundpositionen werden hier diskutiert: [16] Die erste geht davon aus, dass Europa selbst ein einheitlicher Wirtschaftsraum wird. Mit dem Schlagwort ‚Vereintes Europa' ist die Hoffnung verbunden, dass Europa auch kulturell zusammenwachse, was die Wirtschaftsaktivitäten innerhalb von Europa erheblich erleichtern werde (‚Kulturkonvergenz-These'). Die zweite Argumentation (‚Kulturdivergenz-These') dagegen akzeptiert zwangsläufig die offenkundigen deutlichen Angleichungen auf der sichtbaren Kulturebene Europas. Trotz dieser teilweisen Oberflächenharmonisierung erwartet man aber im Gegenzug ein Auseinanderdriften der unsichtbaren Werte – analog zu dem soziologischen Phänomen, wonach (insbesondere sich im Wettbewerb mit anderen befindende) Gruppen den Drang zur Schaffung identitätsstiftender Abgrenzung verspüren. [17] Ist dies auf der sichtbaren Ebene nicht möglich, so werden die Wert-Unterschiede in immer extremeren Formen bis hin zur „Ethnisierung der internationalen Beziehungen" [18] verstärkt. Als möglicher Kompromiss und damit als dritte Position bietet sich – unter argumentativer Verwendung des kulturellen Drei-Ebenen-Modells von Edgar Schein [19] – die These vom ‚Kulturkorridor' an. Sie geht von einem Basiskonsens zwischen den einzelnen Nationalkulturen aus, der in ähnlichen Grundannahmen im Hinblick auf Religion oder Menschenbilder und in geteilten Grundwerten liegt. Je mehr diese Grundwerte gemeinsam geteilt werden, desto breiter ist an dieser Stelle der gemeinsame Korridor, der interkulturelle Verständigung ermöglicht. Für Europa (Abbildung 1: Kulturkorridor mit schmalem Basiskonsens) ist er jedoch eher schmal. Diese Grundwerte werden dann auf der konkreten Werteebene und auch auf der sicht-

15 *Ting-Toomey, Stella*: Communicating Across Cultures, New York 1999.

16 *Scholz, Christian*: Personalmanagement. Informationsorientierte und verhaltenstheoretische Grundlagen, 5. Aufl., München 2000a, S. 826-828.

17 *Schein, Edgar H.*: Organizational Psychology, 3. Aufl., Englewood Cliffs 1980, S. 173.

18 *Menzel, Ulrich*: Globalisierung versus Fragmentierung, Frankfurt am Main 1998, S. 40.

19 *Schein, Edgar H.*: Organizational Culture and leadership. A Dynamic View, 2. Aufl., San Francisco 1992.

baren Ebene der Artefakte nationenspezifisch unterschiedlich umgesetzt. Hier wird der Korridor gemeinsamer Überschneidungen bei Konvergenzbewegungen wie etwa der Einführung der Gemeinschaftswährung breiter. In Europa findet diese Angleichung auf der Artefakte-Ebene statt, bei gleichzeitiger Wahrung von deutlichen Unterschieden bei den Werten und Grundannahmen.

Abb. 1: Kulturkorridor Europa mit schmalem Basiskonsens

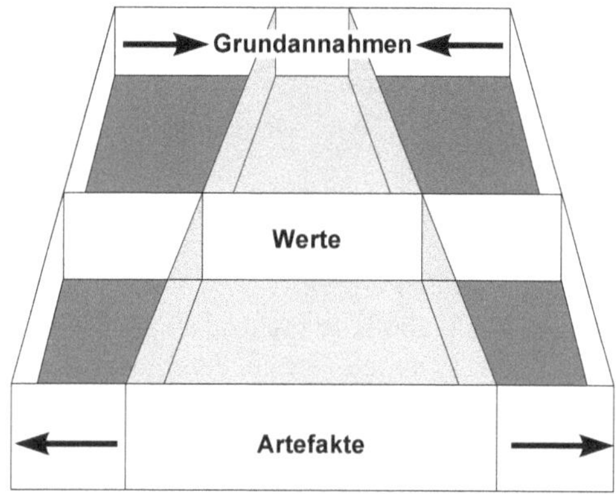

Quelle: *Scholz, Christian*, 2000a, S. 828.

Überregionale Identität ist in Anlehnung an das Kulturkorridor-Modell dann gegeben, wenn sich vor allem die Grundannahmen gemeinsamen Handelns in einer europäischen Großregion, angestoßen durch ähnliche Artefakte und Werte, angleichen. Überregionale Identitätsbildung bedeutet das kontinuierliche Aktivieren der Identität von Bürgern einer grenzüberschreitenden Region mit ebendieser als Identifikationsobjekt. Die hierzu notwendige soziale Interaktion [20] umfasst die Differenzierung von Eigenem und Fremdem und damit die Identifikation von Zugehörigkeit beziehungsweise Nicht-Zugehörigkeit und resultiert in einem kollektiven Konzept eines geteilten Werte- und Normensystems und gemeinsamer Ziele und Aufgaben. Das Handeln parallelisiert sich und resultiert in solchen Komponenten, die zusammenpassen und deshalb eine Identität vermitteln können. Die Wahrnehmung dieser Gleichheit hat ein gesteigertes Wir-Gefühl als emotionale Komponente zur Folge.

Die Träger dieser überregionalen Identität sind auf aggregierter Ebene die handelnden Institutionen und Organisationen. Auf disaggregierter Ebene sind es die einzelnen Menschen. Ihre individuelle Identität ist fundamental für ihr Verhalten, weshalb die Wahl der Bezugspunkte für Identität eine wichtige persönliche, soziale und auch ökonomische Entscheidung darstellt. Schwierig an der Identität ist nur, dass Menschen multiple Identitäten haben, die sie je nach Kontext ‚bewohnen': Jeder Mensch vereint in sich gleichzeitig verschiedene Identitäten (Familie, Religion, Verein, Firma, Region, Nation usw.). Man signalisiert die Zugehörigkeit zur sozialen Gruppe oder grenzt sich bewusst ab, um seine Individualität leben zu können. So kommt es, dass beispielsweise

20 *Mead, George H.*: Geist, Identität und Gesellschaft, Frankfurt am Main 1973, S. 177-183.

die aktuelle Identität, die kommunizierte Identität, die konzipierte Identität, die erwünschte Identität sowie die ideale Identität [21] nicht zusammenfallen müssen. Doch durch unterschiedliche Identitäten lässt sich widersprüchliches Verhalten erklären, und das Annerkennen des Vorhandenseins unterschiedlicher Identitäten eröffnet neue Wege zur Veränderung persönlicher Präferenzen. [22]

Der vierte Gestaltungsbereich der Multiperspektivität läuft also in diesem Fall hinaus auf eine überregionale Identitätsbildung durch gemeinsame Kulturelemente. Die bewusste Reflexion des Kulturkorridors einer europäischen Großregion hilft hier bei der Identifikation des Basiskonsenses.

3.5. Intelligent: Genaues Wissen über die Partner

Auch die Umsetzung der vierten Perspektive reicht noch nicht aus für den Erfolg europäischer Großregionen. Denn fünftens braucht es zum einen Mechanismen, um aus Fehlern der Vergangenheit zu lernen, zum anderen aber den ganz bewussten Aufbau von wechselseitigem Wissen. Bereits aus der Managementtheorie ist bekannt, dass wirtschaftliche Akteure im internationalen und kulturübergreifenden Umfeld erfolgreicher sind, wenn sie dazu neigen, auf Basis ihrer Wettbewerbsvorteile (‚competitive advantage') die Regeln im Wettbewerb zu bestimmen, anstatt sich nur den Regeln zu unterwerfen. [23] Gleichzeitig schlägt die Internationalisierungstheorie vor, kulturelle Stimmigkeit und das Anpassen an Umgebungskulturen (‚cultural acceptance') anzustreben. Die neuere empirische Forschung [24] legt für Unternehmen die Schlussfolgerung nahe, dass sich diese Widersprüchlichkeit auflösen lässt, indem beide Grundpositionen zu einer ‚competitive acceptance' [25] kombiniert werden. Nur ist es hierfür entscheidend, genau zu wissen, an was man sich anpassen soll und wovon man sich abgrenzen kann.

Dies alles setzt aber Lernprozesse und Wissensbasen voraus: Erfolg versprechend für das Handeln der einzelnen Regionen in diesem Gemeinschaftsverbund könnte es sein, wenn gegenseitig die kulturellen Funktionsweisen der Partner und deren zugrundeliegenden landeskulturellen Prinzipien exakt verstanden und akzeptiert werden; um die Stimmigkeit zwischen den Regionalstrategien und der kulturellen Umgebung herstellen zu können. Gleichzeitig jedoch muss die Verfolgung eigener Wettbewerbsvorteile weiterhin möglich sein, die zu einem besseren Umgang mit Märkten, Kunden und Konkurrenten ausgenutzt werden, insbesondere von Wettbewerbsvorteilen, die sich aus kultu-

21 *Balmer, John M. T./Greyser, Stephen A.*: Managing the Multiple Identities of the Corporation, in: California Management Review 44 (3/2002), S. 72-86.

22 *Akerlof, George A./Kranton, Rachel E.*: Economics and Identity, in: The Quarterly Journal of Economics 160 (2000), S. 715-753.

23 *Porter, Michael E.*: Competitive Strategy. Techniques for Analyzing Industries and Competitors, New York 1980; *Porter, Michael E.*: The Competitive Advantage of Nations, London/Basingstoke 1990.

24 *Scholz, Christian/Stein, Volker*: The Global Performance Project: Empirical Findings from a European Research Group, Diskussionsbeitrag Nr. 48 des Lehrstuhls für Betriebswirtschaftslehre, insb. Organisation, Personal- und Informationsmanagement, Universität des Saarlandes, Saarbrücken 1997.

25 *Scholz, Christian/Stein, Volker*: ‚Competitive Acceptance' in Cross-Cultural Interaction, in: *Christian Scholz/Joachim Zentes* (Hrsg.): Strategic Management. A European Approach, Wiesbaden 2002, S. 283-304.

rellen Positionierungen und dem bewussten Umgang mit Diversität ergeben. Man darf auch in europäischen Großregionen nicht in die Falle laufen, Tabus zu verletzen oder aber zu defensiv alles mit sich machen zu lassen. Konsequent ist der Aufbau von Wissensbasen, die kulturelles Anpassen und kulturelles Nichtanpassen auch in ihren Konsequenzen erfassen und für die Partner nutzbar machen. Wichtig sind in diesem Zusammenhang auch die regionalen Medien, die durch überregionale Bezüge in ihrer Berichterstattung Lernprozesse und Wissensbasen unterstützen können, letztlich also zu einer ‚großregionalen Intelligenz' beitragen.

3.6. Virtuell: Großregionen über den europäischen Horizont hinaus

Sechstens kommt noch ein ganz bewusstes ‚Über-den-Tellerrand-Schauen' hinzu. Die Frage ist hier: Was passiert denn, wenn Menschen mit einem ausgeprägten Identitätsgefühl für eine Großregion diese kurzzeitig oder auf Dauer verlassen? Was passiert mit ihren Kernkompetenzen? Diese Kompetenzen sowie ihre Verbindungen zu den gewohnten Strukturen möchten sie sogar häufig selbst dann behalten und weiterhin einbringen, wenn sie die Region verlassen. Hier bietet es sich an, auch mittels Virtualisierung[26] eine großregionale Identität aufzubauen und zu bewahren. Selbst wenn dies vielleicht utopisch klingt: Die Zugehörigkeit zu einer Großregion geht über die regionale physische Anwesenheit hinaus. So kann eine Region ‚stärker' sein, als es sich rechnerisch aus den Menschen ergibt, die dort wohnen. Das Internet und diverse andere Mechanismen zur Schaffung virtueller Organisationen[27] liefern hier interessante und relativ leicht nutzbare Vorschläge. Ein verkleinerter Modellfall für entsprechende Identitätsbildungsbemühungen im Erprobungsstadium ist im Saarland zu finden: Wie bei vielen Regionen gibt es eine in alle Welt verstreute Community von Saarländerinnen und Saarländern, die jedoch ihre durch die gemeinsame Heimat vorgegebene Identität kaum dazu nutzt, entweder mit den Bewohnern des Saarlandes noch untereinander verstärkt zu interagieren. Die Idee der Stiftungsinitiative ‚SaarländerInnen helfen SaarländerInnen' (SHS-Foundation)[28] ist es, dieses Identitätsdefizit explizit anzusprechen, per Internet ein Netzwerk kultureller und wirtschaftlicher Beziehungen zu knüpfen und der Heimatregion auf diese Weise alte Ressourcen zu erhalten und neue Ressourcen zu erschließen. Eine solche Zusammenführung von Gleichgesinnten im Sinne einer virtuellen Gemeinschaft[29] nützt letztlich sowohl denen, die eine Region verlassen, da sie ihre bestehenden Beziehungen pflegen und ihre Identität bewahren, als auch der ‚entsendenden' Region: Sie bekommt einen Nutzwert aus der Kooperation der verstreuten Menschen, die zum Wohle ihrer Region Aktivitäten entfalten.

26 *Mertens, Peter/Faisst, Wolfgang*: Virtuelle Unternehmen – Virtuelle Staaten? Polarisierung im nächsten Jahrhundert, in: *Christian Scholz* (Hrsg.): Systemdenken und Virtualisierung. Tagungsband der Jahrestagung 1999 der Gesellschaft für Wirtschafts- und Sozialkybernetik e.V., Berlin 2002, S. 321-339.

27 *Scholz, Christian*: Virtualisierung als Strategie, in: *Martin K. Welge/Andreas Al-Laham/Peter Kajüter* (Hrsg.): Praxis des Strategischen Managements. Konzepte – Erfahrungen – Perspektiven, Wiesbaden 2000d, S. 407-424.

28 www.shsfoundation.de

29 *Rheingold, Howard*: The Virtual Community. Homesteading on the Electronic Frontier, Reading, Mass. 1993.

4. Das Fazit: Tragfähig, wenn...

Es ist unbestritten, dass es hinsichtlich der Entwicklung und damit auch der Identitätsentwicklung europäischer Großregionen eine Vielzahl von Anstrengungen gibt. Sie werden insbesondere auch durch die finanzielle Förderung der Europäischen Union hervorgerufen und verstärkt. Zugleich ist mit einer gewissen Ernüchterung zu konstatieren, dass die Anstrengungen gerade zur Schaffung einer überregionalen Identität an ihre Grenzen stoßen. Dennoch scheint es sinnvoll zu sein, die Idee europäischer Großregionen weiter zu verfolgen, vor allem im Hinblick auf die globale Konkurrenz mit anderen leistungsfähigen Regionen aus aller Welt. Dies erscheint jedoch nur dann tragfähig, wenn bewusst die (politisch motivierte) Identitätsbildungsfrage mit der Zielsetzung wirtschaftlichen Erfolgs verzahnt wird. Europäische Großregionen werden nur dann funktionieren können, wenn sie explizit als wirtschaftliche Keimzellen einer überregionalen Konvergenz begriffen und gestaltet werden: Gemeinsamer wirtschaftlicher Erfolg ist dann Motor für eine – viel langsamer wachsende – überregionale Identität. Um diesen Weg zu beschreiten, sind die vorgenannten multiperspektivischen Vorschläge mit dem Ziel des Aufbaus und Ausbaus europäischer Großregionen simultan zu bearbeiten. Angetrieben wird dies letztlich sowohl vom Veränderungsdruck als auch von der Bereitschaft, sich auf die Grundidee der europäischen Großregion weiterhin einlassen zu wollen.

Auch wenn europäische Großregionen nicht als Allheilmittel wirtschaftlichen Erfolgs und europäischen Zusammenwachsens begriffen werden dürfen, sondern als einer vieler möglicher Bausteine: Die Verzahnung innerhalb Europas sowie Europas mit der übrigen Welt wird auf absehbare Zeit ein zwingendes Postulat bleiben, wobei europäische Großregionen stabilisierende Orientierungsrahmen mit wirtschaftlichen Erfolgspotenzialen bereitstellen können.

5. Literaturverzeichnis

Akerlof, George A./Kranton, Rachel E.: Economics and Identity, in: The Quarterly Journal of Economics 160 (2000), S. 715-753

Balmer, John M. T./Greyser, Stephen A.: Managing the Multiple Identities of the Corporation, in: California Management Review 44 (3/2002), S. 72-86

Blotevogel, Hans Heinrich: Auf dem Wege zu einer ‚Theorie der Regionalität': Die Region als Forschungsobjekt der Geographie, in: *Gerhard Brunn* (Hrsg.): Region und Regionenbildung in Europa, Baden Baden 1996, S. 44-68

Europäische Gemeinschaften: Interreg III - Karten, in: http://europa.eu.int/comm/regional_policy/interreg3/images/pdf/int3a_eur15_a4p.pdf, 23.04.2003, abgerufen am 19. 10. 2004

Evans, Paul/Pucik, Vladimir/Barsoux, Jean-Louis: The Global Challenge. Frameworks for International Human Resource Management, Boston u. a. 2002

Gengler, Claude: La Grande Région, un bel exemple d'identités partagées, in: *Scholz, Christian* (Hrsg.): Identitätsbildung: Implikationen für globale Unternehmen und Regionen, München/Mering 2005

Georgi, Hanspeter: Saarland: Zukunft in Europa, in: *Christian Scholz* (Hrsg.): Identitätsbildung: Implikationen für globale Unternehmen und Regionen, München/Mering 2005

Heidenreich, Martin: The Changing System of European Cities and Regions, in: European Planning Studies 6 (1998), S. 315-332

Luttwak, Edward N.: Turbo-Kapitalismus. Gewinner und Verlierer der Globalisierung, Hamburg/Wien 1999

Mead, George H.: Geist, Identität und Gesellschaft, Frankfurt am Main 1973

Menzel, Ulrich: Globalisierung versus Fragmentierung, Frankfurt am Main 1998

Mertens, Peter/Faisst, Wolfgang: Virtuelle Unternehmen – Virtuelle Staaten? Polarisierung im nächsten Jahrhundert, in: *Christian Scholz* (Hrsg.): Systemdenken und Virtualisierung. Tagungsband der Jahrestagung 1999 der Gesellschaft für Wirtschafts- und Sozialkybernetik e.V., Berlin 2002, S. 321-339

Politische Kommission ‚Zukunftsbild 2020': Zukunftsbild 2020 für den interregionalen Kooperationsraum Saarland, Lothringen, Luxemburg, Rheinland-Pfalz, Wallonische Region, Französische Gemeinschaft und Deutschsprachige Gemeinschaft Belgiens, in: http://www.saarlorlux.saarland.de/medien/inhalt/Zukunftsbild_2020_-_dt_Internet-Fassung.pdf, 30.06.2003, abgerufen am 20.10.2004

Porter, Michael E.: Competitive Strategy. Techniques for Analyzing Industries and Competitors, New York 1980

Porter, Michael E.: The Competitive Advantage of Nations, London/Basingstoke 1990

Pratt, Michael G./Foreman, Peter O.: Classifying Managerial Responses to Multiple Organizational Identities, in: Academy of Management Review 25 (2000), S. 18-42

Rheingold, Howard: The Virtual Community. Homesteading on the Electronic Frontier, Reading, Mass. 1993

Schein, Edgar H.: Organizational Psychology, 3. Aufl. Englewood Cliffs 1980

Schein, Edgar H.: Organizational Culture and Leadership. A Dynamic View, 2. Aufl., San Francisco 1992

Scholz, Christian: Personalmanagement. Informationsorientierte und verhaltenstheoretische Grundlagen, 5. Aufl., München 2000a

Scholz, Christian: Strategische Organisation. Multiperspektivität und Virtualität, 2. Aufl., Landsberg/Lech 2000b

Scholz, Christian: ‚Ein Gespenst geht um in Europa: Globalisierung' – Reflexionen eines Betriebswirtes, in: *Manfred Schmeling/Monika Schmitz-Emans/Kerst Walstra* (Hrsg.): Literatur im Zeitalter der Globalisierung, Würzburg 2000c, S. 39-47

Scholz, Christian: Virtualisierung als Strategie, in: *Martin K. Welge/Andreas Al-Laham/Peter Kajüter* (Hrsg.): Praxis des Strategischen Managements. Konzepte – Erfahrungen – Perspektiven, Wiesbaden 2000d, S. 407-424

Scholz, Christian: Spieler ohne Stammplatzgarantie. Darwiportunismus in der neuen Arbeitswelt, Weinheim 2003

Scholz, Christian/Stein, Volker: The Global Performance Project: Empirical Findings from a European Research Group, Diskussionsbeitrag Nr. 48 des Lehrstuhls für Betriebswirtschaftslehre, insb. Organisation, Personal- und Informationsmanagement, Universität des Saarlandes, Saarbrücken 1997

Scholz, Christian/Stein, Volker: ‚Competitive Acceptance' in Cross-Cultural Interaction, in: *Christian Scholz/ Joachim Zentes* (Hrsg.): Strategic Management. A European Approach, Wiesbaden 2002, S. 283-304

Sennett, Richard: Der flexible Mensch. Die Kultur des neuen Kapitalismus, Berlin 1998

Steger, Ulrich (Hrsg.): Wirkmuster der Globalisierung. Nichts geht mehr, aber alles geht. Bericht des Ladenburger Kollegs ‚Globalisierung verstehen und gestalten', Gottlieb Daimler- und Karl Benz-Stiftung, Ladenburg 1998

Steger, Ulrich (Hrsg.): Facetten der Globalisierung. Ökonomische, soziale und politische Aspekte, Berlin u. a. 1999

Ting-Toomey, Stella: Communicating Across Cultures, New York 1999

Integration in Europa.

Soziale, ökonomische und kulturelle Aspekte

Caroline Y. Robertson-von Trotha

Einleitung

„Europa hat nie existiert, man muss Europa wirklich erst erschaffen." [1] Das Europa, wie es heute existiert, hat einen langen Weg des Aufbaus und der Etablierung hinter sich; die politische Institutionalisierungsphase nach dem Zweiten Weltkrieg, auf die Jean Monnet sich in diesem bekannten Zitat bezieht, stellt dabei nur einen Abschnitt, wenngleich für die heutige europäische Bevölkerung den wichtigsten Abschnitt, dar. Aber auch auf lange Sicht kann der Wandlungsprozess Europas nicht als abgeschlossen angesehen werden. Diese Tatsache trifft auf die verschiedenen politischen, geografischen und ökonomischen Phänomene, die wir unter ‚Europa' verstehen, schon immer zu: sei es die Semantik des Begriffs ‚Europa', sei es die Staatengemeinschaft der Europäischen Union oder sei es die kulturhistorisch und kulturpsychologisch geführte Diskussion um die ‚gefühlten' Grenzen Europas nach Osten hin. Jedes dieser vielen ‚Europas' zeichnet sich seit jeher besonders durch die Dynamik und Flexibilität seiner Form und seiner Inhalte aus. Was sich jedoch seit der Öffnung des Eisernen Vorhangs bis heute als ein großer zusammenhängender Transformationsprozess gestaltete, ist die Veränderung des politischen Europas und, mit ihr korrespondierend und der politischen Veränderung teilweise weit vorausgreifend, ein historisch und sozial gedachtes Europa.

1. Regionalisierung, Europäisierung und Globalisierung

In Europa findet eine allmähliche Umorientierung statt, die von der Singularität eines nationalen Blickwinkels weg und hin zu einem Bewusstsein der gemeinsamen europäischen Situation und Identität führt. An ihr lässt sich schließlich die Aneignung neuer territorial orientierter Identitäten verdeutlichen. Hier scheint allerdings zunächst die Alltagspolitik, die zunehmende Institutionalisierung der Politik auf europäischer Ebene, der Zwang zu einer kooperativen Politik sowie deren Berichterstattung in den Medien eine ausgeprägtere Rolle zu spielen als die Rückbesinnung auf ein gemeinsames kulturelles Erbe. Sowohl die Entstehung transnationaler Strukturen, die eine innereuropäische Koordination benötigen als auch ganz besonders die Einführung der gemeinsamen Währung beschleunigen diesen Prozess. [2] Ein Bewusstsein für gemeinsame Probleme, die nur gemeinsam gelöst werden können, ist von großer Wirksamkeit

---

1 *Jean Monnet* zitiert nach: *Jeremy Rifkin*: Der Europäische Traum. Die Vision einer leisen Supermacht, Frankfurt am Main/New York 2004, S. 219.

2 *Schwencke, Olaf*: Der Euro als Kulturfaktor, in: *Caroline Y. Robertson/ Olaf Schwencke* (Hrsg.): 50 Jahre Bundesrepublik Deutschland. Aus Sicht der Wissenschaftsdisziplinen, Problemkreise der Angewandten Kulturwissenschaft, H. 2, Jg. 4, 1999, S. 187-203.

in der Praxis. Übersehen werden darf allerdings nicht, dass die Idee ‚Europa', so diffus sie sich auch darstellen mag, in ähnlicher Weise propagiert wird, wie einst die Idee des Nationalstaates. Es entsteht so auch auf der Ebene eines zunehmend bedeutender werdenden europäischen Bezugsrahmens eine differenzierte Hierarchie territorial gebundener Identitäten von der lokalen bis zur kosmopolitischen überstaatlichen Ebene. Dies als eine Gefahr wahrzunehmen bzw. eine homogene Identität überstark zu propagieren wird von Robert Picht pointiert mit der Frage „the search for identity: a European disease?" [3] begegnet. Eine Überlegung, die gerade im Vergleich mit typischen multikulturellen Staaten wie den USA oder Kanada – bei allen Problemen, die sich aus dieser Art der Multikulturalität ergeben – in die Diskussionen zur europäischen Identität mit einbezogen werden sollte. Der politische Alltag Europas hat sich in kürzester Zeit durch den Annäherungsprozess der osteuropäischen Staaten grundlegend verändert. Dieselbe historische Konstellation und politische Umbruchphase, infolge der deutschen Wiedervereinigung, führte in Osteuropa zur Auflösung der als aufoktroyiert empfundenen Staatengebilde. Deren Bestandteile machten den Schritt in die Eigenstaatlichkeit und reetablierten – bekanntlich oft konfliktreich – regionale und ethnische Gruppenverbände. [4] An die Zweiteilung Europas hatte sich die jüngere Generation gewöhnt. [5] Sie war trotz aller Verurteilung oder Ablehnung ‚normal' geworden und führte oft dazu, in vereinfachenden dichotomen Kategorien zu denken. Ein europäisches Bewusstsein, sofern es im identitätsstiftenden Sinne relevant war, reichte höchstens bis zur Grenze des ‚Eisernen Vorhangs'. So weist Eising darauf hin, dass lange Zeit die wissenschaftlichen Beschäftigungen mit dem Thema Europäisierung und europäische Integration sich im Grunde auf das wirtschaftspolitisch geeinte Westeuropa bezogen:

> „Die meisten Beiträge bescheiden sich aber damit, kürzere Zeiträume und einen kleineren geografischen Raum zu betrachten und analysieren ihre Untersuchungseinheiten mit einem weniger abstrakten theoretischen Instrumentarium. Kurzum: Sie reduzieren das Konzept der Europäisierung auf die Europäische Union." [6]

Ferdinand Seibt hingegen weist besonders darauf hin, dass nicht nur räumlich, sondern auch zeitlich eine gravierende Reduzierung des europäischen Konzepts feststellbar ist, die auch die verschiedenen, zum Teil historischen, zum Teil mythologischen europäischen Phasen aus dem Blick geraten lässt:

> „Europa ist nicht die Erfindung moderner Politiker. Es entstand auch nicht 1952 mit den Römischen Verträgen. Europa besteht als politische Größe seit mehr als tausend Jahren. Es unterscheidet sich allerdings von jenem alten, vom klassischen Europa in der antiken Welt vor zwei-, vor dreitausend Jahren, das man gern als seine Grundlage bezeichnet, benannt nach der Jungfrau, die der Stier von Asien nach Kreta entführte." [7]

---

3 *Picht, Robert*: Disturbed Identities: Social and Cultural Mutations in Contemporary Europe, S. 177, in: *Caroline Y. Robertson-Wensauer* (Hrsg.): Aspekte einer Angewandten Kulturwissenschaft. Baden-Baden 2000, S. 177-190.

4 *Robertson-Wensauer, Caroline Y.* (Hrsg.): Slowakei: Gesellschaft im Aufbruch. Nation – Kultur – Wirtschaft, Baden-Baden 1999.

5 Nachfolgende Überlegungen basieren u. a. auf einem unveröffentlichten Vortrag im Rahmen der Veranstaltung ‚Weltmacht Europa – ohne Verantwortung?' der AEGEE-Karlsruhe e.V. am 17. 12. 1990.

6 *Eising, Rainer*: Europäisierung und Integration. Konzepte in der EU-Forschung, S. 393, in: *Markus Jachtenfuchs/Beate Kohler-Koch* (Hrsg.): Europäische Integration, Opladen 2003, S. 387-416.

Mit den Ereignissen vom Herbst 1989, vor allem durch die von Gorbatschow initiierten Bewegungen Glasnost und Perestroika, hat sich Europa als Konzept radikal geändert. Die Vielfalt Europas zeigt sich zudem nicht nur in den Dimensionen der kulturellen Unterschiede. Europa ist auch strukturell als mehrdimensionaler Sozialraum zu betrachten, der aus unterschiedlichen Perspektiven analysiert werden kann – ökonomisch definiert beispielsweise als Armut versus Wohlstand, sozial definiert als traditionell orientiertes Familienverständnis versus neue Formen der Partnerschaft und Lebensgemeinschaft und politisch definiert als zentralistisch versus föderal. Anhand dieser und weiterer Kategorien wird ein Europabild sichtbar, das ansonsten oft in Vergessenheit gerät.

2. Die europäische Konstitution heute

Wie diese kurzen Anmerkungen bereits andeuten, wirft schon der Versuch einer Definition und einer annähernd angemessenen Situationsbeschreibung Europas derzeit mehr Fragen auf als zunächst geklärt werden können. Zu klären ist, welche Kategorien maßgeblich für die Zugehörigkeit zu Europa sind: Geschichte, Sprache, Religion, gemeinsame geopolitische Interessen? Bei aller Differenz der europäischen Staaten wird auf die prägende Kraft des christlichen Menschenbildes, die griechische Philosophie, das römische Recht, die Werte des Humanismus und der Aufklärung und die Ideale der Französischen Revolution hingewiesen.

Es ist allerdings nicht ohne weiteres möglich davon auszugehen, dass in allen Ländern an dieses durch die Diktaturen des letzten Jahrhunderts verschüttete Kulturerbe angeknüpft werden kann. Denn nach wie vor, und besonders in den neuen Mitgliedstaaten, die sich erst vor – historisch gesehen – kurzer Zeit aus dem sowjetischen Staatenbund gelöst haben, gilt, was Peter Flora über die Charakteristik des ‚alten' Europa formulierte: Das moderne Europa entstand „in Form eines Systems, das seine kulturelle Heterogenität in der Konkurrenz von Nationalstaaten organisierte.“ [8]

Schon die Frage nach einem europäischen Kulturerbe macht auch auf die enormen Veränderungen und Unterschiede innerhalb des Kontinents aufmerksam. In unserer Zeit der Globalisierung ist es noch einmal schwieriger, Prognosen über die identitätsstiftende Wirkung des Kulturerbes zu wagen. Dies gilt schon für die westeuropäischen Staaten, wo wir enorme Differenzen des Selbstverständnisses beobachten können. In den Gesellschaften mit historischen Kolonialerfahrungen wie Frankreich, den Niederlanden und Großbritannien besteht beispielsweise eine andere Art des Umgangs mit den Fremden, d. h. mit dem Personenkreis, dem das europäische Kulturerbe nicht vertraut ist. [9] Multiethnische Städte sind zur Norm geworden und die in den letzten Jahrzehnten erwachsene kulturelle Vielfalt wird nicht nur toleriert. Sie hat selbst zu weitreichenden Veränderungen in den Kulturen dieser Staaten geführt. Entstanden sind so genannte

7 *Seibt, Ferdinand*: Die Begründung Europas. Ein Zwischenbericht über die letzten tausend Jahre, Bonn 2005, S. 17.

8 *Flora, Peter*: Externe Grenzbildung und interne Strukturierung – Europa und seine Nationen. Eine Rokkan'sche Forschungsperspektive, S. 158, in: Berliner Journal für Soziologie 2 (2000), S. 151-166.

hybride und kreolisierte Kulturen, die selbstverständlich nicht nur große Chancen, sondern auch eine Vielzahl von nicht zu übersehenden Problemen mit sich bringen. Erfahrungen durch die Wiedervereinigung Deutschlands mögen als erster Hinweis auf die weitere Wirkung bereits aufgehobener Grenzen zwischen Ost und West dienen.

In Anbetracht der gegenwärtig zu beobachtenden Phase der raschen politischen Ereignisabfolge innerhalb Europas ist die Frage nach der Verantwortung der politischen Akteure, aber auch der Beitrag der europäischen Bevölkerung zu zentralen weltpolitischen Entwicklungen von steigender Bedeutung. Wie wir jedoch von Modernisierungstheorien oder von Theorien sozialen und politischen Wandels in der Politikwissenschaft und in der Soziologie wissen, sind derartige Prozesse, insbesondere dann, wenn sie schnell vonstatten gehen, häufig von gesellschaftlicher Instabilität und Orientierungslosigkeit begleitet. Ob solche Begleiterscheinungen bei der jetzigen Entwicklung Europas in größerem Maße auftreten oder ob und wie sie im Rahmen einer freiheitlich-demokratischen Ordnung bewältigt werden können, bleibt zunächst eine offene Frage; eine Frage, die jedoch ohne Berücksichtigung der kulturellen Vielfalt *innerhalb* der europäischen *Städte* immer weniger adäquat beantwortet werden kann: Integrationsangebote und deren teilhabende Annahme oder Ablehnung werden Europa künftig prägen. Explizit aufmerksam zu machen ist auch auf die ärmlichen, zum Teil inakzeptablen Lebensbedingungen in einigen Teilen Osteuropas, von denen einige Länder Anwärterstatus haben.

Durch die Aufnahme von osteuropäischen Ländern 2004 hat sich hier eine neue Grenze konstituiert, die zwischen ‚europäischen' Staaten und ‚nicht-europäischen' Staaten in Osteuropa stark differenziert, obwohl Länder wie Rumänien oder Bulgarien kulturell zweifelsohne zu Europa gehören. Diese Entwicklung wird in den jeweiligen Ländern von der abnehmenden Legitimität der geltenden Gesellschaftsordnung begleitet, und zwar nicht nur auf der Ebene des politischen Systems, sondern teilweise auch hinsichtlich der rechtlichen Grundlagen in diesen Ländern. Dies sind ernstzunehmende Erscheinungen, die bei einer Betrachtung des Themas, welche Rolle die EU in der Weltpolitik zu übernehmen hat, bedacht werden müssen.

Die folgenden beiden Grafiken verdeutlichen das Wohlstandsgefälle innerhalb der Länder der europäischen Union kurz vor der Aufnahme der zehn neuen Mitgliedstaaten am 1. Mai 2004. Der in Abbildung 1 bei EU-15 eingetragene Wert (23.400) bezeichnet den Durchschnitt des Bruttoinlandsprodukts in KKS (Kauf-Kraft-Standard) in den ‚alten' Ländern der europäischen Union. Die folgenden Säulen zeigen, welche Staaten wirtschaftlich über und welche unter diesem Durchschnitt liegen. In Abbildung 2 wird dieser Durchschnitt (23.400) als 100 % Wert eingesetzt, an dem das BIP der Beitrittskandidaten und neuen EU-Mitgliedsstaaten gemessen wird. Hier ist z. B. zu sehen, dass Zypern dem EU-Durchschnitt am nächsten kommt, also ein ähnlich hohes BIP aufweist wie die EU-Mitgliedsländer Griechenland oder Portugal. Wohingegen sowohl Bulga-

9 Die Tradition des Umgangs mit dem Fremden geht in diesen Ländern allerdings von ganz unterschiedlichen Paradigmen aus. Vgl. dazu *Caroline Y. Robertson-von Trotha*: ‚Integration in der Stadtgesellschaft.' Antrittsvorlesung an der Universität Karlsruhe (TH) am 13. 7. 2005 (http://www.zak.uni-karlsruhe.de/seite_900.html).

rien und Rumänien, aber auch die Türkei, also Staaten, deren Beitritt für 2007 vorgesehen bzw. noch nicht terminiert ist, sich deutlich von den neu beigetretenen Staaten, wie vor allem auch Malta, Slowenien und Zypern, vom Kauf-Kraft-Standard unterscheiden.

Abbildung 1: BIP in KKS pro Einwohner 2001

Quelle: Eurostat http://www.europa.eu.int./abc/keyfigures/living/wealthy/index_de.htm

Abbildung 2: BIP in KKS pro Kopf, 2001, in des Durchschnitts für EU-15

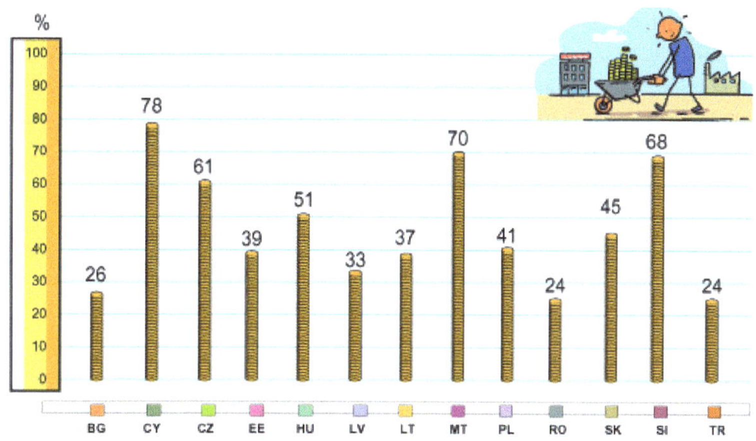

Quelle: Eurostat http://www.europa.eu.int./abc/keyfigures/candidates_member/economicprogress/index_de.htm [10]

10 B=Belgien, DK=Dänemark, D=Deutschland, EL=Griechenland, E=Spanien, F=Frankreich, IRL=Irland, I=Italien, L=Luxemburg, NL=Niederlande, A=Österreich, P=Portugal, FIN=Finnland, S=Schweden, UK=Großbritannien, BG=Bulgarien, CY=Zypern, CZ=Tschechien, EE=Estland, HU=Ungarn, LV=Lettland, LT=Litauen, MT=Malta, PL=Polen, RO=Rumänien, SK=Slowakei, SL=Slowenien, TR=Türkei.

Natürlich kann dieses ökonomische Kriterium nicht das grundlegende Merkmal von EU-Ländern sein, da die Europäische Union vor allem politische Grundlagen und Ziele hat. So kann allgemein nach Artikel 49 des EU-Vertrags jeder europäische Staat, der Freiheit, Demokratie, Menschenrechte und Rechtsstaatlichkeit achtet, die Mitgliedschaft in der Union beantragen. Diese ökonomischen Differenzen sind es jedoch, die soziale und politische Zusammengehörigkeit erschweren und die besonders in den wohlhabenderen Kernländern der EU eine Abwehrhaltung der ökonomischen Bedenken und Befürchtungen bewirkt.

3. Soziale Integration in Europa

Es kann sicherlich die These vertreten werden, dass die soziale Integration Europas zur Weltstabilität beiträgt und als Mittel gegen eine erneute Herausbildung reaktionärer Nationalismen wirken kann. Für eine Einschätzung der ökonomischen Unterschiede sind, wie Jürgen Nowak in seiner Analyse herausfand, vor allem zwei Indikatoren von besonderer Bedeutung: [11] zum einen die Wirtschaftsleistung eines Landes gemessen am Bruttoinlandsprodukt je Einwohner und zum anderen das individuelle Wohlstandsgefälle, gemessen als durchschnittliches Nettojahreseinkommen einer Arbeiterfamilie mit zwei Kindern. Beim gesellschaftlichen Wohlstandsgefälle ist, wenn der Durchschnitt der Europäischen Union mit 100 % bemessen wird, Dänemark mit 115 % fünfmal so leistungsstark wie Bulgarien (23 %), und Irland mit 96 % ist doppelt so reich wie Ungarn (47 %). [12] Nowak macht zugleich darauf aufmerksam, dass nicht davon ausgegangen werden kann, es gebe ein klares Wohlstandsgefälle zwischen den EU- und den Nicht-EU-Ländern. Der Unterschied zwischen dem EU-Schlusslicht Griechenland (69 %) und dem EU-Beitritts-Spitzenreiter Slowenien (68 %) beträgt nur 1 %. Statistische Daten sind aber bekanntlich trügerisch. Wenn wir nämlich die Regionen Europas unter einen periskopischen Blick nehmen, fallen ganz andere Relationen auf. Bezogen auf Daten – allerdings aus dem Jahre 1995 – war beispielsweise Hamburg mit 196 % die reichste Region aller EU-Länder, während Thüringen mit nur 38 % die ärmste Region der EU darstellte.

Die Angleichung des Lebensstandards und die strukturelle Absicherung einer europäischen Lebensqualität muss daher als wichtiger Bestandteil einer zukunftsorientierten Europapolitik angesehen werden, die an den Grenzen einer erweiterten Europäischen Union nicht halt machen darf. Die soziale Integration in Form einer Angleichung wichtiger Gesellschaftsstrukturen *bedingt* jedoch kein europäisches Bewusstsein. Sie kann lediglich als günstige Randbedingung angesehen werden, welche die Chancen oder die Wahrscheinlichkeit der Herausbildung einer supranationalen Identität auf der europäischen Ebene erhöht. Eine Realpolitik, die immer mehr durch das Bewusstsein übernationaler Problemlagen und die imperative Notwendigkeit von Problemlösungen

11 *Nowak, Jürgen*: Netzwerk Europa: Einheit in der Vielfalt; historische, gesellschaftliche und sprachliche Zusammenhänge sowie Lexikon der Vielfalt Europas, Berlin 2001, S. 52 f.

12 Nowak bezieht sich auf die Daten des Globuskartendienstes vom 21. 9. 1998 und vom 13. 3. 2000.

gekennzeichnet ist, trägt ebenso hierzu bei, wie auch eine hierdurch erzeugte übernationale Öffentlichkeit.

Die soziale Integration Europas sollte jedoch nicht um jeden Preis erkauft werden, beispielsweise durch *zu* weitgehende Prozesse der Harmonisierung und der Assimilierung, auch wenn sie zu einer Erleichterung im Bereich der Integrationspolitik beitragen könnten. Vielmehr gilt es zu lernen mit der Komplexität und der Vielfalt moderner Gesellschaften zu leben. Die Prognosen für ein europäisches Bewusstsein lassen sich auch an den Einstellungen zur Erweiterung Europas ablesen. Folgende Zahlen stammen aus einer repräsentativen Meinungsumfrage unter den EU-Bürgern vor Aufnahme der zehn neuen Länder, die vor einiger Zeit die EU-Kommission vorgelegt hat: [13] Rund zwei Drittel der EU-Bürger sind prinzipiell für eine EU-Erweiterung, 18 % sind eher dagegen. Unter den deutschen Befragten waren 68 % dafür und 24 % dagegen. Es besteht allerdings eine nicht unerhebliche Angst hinsichtlich einer verschärften Konkurrenz auf dem Arbeitsmarkt. Danach erwarten 64 % der EU-Bürger und 69 % der Deutschen, dass sich viele Arbeitssuchende aus den Beitrittsländern in Deutschland und den anderen EU-Ländern niederlassen werden. Hinzu kommen Sorgen, dass der Steuerzahler stärker zur Kasse gebeten wird und dass die politische Führungsfähigkeit der europäischen Länder abnehmen wird.

Nicht weniger als 51 % der befragten Deutschen fürchten, dass eine erweiterte EU ihren Wohlstand mindern könnte. Im EU-Durchschnitt waren es 39 % – das Veto zur Europäischen Verfassung, zuerst in Frankreich, dann in den Niederlanden hat die Statistiken zur allgemeinen Einschätzung Europas und zu persönlichen Befürchtungen eindrucksvoll, wenn auch auf je nationaler Ebene mit je eigenen Hintergründen, bestätigt. Die Umfragen zeigen ein bekanntes Muster, denn sie spiegeln die Ängste und Fragestellungen wider, die auch bei vorhergehenden EU-Erweiterungen, besonders 1986 bei Spanien und Portugal, vorherrschend waren. Aber auch in den neuen Mitgliedsstaaten hat die Begeisterung über den Kandidatenstatus über die Zeit hinweg bis zur Aufnahme nachgelassen; was auch an den teilweise zähen und langwierigen Beitrittsverhandlungen liegt, bei denen die Länder manchmal die Rolle von Bittstellern einnehmen mussten. Manuela Glaab, die Leiterin der Forschungsgruppe Deutschland am Centrum für angewandte Politikforschung der Universität München, diagnostiziert in diesem Zusammenhang eine Ernüchterung, die der ‚Europaphorie' gewichen sei. Abzulesen sei dies vor allem an der niedrigen Wahlbeteiligung der neuen EU-Staaten bei der Europawahl. Im Schnitt seien nur rund 26 % Wahlbeteiligung feststellbar, in der Slowakei sogar nur 17 %. [14]

Im Gegensatz dazu steht eine Umfrage der deutschen Industrie und Handelskammer (DIHK), zu der anlässlich des EU-Gipfels von Kopenhagen 2002 deutsche Wirtschaftsunternehmen befragt wurden. Hier ist ein ganz anderes Stimmungsbild auszumachen, als innerhalb der Bevölkerung (sowohl innerhalb der EU-15-Länder als auch der Beitrittsländer). Die Befürchtung des zunehmenden Wettbewerbdrucks ist zwar vorhan-

13 Frankfurter Allgemeine Zeitung, 24. 10. 2002.

14 Interview mit *Manuela Glaab* ‚Europaphorie ist Ernüchterung gewichen' in: europa-digital.de/aktuell/dossier/erweiterung04/glaab.shtml (15. 11. 2005).

den, sie tritt jedoch durch die hohen positiven Erwartungen deutlich in den Hintergrund. So wollten deutsche Unternehmen sich in den neuen Mitgliedsstaaten neue Kundenkreise erschließen und bestehende Kontakte durch die besseren rechtlichen Rahmenbedingungen ausweiten sowie festigen. Darüber hinaus werden diese Kontakte zum Großteil als „überlebensnotwendig" für die deutsche Wirtschaft eingeschätzt. [15]

An diesem Punkt setzt das größte Vorhaben an, das für ein stabiles Europa unabdingbar scheint: die Ausbildung und Unterstützung einer gemeinsamen europäischen Identität. Diese muss sich sowohl auf geistig-ideelle Werte stützen wie auch auf materielle Werte und Teilhabe an der allgemeinen Prosperität, die trotz aller wirtschaftlichen Schwierigkeiten vorhanden ist. Verständlicherweise ist gerade die notwendige kollektive und meta-nationale Identität schwierig zu erreichen, da sie oft in Kollision mit nationalen Identitäten gerät. So warnt Gehler vor einer Verkennung des Schwierigkeitsgrades:

> „Die Realisierungschancen zur Bildung einer europäischen Identität sind als gering bis zweifelhaft einzustufen, solange die kollektiven nationalen Identitäten im historischen Gedächtnis der Europäer dominieren. Die Gegensätze in Europa sind weit größer als gemeinhin angenommen oder zugegeben wird." [16]

4. Probleme und Ziele der Transition

Innerhalb dieser Teilbetrachtung können einige vorrangige Ziele einer zukünftigen Europapolitik benannt werden. Dabei ist grundsätzlich davon auszugehen, dass die hauptsächliche außenpolitische Verantwortung Europas in der gegebenen historischen Situation zunächst in einer auf Gesamteuropa bezogenen ‚Innenpolitik' liegt. Eine der dringenden Verantwortungen Europas besteht darin, Bedingungen zu schaffen, die eine friedliche Transition der einzelnen Gesellschaften auf freiwilliger Basis weiterhin sichern. Gefragt werden muss, welche Maßnahmen hierzu zählen und auf welche Weise sie bereitgestellt werden können. Die Institutionalisierung des rechtlichen Rahmens ist hierbei eine notwendige, aber keine hinreichende Bedingung. Im Hinblick auf den inneren Frieden der neuen Mitgliedsländer muss in den ökonomisch schwächeren Ländern die Sicherstellung der Versorgung mit materiellen Gütern als Notwendigkeit einer stabilisierenden Transitionspolitik angesehen werden. Dies hat beispielsweise die schwierige post-kommunistische Transitions- und Demokratisierungsphase der Slowakei gezeigt, aus der sich möglicherweise auch das erwähnte Wahlverhalten erklären lässt. [17] Durch die Bereitstellung von wissenschaftlichen Erkenntnissen im weitesten Sinne, politisch-administrativer Erfahrung und technologischem Know-how können wichtige Beiträge geleistet werden. Die Erfahrungen Deutschlands mit der Wiedervereinigung können hier nützlich sein, einschließlich der Erkenntnis, begangene Fehler

15 Vgl. http://www.arge28.at/docs/pdf/d_dihkumfrage_2002_deutsch.pdf (15. 11. 2005).

16 *Gehler, Michael:* Europa. Ideen, Institutionen, Vereinigung, München 2005, S. 334.

17 Vgl. zu diesem Thema besonders *Caroline Y. Robertson-Wensauer* (Hrsg.): Slowakei: Gesellschaft im Aufbruch. Nation – Kultur – Wirtschaft. Baden-Baden 1999.

nicht zu wiederholen. Die ökonomische Entwicklung muss als eine der notwendigen Voraussetzungen für die weitere Integration in Europa verstanden werden.

Eine weitere drängende Aufgabe Europas besteht darin, den Integrationsprozess weiter voranzutreiben. Unabhängig davon, wie schnell oder in welchem Umfang die Europäische Gemeinschaft erweitert werden soll oder erweitert wird, obliegt dem europäischen Kontinent, von dem zwei Weltkriege ausgegangen sind, eine besondere Verantwortung hinsichtlich der Sicherstellung des Weltfriedens. Die gegenwärtige Bedrohung durch den internationalen Terrorismus wird keine kurzzeitige Erscheinung sein. Es ist keineswegs auszuschließen, dass europäische Angriffziele vermehrt ins Visier genommen werden. Die destabilisierende Wirkung terroristischer Anschläge auf der Ebene der internationalen Gemeinschaft ist stets latent. Wie der Tschetschenien-Konflikt veranschaulichen kann, wird nicht immer Konsens hinsichtlich der Einschätzung regionaler Konflikte zu erzielen sein. Daher liegt die besondere Verantwortung Europas einerseits in der Weiterentwicklung der Nato, andererseits in der weiteren Institutionalisierung der KSZE. Ein Einsatz der erweiterten EU für eine grundsätzliche Konfliktregelung durch die UNO könnte ein weiterer Beitrag sowohl zur Friedenssicherung weltweit als auch zur Integration Europas sein.

Zu den speziellen Randbedingungen einer europäischen Integration gehört neben der bereits genannten Konsolidierung des Annäherungsprozesses zwischen Ost und West ganz besonders eine Annäherung der sozialen Strukturen in den westeuropäischen Gesellschaften – eine Entwicklung, die sich allmählich auch in den osteuropäischen Staaten abzeichnet. Eine Übereinstimmung der gemeinsam vertretenen universalen Werthaltungen ist ebenfalls unverzichtbar und sollte kontinuierlich wachsen. Die Angleichung zentraler Lebensbereiche, wie beispielsweise des Rechtswesens oder des Bildungswesens, trägt sicherlich dazu bei, die Integrationspolitik zu erleichtern.

In einem Bereich jedoch, nämlich dem der kulturellen Vielfalt, wären die Kosten einer allzu großen Annäherung zu hoch. Hierbei muss unterschieden werden zwischen makro- und mikrogesellschaftlichen Vorgängen der Kulturdifferenz. Die Vielfalt der kulturellen Verschiedenheit ist eine hervorstechende und zugleich die kostbarste Eigenschaft der europäischen Entwicklung. Europa ist ein multiethnisches, multikulturelles Gebilde. Abgeleitet von dem historischen kulturellen Erbe bleibt die Vielfalt, und nicht die Uniformität, ein schützenswertes Grundmuster europäischen Selbstverständnisses. Gleichwohl bleibt das eigentliche Problem erhalten: nämlich im Rahmen der Tradition europäischer Vielfalt eine Zugehörigkeit der Kulturen in den sich rasch wandelnden europäischen Städten. Zum einen geht es um den Reichtum an Bräuchen, Traditionen, Kulturgütern und deren Tradierung und Umformung im Rahmen gegenwärtiger Alltagskulturen, die vielerlei ‚nicht-europäische' Facetten aufnehmen und sich zu Eigen machen. Hierbei sind diese als kollektive Güter anzusehen, die sich im Prinzip jeder aneignen kann. Zum anderen geht es um die Tradierung von Gruppenorientierungen, Identitäten und Verhaltensmustern in relativ abgeschotteten ethnischen Kolonien, die nicht allgemein zugänglich sind. Unabhängig von der Entstehungsgeschichte herrschen in diesem Kontext besondere Referenzbedingungen hinsichtlich der Erhaltung und Tradierung des kulturellen Erbes einer ethnischen Kolonie vor, die im historischen, aber auch im gegenwärtigen Kontext beobachtet werden können. In der Situation der Abgeschirmtheit findet der Vergleich mit einer Umgebung, die häufig als gefährlich für den Erhalt der Eigenkultur empfunden wird, kaum oder nur mit der vorgefassten Haltung der Abwehr von Kontakten und Einflüssen statt. Ebenfalls lässt sich beobachten, dass Veränderungen in der Herkunftsgesellschaft nicht wahrgenommen werden oder aber, dass sie nicht in der gleichen Weise zu Prozessen des Wandels innerhalb der ethnischen Kolonie führen. Um den innerethnischen Bezugsrahmen der Gruppe zu stärken und Außengrenzen zu erhalten, werden die überlieferten Sitten und Gebräuche besonders gewürdigt und führen oft dazu, dass gerade in der Fremde die ‚authentischeren' Formen einer überlieferten Kultur zelebriert werden. Hierbei ist auf die bewusste Herstellung von Strukturen und Institutionen hinzuweisen, die die Aufgabe haben, ein Kulturerbe zu schützen bzw. aufrecht zu erhalten.[18] Dies muss aber nicht zwangsläufig die Abschottung einer ethnischen Kolonie bedeuten. Dies weist auch Kurt Salentin nach, der den Rückzug von Migranten untersuchte,

> „präziser, ob die Einbettung von Migranten in soziale Strukturen einer Migrantengesellschaft ihre Teilnahme an der Mehrheitsgesellschaft beschneidet."[19]

Salentin kommt in seiner empirischen Studie zu dem äußerst interessanten Ergebnis eines proportionalen Zusammenhangs, nämlich dass sich bei einer hohen Integration in die Migrantengesellschaft meist auch eine Verbundenheit mit der Mehrheitsgesellschaft feststellen lässt. Viele intraethnische Kontakte weisen auf kontaktreiche Personen hin, die auch viele interethnische Kontakte pflegen. Geringe interethnische Kontakte gehen oft mit einer zurückgezogenen Lebensführung oder auch mit mangelnder Sozialintegration in der Eigengruppe einher. Die Ergebnisse der Befragung von Personen mit den Herkunftsländern Türkei, Italien, Vietnam oder Sri Lanka zu Medienkonsum, informellen Kontakten wie beispielsweise Mitgliedschaft im Sportverein, Freundeskreisen, sowie nach Sprachkenntnissen wurden auf Korrelationen untersucht. Hierbei konnten keine eindeutigen Belege dafür gefunden werden, dass ein verstärkter Rückzug in ethnische Kolonien stattfinden würde:

> „Mit den vorliegenden Befunden läßt sich zwar nicht ausschließen, daß es in der Bundesrepublik ‚ethnische Kolonien' gibt. [..] Indessen spricht alles dafür, daß solche Relationen – in Deutschland jedenfalls – lediglich die Ausnahme von einer Regel bilden, derzufolge die intraethnische Betätigung von Migranten Teil eines Kontinuums der sozialen Teilhabe ausdrückt, die interethnische Integration einschließt."[20]

Im Anschluss an dieses Ergebnis könnte weiter gefolgert werden, dass die Bildung von ‚Wir-Gruppen', welcher Art auch immer, oder die Erhaltung von Abgrenzungsme-

18 In diesem Zusammenhang können auch die ‚Exil'-Schotten genannt werden, die in der ganzen Welt nationale Feiertage wie ‚Burns' night' zu ehren des Dichters Robert Burns (1759-1796) feiern – im Ausland oft aufwändiger als in Schottland. Siehe auch das Beispiel der ‚Wallace'-Denkmal-Initiativen; dies sind weltweite patriotische Vereinigungen, die im 19. Jahrhundert Denkmäler zu Ehren des bereits im 14. Jahrhundert verstorbenen William Wallace errichteten, der die Schotten in die letzte erfolgreiche Schlacht gegen die Engländer geführt hatte. Vgl. *Caroline Y. Robertson-Wensauer*: Ethnische Identität und politische Mobilisation. Das Beispiel Schottland, Baden-Baden 1991.

19 *Salentin, Kurt*: Ziehen sich Migranten in ‚ethnische Kolonien' zurück?, S. 113, in: *Klaus J. Bade/Michael Bommes/Rainer Münz* (Hrsg.): Migrationsreport 2004. Fakten – Analysen – Perspektiven, Frankfurt am Main/New York 2004, S. 97-116.

20 *Salentin*, 2004, S. 114.

chanismen, und dies gilt ganz allgemein, nicht nur unvermeidbar ist, sie ist sogar als identitätsstiftende Orientierungshilfe notwendig. Durch Grenzziehungen, nicht nur im geographischen, sondern im weitesten Sinne, wird unter anderem ein Mechanismus der Reduktion von Komplexität umgesetzt. Sie sind auch notwendig, um kulturelle Vielfalt zu bewahren. Es geht also vielmehr um die Art und Beschaffenheit der Grenzen, mit welchem Inhalt sie ausgestattet sind in Form von Urteilen und Vorurteilen den ‚anderen' gegenüber – nämlich denen jenseits der Grenze. Anders formuliert: Wie sehen die im Verlauf des Sozialisationsprozesses gelernten Deutungsmuster Dritten gegenüber aus, und wie werden sie durch mittelbare und unmittelbare Alltagserfahrung modifiziert? Auf der Makroebene lassen sich ähnliche Fragestellungen ausmachen: Wie auch Hartmut Kaelble bereits in ‚Auf dem Weg zu einer europäischen Gesellschaft' darlegt, muss gerade die Integration in Europa unter veränderten Randbedingungen erneut durchdacht werden.[21] Kaelble geht implizit vom theoretischen Ansatz der Entwicklungsperspektive aus und zeichnet auf eindrucksvolle Weise die Kontinuität einer sozialen Integration Europas auf. Er stellt auch fest, dass die Einstellung der Europäer zu anderen europäischen Ländern sich seit dem Zweiten Weltkrieg, vor allem im letzten Jahrzehnt, grundlegend gewandelt hat. Seine Schlussfolgerung, dass die Westeuropäer für die alten Feindbilder kaum mehr mobilisierbar sind, bedarf jedoch einer differenzierteren Betrachtung. Sie birgt in sich nämlich die Gefahr, wie bei so vielen entwicklungstheoretischen Ansätzen, dass so genannte bereits überwundene Stadien eines Gesellschaftsprozesses als unwiderruflich angesehen werden. Angesichts des immer noch vorfindbaren hochkomplexen, differenzierten und sich wandelnden Auftretens von Rassismus sollte man sehr vorsichtig mit einem Konzept von ‚alten Feindbildern' umgehen. Um der Wiederholung solcher Erscheinungen entgegenzuwirken, ist es notwendig, sowohl bereits bestehende regionale Identitäten zu unterstützen als auch die Herausbildung eines übernationalen europäischen Bewusstseins zu fördern.

Soweit europäische Erfahrungen mit interkulturellen Beziehungen und interkultureller Austausch vorliegen, stellt sich die Frage, ob sie sich auf die Ebene des weltpolitischen Umgangs übertragen lassen. Hierbei lassen sich nach Bernd Thum drei wesentliche Kriterien des geistigen Kulturerbes nennen:

- Es bildet stets ein ‚offenes System', ist also für wechselseitigen Austausch mit anderen Kulturen der Welt offen.
- Es ist durch innere und äußere Faktoren historisch veränderbar, ist also zugleich ein ‚dynamisches System'.
- Es ist vielschichtig, vielpolig und stets spannungsreich und wird daher von einem historisch höchst wirksamen Prinzip der ‚Gleichzeitigkeit des Ungleichzeitigen' beherrscht.[22]

---

21 *Kaelble, Hartmut*: Auf dem Weg zu einer europäischen Gesellschaft. Eine Sozialgeschichte Europas 1880-1980, München 1987.

22 Vgl. *Bernd Thum*: Kulturelle Identität und Entwicklung im Zeitalter der Globalisierung, S. 353-362, in: *Manfred Durzak/Nilüfer Kuruyazici* (Hrsg.): Interkulturelle Begegnungen. Festschrift für Sara Sayin. Würzburg 2004.

Ohne einen eurozentrischen Standpunkt vertreten zu müssen, vor dem eher zu warnen ist, [23] lässt sich feststellen, dass Europa stets eine zentrale weltpolitische Rolle gespielt hat; eine Rolle, die sicherlich nicht nur positiv zu sehen ist. Durch den ‚Export' seiner Wissenschaft, Technologien und Bildung wird der europäische Einfluss auch in Zukunft gewährleistet sein. Hierbei ist es allerdings fraglich, ob geeignete bildungspolitische Konzepte, die die besonderen Bedingungen der interkulturellen Verständigung berücksichtigen, bereits im ausreichenden Maße vorliegen und hinreichend Berücksichtigung finden. Schon innerhalb Europas lassen sich ganz erhebliche Unterschiede der Bildungskonzepte und deren Umgang mit Kulturdifferenz und Multikulturalität feststellen. Auch innerhalb des Kontinents werden Vor- und Nachteile der verschiedenen Konzepte kaum in der bildungspolitischen Debatte wahrgenommen. Eine weitere dringende verantwortungsvolle Aufgabe Europas besteht in einem politischen und wissenschaftlichen Beitrag zum Nord-Süd-Dialog. Es steht außer Frage, dass, auch wenn hier nicht detailliert darauf eingegangen werden kann, sowohl ein moralischer als auch ein pragmatischer Handlungsbedarf in diesem Bereich besteht. [24]

5. Entwicklungslinien: wie wird Europa zum Sozialraum?

Wenn wir uns fragen, wie der Sozialraum Europa zukünftig aussehen wird, so lassen sich schließlich drei Entwicklungslinien thesenartig festhalten:

1. Durch die Annäherung von West und Ost und die Entideologisierung im Osten einerseits und die fortschreitenden Auswirkungen der Globalisierung andererseits ist Europa nicht homogener, sondern komplexer geworden. Um eine entsprechend differenzierte Betrachtungsweise sowie ihre Umsetzung in eine adäquat differenzierende Politik werden wir uns zunehmend bemühen müssen. Ein Europa der Regionen auf der Basis des Subsidiaritätsprinzips bleibt ein zentrales Anliegen. Die strukturellen Grenzen kultureller und wirtschaftlicher Art lassen sich jedoch nur prozesshaft auflösen.

2. Verursacht durch den Zusammenbruch des Ostblocks und den Wegfall des ‚eisernen Vorhangs' hat sich einerseits eine undurchlässige Grenze aufgelöst. Gleichzeitig haben sich jedoch bereits lang bestehende Grenzen neu und mit einem veränderten Selbstverständnis und einer veränderten Wirksamkeit für Gesamteuropa konstituiert. Insbesondere spielen dabei zwei unterschiedliche Arten von Grenzziehung eine hervorzuhebende Rolle. Auf der einen Seite geht es um eine krasse Wohlstands- und Wirtschaftsgrenze zwischen Ost und West, insbesondere zwischen Polen und Deutschland, auf der anderen Seite handelt es sich um die neue Entdeckung von alten ethnischen und nationalen Grenzen, die bei der Ablehnung einer zentralistischen Staatsordnung von Bedeutung sind. Gerade dieses Problem spielte in den Jahren seit 1989 eine ganz besondere Rolle in Osteuropa. Mit dem

23 Zu einer wirksamen Interkultur gehört jedoch die selbstbewusste Bekennung zur Eigenkultur. Dies gilt selbstverständlich auch für das komplexe Gebilde einer europäischen Identität, die je nach (nationaler) Verortung andere Akzente aufweist.

24 Vgl. besonders die Beiträge von *Yves Lamour* und *Franz Nuscheler* in diesem Band.

Wegfall der Autorität des zentralistisch kommunistischen Regimes sind historisch tradierte Konfliktpotentiale auf ethnischer Basis manifest geworden. [25] In den letzten Jahren hat die Anzahl ethnischer Konflikte eindeutig zugenommen. [26] Dies gilt und wird verschärft einerseits durch die Entwicklung von Parallelgesellschaften, die zumindest latent die Entwicklung eines innerstädtischen Konfliktpotentials innerhalb Europas mit sich bringt. Andererseits kann am Beispiel der vielen separatistischen und regionalen Bewegungen, die – etwa in Spanien – zum Vorschein kommen, veranschaulicht werden, dass kulturethnische Identitäten auch im Westen (und nicht nur vor allem in Osteuropa) ein durchaus politisch relevantes Thema bleiben. [27] Die nähere Betrachtung der in den letzten Jahrzehnten auf Autonomie, Separatismus oder zumindest auf ein erhöhtes Maß an Selbstbestimmung ausgerichteten regionalen Bewegungen in Westeuropa, ergibt ein heterogenes und sehr ambivalentes Erscheinungsbild. Sie verdeutlicht die Gleichzeitigkeit einer zunehmenden Konsolidierung gesamteuropäischer Orientierungsmuster und die Bewahrung bzw. Reaktivierung regionaler Kulturgrenzen. Ebenso lässt sich feststellen, dass die unterschiedlichen Konstellationen von Randbedingungen, welche die Wahrscheinlichkeit einer politischen Mobilisierung auf der substaatlichen Ebene erhöhen, selbst sehr komplex sind. Schließlich variiert sowohl die Spannbreite der angestrebten Zielsetzungen als auch die Mittel, die zur Erringung bzw. Durchsetzung der artikulierten Forderungen eingesetzt werden, von Bewegung zu Bewegung ganz erheblich. Insofern kann konstatiert werden, dass Europa derzeit gekennzeichnet ist durch die gleichzeitige Tradierung und ‚Neuentdeckung‘ der identitätsstiftenden Wirkung des nationalen und subnationalen Territoriums und die intraregionale Heterogenisierung von Raum, insbesondere der Städte. Bei der Konsolidierung und im Erweiterungsprozess der EU ist es daher von besonderer Relevanz, eine europäische Öffentlichkeit mit ausgeprägtem europäischen Bewusstsein und europäischer Identität anzustreben. Prozesse der Institutionalisierung, wie bei der Diskussion um den EU-Konvent, sind auch aus diesem Blickwinkel von zentraler Bedeutung. Gezielte Integrationsangebote für Migrantinnen und Migranten nicht-europäischer Herkunft und die Verhinderung einer weiteren Zunahme der sozialen Schichtung auf dieser Basis werden für die Weiterentwicklung Europas unabdingbar sein. [28]

3. Die neue Situation innerhalb Europas verändert auch seine Rolle auf der weltpolitischen Bühne. Die Erwartungen der Staatengemeinschaft sowie die an die Staa-

25 In dem Band von *Andreas Klinke*: Ethnic Conflicts and Civil Society. Proposals for a new era in Eastern Europe, Aldershot 1997, werden eine Reihe von Fallstudien angeführt, wobei der Fokus und die Hauptfrage des Bandes die Möglichkeiten der Konstituierung adäquater institutionalisierter Mittel und Strategien der Konfliktbewältigung thematisiert.

26 *Robertson-Wensauer, Caroline Y.*: Multikulturalität? Die Dynamik von kulturellen Identitäten im Globalisierungsprozess, S. 178 f., in: *Klaus Lehmann/Franz Josef Radermacher* (Hrsg.): Globalisierung/ Regionalisierung – Ein kritisches Potential zwischen zwei Polen, Ulm 1998.

27 Vgl. zur handlungsrelevanten Bedeutung ethnischer Identitäten *Caroline Y. Robertson-Wensauer*, 1991, sowie auch *dies.*: Grundsätzliches zur aktuellen Diskussion über die multikulturelle Gesellschaft, S. 24 ff., in: *dies.* (Hrsg.): Multikulturalität – Interkulturalität? Probleme und Perspektiven der multikulturellen Gesellschaft, 2. überarbeitete und erweiterte Auflage, Baden-Baden 2000, S. 15-36.

28 Vgl. *Robertson-von Trotha*, 2005.

tengemeinschaft, von außen wie innen, werden zunehmen. Eine Einigung in außenpolitischen Angelegenheiten zwischen 25 Mitgliedstaaten wird aber mit Sicherheit nicht leichter. Im Innenverhältnis der europäischen Städte entwickeln sich neuartige ‚Diasporen' und Parallelgesellschaften, die mit den neuen Möglichkeiten von ICT bestens mit der ‚Heimat' vernetzt sind. Dies erschwert oft die Herausbildung einer europäischen Identität. Die Entwicklung eines internalisierten europäischen Zusammengehörigkeitsgefühls muss daher die Inklusion ihrer Minderheiten als integrales Ziel von Bildungskultur und Sozialpolitik vorsehen. Die Vermeidung der sozialen Exklusion von ethnischen Minderheiten ist dabei vordringlich. [29]

In Anbetracht der seit Anfang der 90er Jahre zu verzeichnenden Phase der raschen Transformationen innerhalb Europas und der Vergrößerung der Staatengemeinschaft auf 25 Mitglieder ist sowohl die Frage nach der Verantwortung der politischen Akteure als auch nach dem Beitrag der europäischen Staatengemeinschaft zu zentralen weltpolitischen Entwicklungen durchaus angebracht. Wie wir jedoch von Modernisierungstheorien oder von Theorien sozialen und politischen Wandels in der Politikwissenschaft und in der Soziologie wissen, sind diese Prozesse insbesondere dann, wenn sie schnell von statten gehen, häufig von gesellschaftlicher Instabilität und Orientierungslosigkeit begleitet. Mit der weiter zunehmenden Herausbildung und Institutionalisierung einer europäischen Öffentlichkeit ist zu vermuten, dass das Wissen darum zum Inhalt einer stärker ausgeprägten gesamteuropäischen Identität gehören wird. In einer empirischen Untersuchung über europäische Außenpolitik und nationale Identität wird gerade diese Dialektik der europäischen Entwicklung nachgezeichnet. Durch die zunehmende Europäisierung werden einerseits Aspekte nationaler Zugehörigkeiten, tradierte Identitäten und national orientierte Interessen artikuliert. Andererseits erfahren sie gleichzeitig Veränderungen, die auf eine ‚Europäisierung' der nationalen Identitäten verweisen. [30]

Darüber hinaus weist Ulrich Beck darauf hin, dass eine weitere Schlüsselfrage für die Zukunft Europas nicht der Prozess der Europäisierung ist, in dem die bislang gegeneinander abgegrenzten, nationalen Gesellschaften zusammenwachsen:

> „Viel wichtiger ist die Weise, in der Europa mit den Nicht-Europäern in seiner Mitte umgeht. Die Herausforderung liegt darin zu akzeptieren, dass für die politische Identität eines weltgesellschaftlichen Europas *gelebte Bürgerrechte* gefordert sind – gerade im Umgang mit Nicht-Europäern." [31]

Dies ist eine Forderung, die allerdings ebenso von den Minderheiten gewollt werden muss. [32] Angesichts der Terroranschläge in Madrid und London gewinnen die ohnehin erforderlichen Bemühungen um eine Verständigung zwischen Europäern und Nicht-Europäern, zwischen europäischen Aufnahmegesellschaften und ihren Minderheiten

29 Vgl. zum Aspekt der Medienkommunikation in Bezug auf ethnische Identität z. B. *John Tomlinson*: Kosmopolitismus als Ideal und Ideologie, S. 348 ff., in: *Caroline Y. Robertson/Carsten Winter* (Hrsg.): Kulturwandel und Globalisierung. Baden-Baden 2000, S. 341-358.

30 *Joerissen, Britta/Stahl, Bernhard* (Hrsg.): Europäische Außenpolitik und nationale Identität: vergleichende Diskurs- und Verhaltensstudien zu Dänemark, Deutschland, Frankreich, Griechenland, Italien und den Niederlanden, Münster 2003.

31 *Beck, Ulrich*: Perspektiven der Weltgesellschaft, Frankfurt am Main 1998, S. 9.

ein erhöhtes Maß der Dringlichkeit. Auch in diesem Kontext ist die Notwendigkeit der Herausbildung einer europäischen Öffentlichkeit zu sehen, die über Ansätze des ‚Verstehens' und des Austausches hinaus zu einer öffentlichen Debatte mit den Minderheiten über eine europäische Lebensgemeinschaft mit konsensuellen Rechten, Pflichten und Verantwortungen gelangt.

Bei einer Betrachtung des Prozesses der kulturellen Globalisierung, der sicherlich stattfindet, wenn auch nicht unilinear und nicht mit der Folge einer homogenen uniformen Weltgesellschaft, spielen die historischen und tradierten Zusammenhänge eines europäischen Kolonialismus und Eurozentrismus eine wichtige Rolle. Dies geriet bei der gegenwärtigen Fokussierung auf den konstatierten Beitrag der *Amerikanisierung* zu einer allgemeinen *Verwestlichung* der (Welt-)Gesellschaft und die hierdurch hervorgerufenen Gegentendenzen ein wenig aus dem Blick. Bei einer Betrachtung dieser Tendenzen erinnert Hoffmann-Nowotny daran, dass auch bei globalen Entwicklungen zwischen einer strukturellen und einer kulturellen Dimension unterschieden werden muss. Auch dann, wenn eine *Kulturintegration* durch die Diffusion des westlichen Modells in Form von

> „gemeinsamen *Vorstellungen* oder *Visionen* von Demokratie, universellen Menschenrechten, sozialer Gerechtigkeit, dem Recht auf Selbstbestimmung, Minderheitenschutz usw." stattfindet, „sind sie aber nur höchst unterschiedlich auch faktisch realisiert". [33]

Dasselbe gilt für die ungleiche Verteilung von wirtschaftlicher Prosperität, so dass von einer kulturellen Schichtung nach *immateriellen* Werten und einer strukturellen Schichtung nach *materiellen* Werten weiterhin ausgegangen werden muss. [34] Zur Zeit nehmen derartige Tendenzen in vielen Ländern sogar eher zu. In Deutschland beispielsweise ist von einer weiteren Zuspitzung auszugehen, wenn der sozialen Schichtung im Bildungswesen, wie durch die Pisa-Studie zum zweiten Mal – und diesmal mit verschärfter Tendenz – nicht energisch und schnell entgegengewirkt werden kann.

Die Homogenisierung von normativen Standards in vielen Lebensbereichen, die Annäherung von Lebensstilen und die gleichzeitige Entstehung einer neuen kulturell fragmentierten Gesellschaft – auch innerhalb Europas – wirft eine Reihe von sozialwissenschaftlich sehr relevanten Fragen auf. Sie ruft vor allem nach Analysen, Konzepten und Visionen, aus denen Problemlösungsstrategien für das Leben mit der Differenz in der ‚multikulturellen Weltgesellschaft' entwickelt und praktiziert werden können.

---

32 *Robertson-von Trotha, Caroline Y.*: Aktuelle Thesen zur städtischen Integration. Unveröffentlichtes Manuskript 2005. *Robertson-Wensauer, Caroline Y.*: Kulturpolitik als Instrument der Integration. Tagungsbericht der 1. Konferenz der Außenminister der Bundesrepublik Deutschland und der Niederlande (Arbeitsgruppe ‚Kunst und Kultur') zum Thema ‚Integration von Ausländern in die Gesellschaft', Delft, März 1996.
Robertson-Wensauer, Caroline Y.: Beide Seiten müssen mitmachen. Zum Konzept der funktionalen Integration: Integration durch Partizipation, in: Deutscher Frauenrat u. a. (Hrsg.): Information für die Frau: Frauen mit Migrationshintergrund, Folge 3, März 1996, 45. Jg., S. 12-15.

33 *Hoffmann-Nowotny, Hans-Joachim*: Weltmigration und multikulturelle Gesellschaft. Begriffliche, theoretische und praktische Überlegungen, S. 75, in: *Caroline Y. Robertson-Wensauer* (Hrsg.): Multikulturalität – Interkulturalität? Probleme und Perspektiven der multikulturellen Gesellschaft, Baden-Baden 2000.

34 *Hoffmann-Nowotny*, 2000, S. 75.

6. Literaturverzeichnis

Beck, Ulrich (Hrsg.): Perspektiven der Weltgesellschaft, Frankfurt am Main 1998

Eising, Rainer: Europäisierung und Integration. Konzepte in der EU-Forschung, in: *Markus Jachtenfuchs/Beate Kohler-Koch* (Hrsg.): Europäische Integration, Opladen 2003, S. 387-416

Flora, Peter: Externe Grenzbildung und interne Strukturierung – Europa und seine Nationen. Eine Rokkan'sche Forschungsperspektive, in: Berliner Journal für Soziologie 2 (2000), S. 151-166

Gehler, Michael: Europa. Ideen, Institutionen, Vereinigung, München 2005

Heitmeyer, Wilhelm/Anhut, Reimund (Hrsg.): Bedrohte Stadtgesellschaft. Soziale Desintegrationsprozesse und ethnisch-kulturelle Konfliktkonstellation, Weinheim/München 2000

Hoffmann-Nowotny, Hans-Joachim: Weltmigration und multikulturelle Gesellschaft. Begriffliche, theoretische und praktische Überlegungen, in: *Caroline Y. Robertson-Wensauer* (Hrsg.): Multikulturalität – Interkulturalität? Probleme und Perspektiven der multikulturellen Gesellschaft, Baden-Baden 2000, S. 71-90

Joerissen, Britta/Stahl, Bernhard (Hrsg.): Europäische Außenpolitik und nationale Identität: vergleichende Diskurs- und Verhaltensstudien zu Dänemark, Deutschland, Frankreich, Griechenland, Italien und den Niederlanden, Münster 2003

Kaelble, Hartmut: Auf dem Weg zu einer europäischen Gesellschaft. Eine Sozialgeschichte Europas 1880-1980, München 1987

Klinke, Andreas: Ethnic Conflicts and Civil Society. Proposals for a new era in Eastern Europe, Aldershot 1997,

Nowak, Jürgen: Netzwerk Europa: Einheit in der Vielfalt; historische, gesellschaftliche und sprachliche Zusammenhänge sowie Lexikon der Vielfalt Europas, Berlin 2001

Picht, Robert: Disturbed Identities: Social and Cultural Mutations in Contemporary Europe, in: *Caroline Y. Robertson-Wensauer* (Hrsg.): Aspekte einer Angewandten Kulturwissenschaft. Baden-Baden 2000, S. 177-190.

Robertson-Wensauer, Caroline Y.: Beide Seiten müssen mitmachen. Zum Konzept der funktionalen Integration: Integration durch Partizipation, in: *Deutscher Frauenrat* u. a. (Hrsg.): Information für die Frau: Frauen mit Migrationshintergrund, Folge 3, März 1996, 45. Jg., S. 12-15

Robertson-Wensauer, Caroline Y.: Ethnische Identität und politische Mobilisation. Das Beispiel Schottland, Baden-Baden 1991

Robertson-Wensauer, Caroline Y.: Grundsätzliches zur aktuellen Diskussion über die multikulturelle Gesellschaft, in: *dies.* (Hrsg.): Multikulturalität – Interkulturalität? Probleme und Perspektiven der multikulturellen Gesellschaft. 2. überarbeitete und erweiterte Auflage, Baden-Baden 2000, S. 15-36.

Robertson-Wensauer, Caroline Y.: Kulturpolitik als Instrument der Integration. Tagungsbericht der 1. Konferenz der Außenminister der Bundesrepublik Deutschland und der Niederlande (Arbeitsgruppe ‚Kunst und Kultur') zum Thema ‚Integration von Ausländern in die Gesellschaft', Delft, März 1996

Robertson-Wensauer, Caroline Y. (Hrsg.): Multikulturalität – Interkulturalität? Probleme und Perspektiven der multikulturellen Gesellschaft, 2. veränderte und erweiterte Auflage, Baden-Baden 2000

Robertson-Wensauer, Caroline Y.: Multikulturalität? Die Dynamik von kulturellen Identitäten im Globalisierungsprozess, in: *Klaus Lehmann/Franz Josef Radermacher* (Hrsg.): Globalisierung/Regionalisierung – Ein kritisches Potential zwischen zwei Polen, Ulm 1998, S.175-185

Robertson-Wensauer, Caroline Y. (Hrsg.): Slowakei: Gesellschaft im Aufbruch. Nation – Kultur – Wirtschaft, Baden-Baden 1999

Salentin, Kurt: Ziehen sich Migranten in ‚ethnische Kolonien' zurück?, in: *Klaus J. Bade/Michael Bommes/Rainer Münz* (Hrsg.): Migrationsreport 2004. Fakten – Analysen – Perspektiven, Frankfurt am Main/New York 2004, S. 97-116

Schwencke, Olaf: Der Euro als Kulturfaktor, in: *Caroline Y. Robertson/Olaf Schwencke* (Hrsg.): 50 Jahre Bundesrepublik Deutschland. Aus Sicht der Wissenschaftsdisziplinen (= Problemkreise der Angewandten Kulturwissenschaft, H 2. Jg. 4, 1999), S. 187-203

Seibt, Ferdinand: Die Begründung Europas. Ein Zwischenbericht über die letzten tausend Jahre, Bonn 2005

Sen, Faruk: Der EU-Beitritt der Türkei als Vollendung eines Europa der kulturellen Vielfalt, in: *Helmut König/Manfred Sicking* (Hrsg.): Gehört die Türkei zu Europa? Wegweisungen für ein Europa am Scheideweg, Bielefeld 2005, S. 29-46

Thum, Bernd: Kulturelle Identität und Entwicklung im Zeitalter der Globalisierung, in: *Manfred Durzak/Nilüfer Kuruyazici* (Hrsg.): Interkulturelle Begegnungen. Festschrift für Sara Sayin, Würzburg 2004, S. 353-362

John Tomlinson: Kosmopolitismus als Ideal und Ideologie, in: *Caroline Y. Robertson/Carsten Winter* (Hrsg.): Kulturwandel und Globalisierung. Baden-Baden 2000, S. 341-358.

Wehler, Hans-Ulrich: Der Türkeibeitritt zerstört die Europäische Union, in: *Helmut König/Manfred Sicking* (Hrsg.): Gehört die Türkei zu Europa? Wegweisungen für ein Europa am Scheideweg, Bielefeld 2005, S. 47-62

Internetadressen:

Antrittsvorlesung: http://www.zak.uni-karlsruhe.de/seite_900.html.

Eurostat: http://www.europa.eu.int./abc/keyfigures/living/wealthy/index_de.htm.

Eurostat: http://www.europa.eu.int./abc/keyfigures/candidates_member/economicprogress/index_de.htm.

Arbeitsgemeinschaft der Wirtschaftskammern: http://www.arge28.at/docs/pdf/d_dihkumfrage_2002_deutsch.pdf (15. 11. 2005).

Europa digital: http://www.europa-digital.de/aktuell/dossier/erweiterung04/glaab.shtml (15. 11. 2005).

Das Zeitalter Europas: Identität(en) ohne Grenzen?

Robert Hettlage

Europa:
Wenn sich deutsche Nonchalance vermischt
mit italienischer Gründlichkeit!

Einleitung

In seiner bekannten Rede vor dem italienischen Parlament am 4. April 2002 hat der damalige tschechische Präsident Vaclav Havel darauf hingewiesen, dass Europa – seit jeher – in der Obsession lebte, nach Westen und Osten offen und bedroht zu sein: Nach Westen gerichtet begrenzte vor Columbus' Entdeckungen das Nichts und die Finsternis. Nach Osten waren es die großen unbekannten Bevölkerungsmassen, die von Zeit zu Zeit gegen (Kern-)Europas Grenzen drängten. Aus dieser Konstellation erwuchs eine typisch europäische Haltung, nämlich die Verhältnisse, Zeit, Raum und Geschichte dominieren zu müssen und die eigenen Werte und Lebensweisen expansiv *nach außen* tragen zu wollen. [1] Es war wohl die Bedrohung der spezifischen Grenzen, die immer die Frage nach der Identität Europas zum Problem werden ließ: So war es im alten Rom, im Mittelalter, in der frühen Neuzeit. Und in der heutigen Zeit ist es nicht anders.

Auch zu Beginn des 21. Jahrhunderts ist Europa typischerweise *wieder auf der Suche* nach seiner Identität. Und diese ist notwendig mit der Frage nach seinen *Grenzen* – im geographischen und ideellen Sinn – verquickt. Allerdings hat die Moderne auch eine Neuerung in Form der nationalstaatlichen Entwicklung mit sich gebracht, die sich in ihren nationalistischen Auswüchsen in der ersten Hälfte des 20. Jahrhunderts gegen Europa selbst gekehrt hat. Dieser Einschnitt war es auch, der dem europäischen Expansionismus in der zweiten Hälfte dieses ‚katastrophalen Säkulums' eine mehr *nach innen* gerichtete Bemühung um Bestandssicherung aufgenötigt hatte. Dahinter stand die Erfahrung, dass die exklusivistisch und aggressiv veranlagten Nationalstaaten, Deutschland im Besonderen, endlich in diesem Elan gebremst werden müssten. Folglich begann man zu überlegen, wie die Nationalstaaten so *entgrenzt* werden könnten, dass ihre Energien gesamteuropäisch fruchtbar würden.

Dem stand von Anfang an die bange Frage gegenüber, wie eine solche Entgrenzung denn gelingen könne, ohne die europäische Identität selbst zu gefährden. Denn so viel hatte man von der Wirtschaft und von den Nationalstaaten gelernt, dass Menschen wohl am ehesten über spezifische, auf das Eigene gerichtete Denk-, Wertungs- und Handlungsssysteme mobilisierbar sind. Somit stellt sich die Problematik der europäischen Identität auch als eine der eigenen Spezifität und *Begrenzung* (oder Abgrenzung) dar.

1 La Reppublica, 05. 04. 2002, S. 14.

Wie diese beiden gegensätzlichen Postulate von Exklusivität und Inklusion miteinander in Einklang gebracht werden können, war von Anfang an und ist heute noch *das* zentrale Bewegungsmoment der europäischen Integration. Seit über 55 Jahren europäischer Gemeinschaftsbildung wird unter vielen Rückschlägen, aber auch mit beträchtlichen Erfolgen, politisch darum gerungen.

1. Die Entgrenzung der Nationalstaaten als europäisches Identitätsproblem

Ausgangspunkt europäischer Integrationsüberlegungen nach 1945 waren die Erfahrungen mit den Exklusivitätsvorstellungen der Nationalstaaten, die sich in immer zerstörerischeren Vormachtskämpfen entluden. Langsam war man auf diese Weise vom Stadium der begrenzten Kabinettskriege, über ‚Völkerschlachten' und Massenzerstörungen, bis zu Weltkriegen vorgedrungen. Ein Teil dieser *Gewaltdynamik* ist auf die drei wichtigen Konstruktionsmerkmale des Nationalstaats selbst zurückzuführen:

1.1. Die drei Säulen des Nationalstaats

Zur bis heute ungebrochenen Identifikationskraft nationalstaatlicher Integration hat wesentlich beigetragen, dass sich die modernen Staatsgebilde mit aller Energie daranmachten, ihr jeweiliges ‚Haus' auf drei Grundfesten aufzubauen:

- auf der nationalen Wohlfahrt
- auf der Staatssouveränität und
- auf der Idee der Kulturgemeinschaft (‚Nation' i.e.S.).

Diese galten nicht nur als organisierbare Einheiten, sondern auch als traditional legitimierte, ‚primordiale' Verständnis- und Integrationszentren.

1.1.1. Die Organisation der Volkswohlfahrt

Die *nationale Wohlfahrt* drückte sich aus in der Begrenzung der wirtschaftlichen Zielsetzungen auf die Versorgungsbelange eines geeinten Gebiets, auf den Einsatz knapper Produktionsfaktoren, auf die Erzielung eines höchstmöglichen Wohlfahrtsniveaus einer limitierten Bevölkerung. Auch wenn man vielleicht das ‚größtmögliche Glück der größten Zahl' im Auge hatte, war es doch immer eine territorial *begrenzte Ökonomie*. Freihandel erwies sich als günstig, aber auch hier standen im Hintergrund die Belange einer ‚Nationalökonomie' (wie der Rückfall in den Protektionismus bis heute immer wieder zeigt). Sehr augenfällig wurde diese Grenzziehung immer da, wo es um Verteilungsfragen ging. Wohl wurden dem Freihandel primäre Verteilungswirkungen zugeordnet, aber wo es um die sekundäre Verteilung der Produktionsergebnisse ging, standen eindeutig die nationalen und regionalen Wohlstandsinteressen im Vordergrund. Anfänglich waren diese Interessen diejenigen der fürstlichen Staatskasse. Später, im Verlauf der Entstehung des bürgerlichen Steuerstaats, entwickelte sich eine andere Interessenkonstellation: die Formulierung und Finanzierung von wohlfahrtsstaatlichen Leistungen, die nur den jeweils berechtigten Staatsbürgern zugute kommen sollten. An eine internationale Verteilungspolitik war nie gedacht gewesen, wie die Geschichte des Kolonialismus (und später die der Entwicklungshilfe) illustriert.

1.1.2. Die (Staats-)Souveränität

Die Wirtschaftsgrenzen verweisen darauf, dass man sich intuitiv auf staatlich gesicherte Abgrenzungen glaubte verlassen zu können. Der Nationalstaat ruht in dieser Hinsicht wiederum auf drei Komponenten: Die erste Sicherheitsgarantie richtet sich auf das definierte *Territorium*, das gegen äußere Bedrohungen mit Hilfe dichter Grenzen (und mit Hilfe von Armeen) zu befestigen ist. Der zweite staatliche Eckpfeiler ist die *innere Einheit* (wenn nicht gar ‚Homogenität'). Sie wurde – nicht ohne heftige Kämpfe – über zentralisierte Entscheidungszentren sichergestellt. Das Endergebnis war entweder ein Einheitsstaat (Frankreich) oder ein Föderativstaat (Belgien, Schweiz), der sich auf eine *Monopolisierung staatlicher Gewaltausübung* und auf die Legitimität seiner Institutionen stützen konnte. Elias hat meisterhaft aufgezeigt, wie es in der europäischen Zivilisation zur Entwicklung dieses ‚Herrschaftsmechanismus' kommen konnte.[2] Er schreibt:

> „Was wir ‚Herrschaft, nennen, ist in einer höher differenzierten Gesellschaft nichts anderes als die besondere, gesellschaftliche Stärke, die bestimmte Funktionen, die vor allem die Zentralfunktionen ihren Inhabern im Verhältnis zu anderen Funktionen, verleihen. Die gesellschaftliche Stärke (...) entspricht (...) allein dem Maß der Angewiesenheit der verschiedenen interdependenten Funktionen aufeinander. (Sie ist) ein Ausdruck dafür, dass die Angewiesenheit anderer Gruppen und Schichten innerhalb dieses Verbandes auf ein oberstes Koordinations- und Regulationsorgan steigt (...)."[3]

Ein wesentliches Mittel zur Durchsetzung der ‚Staatsraison' war – neben der Vergabe von Einflusschancen an mächtige Gruppen – außerdem immer der *Verwaltungsapparat* und die Rechtsförmigkeit der Verfahren. Bürokratie als moderner Herrschaftstypus garantiert – wie Weber nicht müde wurde zu betonen – ein Höchstmaß an Sachkompetenz, entpersonalisierter Machtausübung und geregelter Machtkontrolle. Sie stützen gleichzeitig die Legalitätsvermutung, dass Ämter und Funktionen nach Kriterien der Rechtsförmigkeit, der Entpersonalisierung und der Sachgerechtigkeit vergeben und ausgeübt werden. Das macht die Institutionen legitim (zumal dann, wenn Herrscher von sich behaupten können, ‚oberste Diener des Staates' zu sein). Staatliche Herrschaft in der Moderne ist rechtsstaatliche Bindung *aller* Seiten.

> „Gehorcht wird nicht der Person, kraft deren Eigenrecht, sondern der gesatzten Regel, die dafür maßgebend ist, wem und inwieweit ihr zu gehorchen ist. Auch der Befehlende gehorcht, indem

2 *Elias, Norbert*: Über den Prozess der Zivilisation. Soziogenetische und psychogenetische Untersuchungen. Bd. II: Wandlungen der Gesellschaft, Frankfurt am Main 1978, S. 123 ff.

3 *Elias*, 1978, S. 227 ff.

er einen Befehl erlässt, einer Regel: dem ‚Gesetz' oder ‚Reglement', einer formal abstrakten Norm. (...) Verwaltung ist Berufsarbeit kraft sachlicher Amtspflicht (...), frei von Willkür und Unberechenbarkeiten, insbesondere ‚ohne Ansehen der Person' streng formalistisch nach rationalen Regeln – und wo diese versagen – nach ‚sachlichen' Zweckmäßigkeitsgesichtspunkten zu verfügen". [4]

1.1.3. Die Kulturgemeinschaft

Die Besonderheit moderner Nationalstaaten ist schließlich diejenige, dass Staat und Nation, Rechts- und Kulturgemeinschaft, eine enge Verbindung eingegangen sind. Unter ‚Nation' wird im Wesentlichen eine *dreifache Besonderheit* angesprochen:

- die Typik der *Sprache*
- die Eigenart von *Geschichte* und Tradition sowie
- die Spezifität der *Abstammung* (Blutsverwandtschaft, Ethnos) – mit den jeweiligen Folgen für die Definition der Zugehörigkeit (z. B. das ius sanguinis).

Dahinter verbergen sich drei äußerst wirksame *Grenzziehungen*, die des Verstehens über die *Sprache*, die der *Wertungen* und die der besonderen *Beziehungsmuster* (Strukturgrenzen).

2. Die Staatswerdung der Nation(en)

Die Eigenart der Kulturgemeinschaften in ihrer vermuteten ‚Primordialität' brachte es bis heute mit sich, dass Abstammungs-, Traditions- und Sprachgemeinschaften es für selbstverständlich hielten, auch Rechts-, Verwaltungs- und Staatssouveränität zu erlangen, folglich Nationalstaaten zu werden. Ein Blick auf die europäische und die außereuropäische Geschichte zeigt das in aller Eindeutigkeit. Die intensive Kombination von Staats-, Nations- und Wirtschaftsgrenzen musste dazu führen, dass die Nationalstaaten – in Bewahrung ihrer Eigenheit nach innen – ihre Grenzen ‚befestigen' mussten. Dazu dienten das staatliche Gewaltmonopol, ein eigenes Recht und die Ausbildung einer besonderen Wirtschafts- und Verteilungsstruktur. Auch wurden bis ins Einzelne gehende, kollektive Repräsentationen intensiviert, vor allem ‚Staat' und ‚Nation' (Bildung, Kulturleistungen etc.) wurden ‚konstruktivistisch' ins Werk gesetzt. In einer ‚konzertierten', gesellschaftspolitischen Daueranstrengung wurde folglich daran gearbeitet, dass nationale ‚Zugehörigkeit', Bürgersinn, Institutionentreue, Vertrauen etc. dem jeweiligen Staatsvolk ‚unter die Haut gehen'. [5]

---

4 *Weber, Max*: Die drei reinen Typen der legitimen Herrschaft, in: *ders.*: Soziologie. Weltgeschichtliche Analysen. Politik. Hrsg. von *Johannes Winckelmann*, Stuttgart 1968, S. 151-166.

5 *Cedermann, Lars-Erik*: Nationalism and Boundes Integration: What it would take to construct a European Demos. European University Institute (EU). Working Papers, RSC 34, Florenz 2000; *Gellner, Ernest*: Nation and Nationalism, London 1996.

Es lässt sich schwerlich behaupten, dass die Nationalstaaten in ihren Bemühungen nicht erfolgreich gewesen wären, ihr jeweiliges, kulturell begrenztes Überzeugungs- und Handlungssystem durchzusetzen. Der Erfolg nach innen bedingt häufig jedoch einen harten Wettbewerb und Abgrenzungen gegen außen. Gegen andere Nationalstaaten muss ein Platz ‚an der Sonne' gehalten oder erkämpft werden. Ausgeklügelte Vertragssysteme haben wohl punktuelle Interessengleichgewichte, aber auch nur begrenzten Frieden schaffen können. Eine inhärente Tendenz zur gewaltsamen Verteidigung der Eigeninteressen, Einflusszonen und der eigenen Besonderheiten ist jedenfalls nicht zu verkennen.

Die Übersteigerung der exklusiven Wohlfahrts-, Souveränitäts- und Kulturidee, hin zum Nationalismus ist zwar nicht zwingend, trägt aber doch einen folgerichtigen Zug zur Tendenzverstärkung in sich. Die europäische Geschichte des 19. und vor allem des frühen 20. Jahrhunderts gibt dafür ein krasses Beispiel ab. [6]

3. Die Neuerfindung Europas: Von der Exklusion zur Inklusion

Zumindest für Europa lässt sich der Gedanke nicht von der Hand weisen, dass die Tendenz der Nationalstaaten zur Exklusivität und Exklusion den Keim für die Katastrophe zweier Weltkriege in sich trug. Diese giftige Saat war aufgegangen und hatte Europa so zugerichtet, dass nach dem Zweiten Weltkrieg der Absturz in die Bedeutungslosigkeit drohte. [7] Der Wiederaufbau nach 1945 und die Kurswendung der amerikanischen Europapolitik nach 1947 legten es nunmehr nahe, die Europaidee der 20er Jahre wiederzubeleben. Sie bestand darin, dass man nun gewillt war, den Weg von der nationalstaatlichen Exklusion zur *europäischen Inklusion* zu versuchen. [8] Allerdings war man jetzt realistischer geworden. Man wollte sich nicht mehr allein auf eine Kulturidee Europa verlassen. Stattdessen begann man überwiegend an den beiden anderen Säulen des Nationalstaats – und unter weitgehender Einklammerung von Kulturfragen – zu arbeiten. Wirtschaftliche *Wohlfahrt* und *Staatssouveränität* sollten nunmehr ein europäisches Gesicht erhalten. Die Verankerung einer europäischen Kulturpolitik war, nach zwei Weltkriegen und über 50 Millionen Toten, doch zu waghalsig und zu unrealistisch. Gesellschaftlich durchsetzbar schien damals allein – und gerade unter dem Eindruck der darniederliegenden Kriegswirtschaften, also wenig markanter Wirtschaftsgrenzen – zu sein, das Freihandelsziel in Europa mit aller Macht zu fördern. Zunächst sollten wenige Sektoren, die bisher immer die Mittel der Kriegsführung bereitstellten, zu ‚Gebieten des gemeinsamen Interesses' erklärt werden.

6 *Hobsbawn, Eric J.*: Die Blütezeit des Kapitals, Zürich 1979, S. 90 ff.

7 *Hoffmann, Hilmar/Kramer, Dieter* (Hrsg.): Europa – Kontinent im Abseits?, Reinbek 1998.

8 *Delanty, Gerald*: Inventing Europe. Idea, Identity, Reality, New York 1995; *Weiler, Joseph H. H.*: The Constitution of Europe, Cambridge 1999.

3.1. Der europäische Binnenmarkt

Mit der Gründung der Montanunion 1949 und der späteren Unterzeichnung der EWG-Verträge (Rom 1957) wurde erstmals – seit der Gründung der europäischen Nationalstaaten – ein erweitertes Gemeinwohl (‚common good') in Europa formuliert. Die Präambel der EWG-Verträge ist hierzu ganz explizit. Man kann diese Kehrtwendung nicht genügend unterstreichen. Sie war der Anstoß, von den engen Wirtschafts- und Verteilungsinteressen wegzugelangen, hin zu einer europäischen Definition von Wohlfahrt. Dass dies in groben Zügen gelungen ist, ist ein außergewöhnlicher Erfolg dieses Integrationsmodells. Es ist die Frucht deprimierender Kooperationserfahrungen unter den Europäern und eines großen politischen Realismus der Gründerväter des Gemeinsamen Marktes.

Diese wussten, dass man nur über kleine Schritte und zähe Verhandlungen vorankommen könne. Man durfte die Partner nicht überfordern und musste sie gleichzeitig vorsichtig in eine immer weiterlaufende Dynamik der Zusammenarbeit hineinziehen. Durchsetzbar erschien zunächst, und das nach einer Übergangsperiode von insgesamt etwa 20 Jahren, die Bildung einer Zoll- und Wirtschaftsunion. Anfänglich wurde der Kreis der Integrationspartner auch bewusst klein gehalten. Er beschränkte sich auf diejenigen, die auf annähernd gleichem Entwicklungsniveau standen. Später – im Zuge der Konsolidierung – kamen weitere Länder hinzu (Süd-, Nord- und Osterweiterung).

Der grundlegende ‚Trick' des Einigungsverfahrens war aber, dass eine Wirtschaftsunion nicht mit Leben gefüllt werden kann, wenn sie nicht mit zwei weiteren Integrationsmomenten verbunden würde: der freien *Beweglichkeit der Produktionsfaktoren* (Kapital, Arbeit, Wissen, Technologie, Dienstleistungen) und der *Harmonisierung der Steuer-, Geld- und Finanzpolitik.* Beides bedingt sich gegenseitig. Dass eine solche ‚Mobilitätsunion' eine Angleichung der Wechselkurs- und Währungspolitik (begrenzte Kursschwankungen innerhalb der ‚Währungsschlange') und schließlich die gemeinsame Währung (Euro) ermöglichen, ja erzwingen würde, war zwar von Anfang an mitgedacht, aber eigentlich im Hintergrund gehalten worden. Dass die Währungsunion zum 01. 01. 2002 Wirklichkeit wurde, ist in seinen Folgewirkungen für Europa kaum zu überschätzen. Sie ist wohl einer der tief greifendsten ‚Kommunikationsfaktoren', der je den europäischen Alltag durchzogen hat. Denn Geld verbindet alle mit allen. Denn mit ihm ist

> „ein so umfassendes gemeinsames Interessen-Niveau für alle Menschen hergestellt, (...) ein Boden unmittelbaren gegenseitigen Verstehens, eine Gleichheit der Direktiven gegeben, die außerordentlich viel dazu beitragen musste, jene Vorstellung des Allgemein-Menschlichen zu erzeugen", die in der europäischen Geschichte so zentral ist.[9]

9 *Simmel, Georg*: Das Geld in der modernen Kultur, S. 82, in: *ders.*: Schriften zur Soziologie. Eine Auswahl, Frankfurt am Main 1986, S. 78-94.

3.2. Die europäische Politikverflechtung

Die Tragweite der Wirtschafts- und Währungsunion besteht nicht nur darin, dass nun der Binnenmarkt für alle erfahrbar wird (‚Euroland'), sondern auch darin, dass die über Jahre aufgebaute, ‚intergouvernementale' Praxis der *Politikabstimmung* einen neuen Halt, eine neue Berechtigung und einen unabweisbaren Bezugspunkt gefunden hat. Die Überzeugung der Gründerväter war es immer gewesen, und sie haben darin Recht behalten, dass der Binnenmarkt, wenn er denn zustande käme, das Politikverständnis in Europa grundlegend verändern müsse. Anfänglich konnten die fundamentalen Ansprüche an eine ‚Vergemeinschaftung' von Politikfeldern sozusagen noch ‚unter der Decke' verbleiben. Das war auch nötig, um die gegenseitigen Empfindlichkeiten hinsichtlich der ‚unantastbaren', nationalen Staatsraison nicht zu strapazieren. Man hatte genügend zu tun, um die gemeinsame Praxis der Zoll- und Wirtschaftsunion zu organisieren und durch Verwaltungsroutinen und Rechtsregelungen abzusichern. Wer einen Binnenmarkt will, muss aber zwangsläufig dafür europäische Instanzen aufbauen, die mit, neben oder jenseits der nationalen Institutionen agieren (z. B. die Europäische Zentralbank). Politik in der EU kann nicht dekretiert werden, sondern muss durch Dauerverhandlung (Ko-Initiativen, Anziehung, Nachahmung) hergestellt werden. Eine solche Praxis hat sich in fast einem halben Jahrhundert langsam herausgebildet. Sie hat (neben dem Ministerrat) zu einer beachtlichen Machtzunahme der *Europäischen Kommission* in Brüssel geführt und eine neue – eben europäische – Verwaltungsebene (neben den nationalen und regionalen Bürokratien) etabliert. Das ist wichtig festgehalten zu werden. Denn jede Verwaltung geschieht rechtsförmig mit Hilfe von Erlassen, Maßnahmegesetzen etc. In Ansätzen wurde erreicht, die europäische Verwaltung mit der Legitimität europäischer Rechtspraxis zu verknüpfen. Wer den eifersüchtigen Souveränitätsanspruch der Nationalstaaten richtig bewertet, weiß, welcher Durchbruch in Richtung auf eine europäische Entgrenzung dabei gelungen ist: Heute ist es für alle Marktteilnehmer – seien es die Verbraucher, die Unternehmer, die Sozialpartner, die Kommunen, die Regionen und die nationalen Regierungen – selbstverständlich, ‚nach Brüssel zu schauen', sich also auf die *europäischen Regelwerke* einzustellen. Das gilt sogar für diejenigen, die gar nicht Mitglieder der EU sind (z. B. die Schweiz). Manche wollen in diesem System der verhandlungsförmigen Konsolidierung nach innen und Abgrenzung nach außen sogar ein Integrationsprojekt erblicken, das sich von dem, in jahrhundertelangen Prozessen konstituierten Herrschaftsmechanismus der Könige tendenziell wenig unterscheidet. [10]

Viel hat man sich über die angebliche Regelungswut der ‚Eurokraten' mokiert, die positive Kehrseite aber meist ungebührlich heruntergespielt. Es ist ja nicht wenig, dass es geglückt ist, eine gewaltige Dynamik der europäischen Rechtsfortbildung in Gang zu setzen und sie mit den vielfältigsten Entscheidungsebenen der Nationalstaaten zu verweben. Dieser Gewinn ist ungleich höher zu bewerten als ‚das Galoppieren des Amtsschimmels' in Brüssel. Die Nationalstaaten sind in dieser Hinsicht ja auch nicht frei von

10 *Puntscher-Riekmann, Sonja*: Die Meister und ihr Instrument. Institutionenkonflikte und Legitimitätsprobleme in der Europäischen Union, S. 134, in: *Maurizio Bach* (Hrsg.): Die Europäisierung nationaler Gesellschaften. Sonderheft der KZfSS, 40, Wiesbaden 2000, S. 130-151.

Kritik. In Verbindung mit dem Gemeinschaftsrecht, dem dichten europäischen Harmonisierungskatalog, ist es überdies gelungen, die ‚Wette' der Gründungsverträge einzulösen, dass der Binnenmarkt eine ‚Automatik' zur Formulierung gemeinsamer Politik in sich trägt. Sie bezieht sich auf so unterschiedliche Bereiche wie die Währungs- und die Bildungspolitik, die Verkehrs- und die Agrarpolitik, die Industrie- und die Sozialpolitik etc. Überall ist der Ruf nach weiterer Homogenisierung, Abbau von administrativen Barrieren und gegenseitiger Abstimmung bei der Formulierung und Durchsetzung von Programmen zu hören. Selbst das Reservat nationaler Staatsraison schlechthin, die Außen- und Verteidigungspolitik, ist nicht mehr davon ausgespart. In der Verfassung von 2004 ist sogar erstmals die Position eines Europäischen Außenministers vorgesehen. Alleingänge sind in einer sich globalisierenden Welt immer weniger sinnvoll. Die Institution eines gemeinsamen europäischen ‚Beauftragten' für die Außenpolitik ist ein überaus bedeutsamer Anfang, um der europäischen Stimme in der Weltpolitik mehr Gewicht zu geben. Die Tatsache, dass immer deutlicher ein solches gemeinsames Auftreten nach außen – auch (und besonders seit dem Irak-Krieg von 2003) als Gegengewicht gegen die USA – gefordert wird, zeigt, wie gut die Einschätzung der europäischen Gründergeneration im Hinblick auf diese inhärente Dynamik gewesen war. Nicht gelungen ist es bisher hingegen, die Kopflastigkeit der Entscheidungen des EU-Ministerrats durch ein Partizipationsmodell von unten auszubalancieren. Die Führungseliten aller Mitgliedstaaten scheinen darin einig zu gehen, dass noch komplexere Entscheidungsstrukturen nicht im Interesse des augenblicklich erzielten Machtgleichgewichts liegen und nicht dem Erhalt relativ günstiger Machtpositionen – auch kleinerer Staaten (z. B. Luxemburg) – dienen. Die Europäische Verfassung versucht, hierzu einen tragfähigen Ausgleich zwischen Einzel- und Gemeinschaftsinteressen anzubieten (z. B. doppelte Mehrheiten bei Abstimmungen im Ministerrat, Initiativ- und Kooperationsrechte des Parlaments). Aber Abstimmungs- und Verwaltungsregeln stellen „auf Dauer keine zureichende Grundlage legitimer Herrschaft" dar. [11] Deswegen bedarf es einer dritten Säule der Integrations-, Identitäts- und Entgrenzungsbemühungen: des allmählichen Aufbaus einer europäischen ‚Kulturgemeinschaft'.

3.3. Die kulturelle Identität Europas

Erklärtes Ziel aller europäischen Vergesellschaftung ist die Überzeugung, dass Europa auch kulturell zusammenwachsen muss. Das hat schon wirtschaftliche Gründe. Denn die wirklichen Barrieren des Binnenmarkts liegen nicht auf der Angebots-, sondern auf der Nachfrageseite (Sprache, Kultur, Ideologie), d. h. in der psychosozialen Distanz der Marktteilnehmer. [12] Aber es gibt auch politische und kulturelle ‚Nervositäten' und Entfremdungen der Bevölkerungen, die durch die unterschiedliche Geschichte und die Grenzziehung der Nationalstaaten geschaffen oder verstärkt wurde. Auch sie sollen aufgehoben oder wenigstens eingeschränkt werden. Europa ist seit 50 Jahren auf der Suche

11 *Immerfall, Stefan*: Fragestellung einer Soziologie der Europäischen Integration, S. 493, in: *Maurizio Bach*, 2000, S. 481-503.

12 *Egan, Colin/McKiernan, Peter*: Inside Fortress Europe. Strategies for the Single Market, Wokingham UK/New York/Sydney 1994, S. 45.

nach einem ‚Wir-Gefühl', das die Besonderheiten und Eigeninteressen der (bisher) national und regional geprägten, kollektiven Identitäten zu einer höheren Einheit zusammenfassen soll. [13] Geschehen soll die Verschiebung der Wir-Ich-Balance auf drei verschiedenen, aber miteinander verbundenen Wegen: durch Ent-Lokalisierung, durch Ent-Homogenisierung und durch Ent-Ideologisierung. Hier leistet das fraglos hingenommene „nationalstaatliche Wir-Bild und Wir-Ideal (...) der Weiterbildung zugunsten post-nationaler Integrationseinheiten" besonders heftigen Widerstand. [14]

3.3.1. Enträumlichung der Partikularismen

‚De-Lokalisierung' in einem weiten Verständnis meint das Aufbrechen lokalistischer *Verengung* der Räumbezüge, wie sie bisher infolge einer eifersüchtig kontrollierten und verengten Sicht der Grenzthematik üblich und unvermeidlich ist. Das kulturelle Einverständnis aller *wirklichen* ‚Europäer' konvergiert darin, dass nationalistische, regionalistische und kommunalistische Partikularismen nicht (mehr) das fraglose Übergewicht über gesamteuropäische Perspektiven erlangen sollen. Im Gegenteil! Europa hat zu lernen, den (nationalen und subnationalen) ‚Lokalismus' begrenzter Souveränitätspolitik zu überwinden. Es muss sich vielmehr neu daran gewöhnen, ungleich mehr Interessen, als in einem Nationalstaat Ausdruck finden, zur Geltung und zum Ausgleich zu bringen. Es muss im wörtlichen und übertragenen Sinn lernen, in vielen Sprachen zu reden, und sei es auch noch so aufwendig. Seit März 2004 haben wir es in der EU mit 342 Übersetzungsdyaden zu tun. [15] Es ist nicht allein das ‚lingua franca'-Problem zu lösen. Die Legitimität der EU ist auch an das Überleben und die Bedeutsamkeit ihrer vielfältigen Einzelsprachen gebunden. Wie diese neue Eigenkomplexität einer europäischen Interessenabstimmung auf den verschiedensten Ebenen – nicht nur der des Multilingualismus – institutionell aufgebaut, kontrolliert und gegebenenfalls auch reduziert werden kann, ist heute, wenn überhaupt, erst in Ansätzen erkennbar.

3.3.2. Europäische Vielfalt und europäisches Wissen

‚Ent-Homogenisierung' soll hier heißen, dass man im europäischen Integrationsprozess nicht darum herumkommt, die überaus mannigfaltigen Traditionen und Geschichten, Wertvorstellungen und Sinndeutungen, die Rituale, Sitten, Gebräuche und Konventionen, kurz: G. Sumners ‚mores', gerade in ihrer Vielfalt – und nicht unter dem Vorbehalt suprastaatlicher Einheitsbestrebungen – als beachtenswertes *europäisches Erbe* anzuerkennen und zur Geltung zu bringen. Manche zentralistisch gesinnten Nationalstaaten hatten selbst schon ihre liebe Mühe mit der ihnen eigenen Kulturkomplexität. Die Herausforderung Europas ist ungleich höher, denn eine in den Nationalstaaten immerhin

13 *Shore, Cris*: Building Europe. The Cultural Politics of European Integration, London 2000.

14 *Elias, Norbert*: Wandlungen der Wir-Ich-Balance, S. 294, in: *ders.*: Die Gesellschaft der Individuen, Frankfurt am Main 1987, S. 209-316.

15 *Caviedes, Alexander*: The Role of Language in Nation-Building within the European Union, S. 253, in: Dialectical Anthropology, 27, 2003, S. 249-268.

prominent verankerte Politik zur *Ausweitung der Kenntnisse* über das eigene Land (Schulen, Nachrichten, Bewegung im Raum) ist als europäisches Politikfeld noch kaum entdeckt worden (European knowledge area). Nicht zu reden von einer Politik der *gegenseitigen Verständigung*, der Weckung von Interessen an anderen Teilen Europas, der *Toleranz* für fremde Sitten etc. Die bisherigen Versuche (Jugend- und Studentenaustausch) – so wichtig sie sind – haben angesichts einer immer noch ungebrochenen Sicht der jeweiligen Bevölkerungen auf die ‚eigenen', d. h. nationalen Belange etwas Hilfloses an sich. (Nur 1 % der Studierenden Europas nimmt an den Erasmusprogrammen teil!) Zu einem europäisch orientierten Selbstbild der Menschen (culture of belonging) und zu einem entsprechenden Netzwerk lokaler Akteure haben sie noch nicht geführt. Und der moderne Typus von *Massentourismus* trägt zur Völkerverständigung nur marginal bei.

3.3.3. Ent-Ideologisierung der Standorte

Grund für das vergleichsweise schlechte europäische *Identitätsmanagement nach innen* ist die Tatsache, dass es mit Blick auf den kulturellen Primärbezug nicht gelungen ist, vielleicht auch so schnell nicht gelingen kann, den festgefügten nationalen Kulturvorbehalt vom Sockel zu stoßen. Es war immerhin die Kulturleistung moderner Nationalstaaten, die Bindung an ethnische Abstammungskriterien zu lockern, ihre jeweiligen Bevölkerungen auf die Wichtigkeit, den Eigenwert und die Strahlkraft des genuin deutschen, französischen, spanischen, englischen, italienischen Lebensstils einzuschwören. Das gilt bis heute. Kulturell sind deswegen alle Bevölkerungen Europas lokal, regional und national ‚standortbezogen', also ideologisch und gefühlsmäßig eingebunden. Sie denken und handeln aus der Sicht ihres begrenzten kulturellen Alltags und ihrer Lebensbezüge, die über die nationalen Grenzen jedenfalls nicht hinausreichen. Es war der Erfolg jahrzehntelanger Bemühungen der Nationalstaaten, über die regionale Verankerung der Menschen wenigstens eine nationale ‚Glocke der Relevanz' – im nationalistischen Sinn sogar als ‚summum bonum' – stülpen zu können. Europa hat sich hinsichtlich seiner kulturellen Relevanz für den ‚europäischen Staatsbürger' noch nichts einfallen lassen.

> Solange sich mit der Einheit höherer Ordnung keine *Gefühle* der persönlichen Identität, keine Wir-Gefühle verbinden, erscheint das Verblassen oder gar das Verschwinden der Wir-Gruppe niedrigerer Ordnung in der Tat als eine Art Todesdrohung, als ein kollektiver Untergang und so ganz gewiss als eine Sinnentleerung höchsten Grades. [16]

Die EU mag als politische Notwendigkeit sogar begriffen werden. Solange sie nicht mit intensivem Wir-Gefühl besetzt ist, wird man ihr zähen Widerstand entgegensetzen. Langfristig kann sich die Balance durchaus ändern.

In der Zwischenzeit sind die Aufgaben gigantisch. Denn die Konstruktion der drei europäischen Säulen – Wirtschaft, Politik und Kultur – sollen etwas zu Wege bringen, was bisher vielleicht einmal in der früh- und hochmittelalterlichen Denk-, Handlungs-

16 *Elias*, 1987, S. 299.

und Gefühlswelt der seinerzeitigen Eliten im Ansatz Wirklichkeit gewesen war: die Etablierung eines europäischen Kultur- und Bürgerbewusstseins. Damals waren in der Tat die Verstehens-, Kultur- und Bildungsgrenzen (für die Eliten) weitgehend nivelliert. Mit der neuzeitlichen Moderne in Europa wurde diese Homogenität aber schrittweise aufgehoben. Die Wiedergewinnung einer nicht nur rechtlichen, sondern auch sozialkulturellen ‚european citizenship' als das Endziel aller europäischen Einigung hat heute eher den Rang eines vagen Fernziels, einer Utopie sogar, deren Realisierungschancen nur schwer abschätzbar sind. Denn die Nationalstaaten haben im Lauf der Jahrhunderte sozusagen ‚tabula rasa' gemacht.

Das war der Grund, warum der Gründungsakt des modernen Europas den Umweg über die ökonomisch-politischen Einigungszwänge zu beschreiten hatte. Die modernen Europäer hatten Recht mit der Unterstellung, dass Binnenmarkt und Politik ein Ganzes bilden und eine Verflechtungsdynamik auslösen müssen. Sie hofften, dass dies auch auf den Sektor der Kultur übertragbar wäre. Dahinter stand die Überlegung, dass eine gemeinsame wirtschaftspolitische und politische Verständigungspraxis auf Dauer den Weg für eine europäische Geschichte und eine entsprechende Wertgemeinschaft bereiten würde. Ob dieser ‚Automatismus der zweiten Stufe' genauso greift wie die wirtschaftspolitische Dynamik, ist heute zweifelhaft geworden. Denn wir müssen uns fragen, ob es einen solchen *Kulturautomatismus* überhaupt gibt, oder ob sein Zeithorizont die gesellschaftlich überblickbaren Entscheidungshorizonte nicht bei weitem übersteigt und von daher gesellschaftspolitisch irrelevant ist. Ein gemeinsames europäisches Wir-Bewusstsein mag in ferner Zukunft vielleicht entstehen. Wir brauchen es aber schon heute oder morgen, um Europa – vor allem das auf 25 Mitglieder unterschiedlicher Entwicklungsniveaus erweiterte Europa – zu erhalten. Denn seine Identität gewinnt Europa nicht allein durch laufende Entgrenzung des Nationalstaates, sondern ebenfalls durch eine erkennbare kulturelle Selbstdarstellung, eine Eingrenzung auf seine kulturelle Eigenart, mit der man sich gegebenenfalls identifizieren kann. Anders kann eine Kulturgemeinschaft weder nach außen noch nach innen auf Dauer wirksam werden.

Europäische Identitätsprobleme

1. Problemkreis: Die Entgrenzung der Nationalstaaten

EU-Binnenmarkt	EU-Politik	EU-Kultur
Zollunion	EU-Verwaltung	Sprachpolitik
Wirtschaftsunion	Gemeinschaftsrecht	Erziehung
Währungsunion	Politikvernetzung	Information

Lebensnahe europäische Staatsbürgerschaft

2. Problemkreis: Äußere Begrenzungen der Identitätspolitik

Marktglobalisierung	Internationalisierung	Kulturmischung
Standardisierung	Weltpolitik	Multikulturalismus
Finanzströme	Menschenrechte	Migration

Europäische Exklusivität als „time lag"

3. Problemkreis: Innereuropäische Fragmentierungen

Marktdifferenzierung	Politikdifferenzierung	Kulturdifferenzierung
Modernisierungsgefälle	Institutionengrenzen	Vielfalt der Lebensstile
2 Geschwindigkeiten	Ethno-Revival	Dekulturierungsängste
		Defizit der EU-Kulturpolitik

Alte und neue Mängel im Integrationsautomatismus

3.3.4. Die europäische Begrenzung als Identitätsproblem

Bisher war die europäische Integrationspolitik darauf fixiert, die Nationalstaaten wegen ihrer Tendenz zu gefährlichen Alleingängen oder zu überbordendem Wettbewerb in ein Geflecht gemeinsamer Interessen einzubinden und dadurch unschädlich zu halten. Ein halbes Jahrhundert war dieser riesigen Aufgabe gewidmet worden. Mehr als 50 Jahre Frieden war die Erfolgsprämie. Nun zeigt es sich immer mehr, dass ein ‚Europa der Bürger' besonders dann, wenn es vielen Menschen wirtschaftliche Opfer abverlangt, zwingend auf einem Bewusstsein kultureller Verbundenheit gründen muss. Diese aber ist nach der ‚Logik' der EU erst als Endprodukt aller anderen Integrationsvorgänge denkbar. Diese Annahme erweist sich zunehmend als problematisch.

4. Die Suche nach einer europäischen Spezifität

Alle Vorstellungen von gesellschaftlicher Integration deuten darauf hin, dass diese nicht anders denn in einer Dialektik von Inklusion und Exklusion gewonnen wird. Das gilt auf der Ebene der Persönlichkeit ebenso wie auf allen Ebenen kollektiver Identitätsbildung. Wer sich nicht gegen ‚den Anderen' oder die anderen abgrenzt, kann kein *Profil* als eigenständige Persönlichkeit gewinnen. Umgekehrt kann er das nur, wenn er mit anderen kommuniziert, sich abstimmt und die Erwartungen anderer mit seinem Spontaneitätskern in Einklang bringt. Das Integrationsmodell von G.H. Mead macht diese Dialektik von ‚I' und ‚Me' auf der mikrosozialen Ebene überaus klar. [17] Diese Wechselwirkung von Inklusion und Exklusion gilt jedoch für alle sozialen Kreise, also nicht minder für die makrosozialen Verflechtungen. Auch der Nationalstaat war und ist ein inklusiv-exklusives Gebilde. Für die Europäische Union kann nichts anderes gelten. Sie muss auch ein *symbolischer* Raum sein, der den kulturellen Bedeutungshorizont für politisches Handeln, normative Regelungen, kollektive Lernprozesse, gesellschaftliche Diskurse und Reflexionen, individuelle und kollektive Mobilisierung und alltägliche Interaktion abgibt.

Hier aber beginnen die Schwierigkeiten des europäischen Identitätsfindungsprozesses. Denn es stellt sich die Frage, was eigentlich die kulturelle Besonderheit dieses Europas ausmacht. Auf den ersten Blick scheint die Sorge ziemlich unbegründet zu sein. Denn unsere drei Säulen spiegeln doch einiges an europäischer Eigentümlichkeit wider:

1. In *wirtschaftlicher Hinsicht* ist die EU doch dabei, sich zu einer Welthandelsregion zu mausern, die sogar der Konkurrenz der Supermacht USA standhalten will, ja sogar als Programm nicht ausschließt, diese einmal zu übertreffen. Europa ist dabei, seine Interessen auf den Weltmärkten durchzusetzen, mit einer eigenen Stimme an den Welthandelskonferenzen zu sprechen und seine Vorstellungen und Ziele durchzukämpfen (Umweltschutz). Dazu gehört vermutlich ein aus der europäischen Sozialstaatstradition erwachsenes, eigenes Modell des Kapitalismus (soziale Marktwirtschaft), das den amerikanischen Vorstellungen von Wirtschaftsliberalismus in vielen Aspekten nicht entspricht. Um das zu erreichen, braucht Europa den Wirtschaftserfolg. Denn nur da, wo erfolgreich produziert wird, kann auch auf Dauer verteilt werden.

2. Ein starkes Europa bedarf, so die zweite Säule, auch eines ausgeprägten *politischen Bewusstseins*. Hier allerdings wird es komplizierter. Über den Rechtssetzungsprozess, über den Aufbau gemeinsamer Institutionen (z. B. über den Europäischen Gerichtshof) lässt sich eine (exklusive) Integrationswirkung durchaus erwarten. Hingegen ist die andere Seite des Staatsbewusstseins, die Souveränitätsidee, nur schwer zu gewinnen. Die EU ist, da sie keinen Superstaat gegen die Macht der Nationalstaaten aufbauen kann, nur beschränkt darin erfolgreich, ein genuines *Staatsbewusstsein* zu erzeugen. Die europäische Verfassung wird an dieser Knacknuss noch zu beißen haben. Das gilt auch für die Frage, wie es denn mit dem europäischen Territorium steht. Die europäische Raumfrage ist nach Osten ungelöst, gewinnt aber langsam an Kontur. Der Nationalstaat verteidigte immerhin feste (oder als fest definierte) Grenzen. Europa hat seine räumlichen (und kulturellen) Grenzen bisher nicht definiert. Vor 1989/1992 war das infolge der weltpolitischen Konstellationen – und eingezwängt im power play der zwei Supermächte – auch gar nicht möglich gewesen.

17 *Mead, George H.*: Die soziale Identität, S. 241 ff., in: *ders.*: Gesammelte Aufsätze. Bd. 1, Frankfurt am Main 1980, S. 241-249.

3. Seit dem Zusammenbruch der Sowjetunion kann man der Selbstdefinition aber gar nicht mehr ausweichen. Dabei zeigt sich, dass *Raumgrenzen* immer auch eine *kulturelle* und politische Konnotation besitzen: Genau deshalb sind die Entscheidungen über Inklusion oder Exklusion der Türkei, Russlands, Moldawiens, Bulgariens oder der Ukraine auch bislang immer aufgeschoben worden. Denn dazu müsste sich die EU eben selbst als eine kulturelle Einheit beschreiben (können) bzw. sich auf *Wertkriterien* festlegen. Dieser Problematik möchte sie aber gerne ausweichen, um nicht auch Ausschlusskandidaten bestimmen zu müssen. Wo Europas kulturelle Grenze liegt, für die es auch die Verteidigungsbereitschaft aller mobilisieren müsste, hat deswegen auch noch niemand genau umreißen können. Hier rächt sich, dass sich die EU über ihre ideellen Grundlagen so wenig geäußert hat. Die kulturelle Integrationsthematik wurde erst jüngst wirklich entdeckt – zu spät, um Europa als gemeinsame Kulturerfahrung, als wertgeladene Geschichte und traditional legitimierte Handlungsbasis alltagsweltlich zu erfahren. Es wurden kaum Anstrengungen unternommen, um diese Kulturspezifik in angemessener Weise und breit abgestützt zu symbolisieren.

Die Schwierigkeiten in dieser Hinsicht sind auch extrem hoch. Darauf macht nicht nur das ungelöste Sprachen- und Verständigungsproblem aufmerksam, sondern auch die fehlende mediale Präsenz des Themas ‚Europa', seine geringe Verankerung im Bildungsauftrag der Schulen, in der Informationspolitik etc. Der Eindruck trügt wohl nicht, dass die Intellektuellen und die Machtelite in auffälliger Weise zögern, sich der Europafrage öffentlich anzunehmen. Das hat sich erst seit der gemeinsamen europäischen Initiative von Habermas, Derrida, Eco u. a. (Mai 2003) etwas geändert, in der mit großer Resonanz die Bildung einer europäischen *Öffentlichkeit* gefordert wurde. Europas ‚kulturelles Gepäck' – eine Mischung aus griechischer Antike und Bibel, wie Jaspers zu formulieren pflegte, – ist historisch unbestreitbar. Denn ‚toute race et toute terre qui a été successivement romanisée, christianisée et soumise (…) à la discipline des Grecs, est absolument européenne'. [18] „Weil (wir) in diesem Raum geprägt, durch die Herkunft in unserer Seele bewegt, in unseren Entschlüssen und Zielsetzungen bestimmt und mit Bildern und Vorstellungen erfüllt (sind)", die auf dieses einzigartige Amalgam zurückgehen. [19] Spätestens seit dem 14. Jahrhundert erhielt der Begriff ‚Europa' eine anti-islamische Komponente, was einen Kulturaustausch mit den Gegnern nicht verhinderte. [20] Gerade wegen seiner historisch verankerten, religiösen Eigenheit ist diese Herkunft im säkularisierten öffentlichen Diskurs tabuisiert worden. Ein christliches Europa ist heute auch schlecht zu fordern. Stattdessen wird mit einer vagen, pluralen ‚Offenheit' operiert, denn Exklusivität, die man beim Nationalstaat nicht mehr dulden will, scheint auch und gerade auf europäischer Ebene nicht mehr ‚in die Zeit zu passen'.

18 Zitiert nach *Schmied, Karl*: Europa zwischen Ideologie und Verwirklichung. Psychologische Aspekte der europäischen Integration, Schaffhausen 1990.

19 *Jaspers, Karl*: Der philosophische Glaube angesichts der christlichen Offenbarung, S. 13, in: *Huber, Gerhard* (Hrsg.): Philosophie und christliche Existenz, Basel/Stuttgart 1960.

20 *Köpke, Wulf*: Was ist Europa, wer Europäer? S. 22, in: *ders./Bernd Schmelz* (Hrsg.): Das gemeinsame Haus Europa. Handbuch zur europäischen Kulturgeschichte, München 1999, S. 18-29.

5. Die Begrenzungen der europäischen Exklusivität von außen

Der Zeitgeist ist heute gewillt, alle Entwicklungen von einer ‚mondialisierten' Perspektive aus zu betrachten. Ein Europa mit Exklusivitätsanspruch scheint, unter diesen Vorzeichen einen Rückschritt in eine eben erst überwundene Epoche anzukündigen. Diese Haltung lässt sich wieder unter Verwendung des ‚Drei-Säulen-Modells' überprüfen.

1. Die *wirtschaftliche Integration* wird derzeit durch die Globalisierungsdebatte überlagert. Wir leben in einer Welt der raum-zeitlichen Komprimierungen.[21] Das erschwert es, ein ‚common good' allein aus europäischer Sicht überhaupt noch zu definieren. Märkte sind auf lange Sicht unpatriotisch. Unternehmer suchen weltweit die günstigsten Allokationsmöglichkeiten für ihre Faktorkombinationen. Im Zuge der internationalen Verflechtung macht es wenig Sinn, auf genuin europäische Verfahrensnormen, Standardisierungen etc. zu pochen. Etwaige europäische, sozialpolitische Normen wirtschaftlichen Handelns müssen sich mit den Weltstandards verträglich erweisen. Das sieht man an der Frage der weltweiten Sozialdumpings. Insofern wird europäische Exklusivität stark begrenzt. Auch wenn der *EU-Binnenhandel* die Mitgliedstaaten intensiv aneinander bindet, sind alle doch heute auch vom EU-externen Außenhandel abhängig. Welthandel und Liberalisierung stehen unter dem Gesetz der komparativen Kosten oder der günstigsten Faktorstandorte. Handels- und Finanzströme setzen sich deswegen ganz schnell über (welt-)regionale Grenzziehungen hinweg.
2. Dasselbe gilt für den *Bereich der Politik*, die nur noch zu Teilen eine europäische Komponente besitzt. Die ‚große Politik' ist weitgehend internationalisiert (‚mundialisiert') und kann schwer auf europäische Interessenlagen allein redimensioniert werden. So wie amerikanische Außenpolitik heute zwingend Weltpolitik ist, so muss sich auch die EU globalisieren. Sie kann (und soll) wohl von Europäern gemacht werden, kann aber nicht auf Europa als alleinigen Adressaten eingeschränkt sein. Ein Beispiel ist die Beachtung von Menschenrechten auf der Welt. Nur noch von historischer Bedeutung scheint es zu sein, dass die Entwicklung der Menschenrechte einst von Europa ausging. Deren Durchsetzung ist eine Frage des internationalen Zusammenlebens überhaupt geworden. Natürlich fordert auch die EU die Menschenrechte ein – und macht deren Beachtung sogar zur Aufnahmebedingung für potentielle Mitgliedstaaten –, darin lässt sich ein gemeinsames Kulturbewusstsein aber nur noch wenig schärfen. Andererseits darf man die Selbstdefinition der EU als Garant von Menschenrechten und Demokratie nicht unterschätzen. Solche kulturellen Rahmungen sind eben Teil eines europäischen Sinnhorizonts, wie sich Anfang 2003 an der Debatte um das ‚alte Europa' (Irak-Krieg) zeigte.
3. Das gilt auch für weitere Bereiche der *kulturellen Identitätsfindung*. Die universalisierte Welt hat sogar eine nicht geringe Tendenz, die jeweiligen Kulturausprägungen zu *hybridisieren*, also multikulturelle Mischungen zu erzwingen. Dabei bleiben die Besonderheiten einer Nation, und noch mehr einer kulturell als ‚offen'

21 *Harvey, David*: The Condition of Postmodernity, Oxford 1990.

deklarierten Union von Nationen, oft auf der Strecke. Im Wesentlichen wird dieser Prozess von den weltweiten Migrationen und *Transmigrationen*[22] mitgefördert. Letzteres ist sogar geradezu der Ausdruck dafür, dass kulturell präzise Zugehörigkeiten ausgedünnt werden und flexiblen raum-zeitlichen Einbettungen und Grenzziehungen Platz machen. Die heutige Mobilität insgesamt stärkt das Bewusstsein, dass kulturelle ‚Einbettungen' und feste Orientierungen und Identitäten heute mehr und mehr nur noch *partieller* Art sind, auf die man sich nur noch vorläufig, halbherzig und existentiell fragmentiert einlassen kann. Die Botschaft ist – oberflächlich gesehen – suggestiv, wenngleich sie für eine gelungene Lebensführung in dieser Radikalität wohl irreführend ist.

Diese Begrenzungen einer möglichen europäischen Exklusivität geraten in einen ‚kulturellen Widerspruch' mit den unabweisbaren Notwendigkeiten, ein europäisches Kulturbewusstsein, also einen Habitus, zu entwickeln, das jenseits der nationalstaatlichen Einbindungen angesiedelt ist. Jedenfalls wird die EU auf die Entgrenzung der Nation nicht mit genereller ‚Entbettung'[23] aller kulturellen Bezüge antworten können. Die Tatsache, dass eine Kulturgemeinschaft Europa, wenn überhaupt, nur in Ansätzen zu finden ist, macht ein *europäisches ‚Identitätsmanagement'* zunehmend prekär, aber sagt nichts über dessen Dringlichkeit aus. Denn es gibt den Differenzierungen, Fragmentierungen und neuen Exklusionen innerhalb der europäischen Konfiguration künftig einen zu großen, vielleicht sogar unbeherrschbaren und für die europäische Selbstbeschreibung gefährlichen Spielraum.

6. Refragmentierungen und mögliche neue Grenzziehungen in Europa

Um diesen Tendenzen auf die Spur zu kommen, empfiehlt es sich, wiederum auf die drei Säulen einer möglichen ‚Europa-Identität' (im Bereich von Wirtschaft, Politik und Kultur) zurückzugreifen.

6.1. Wirtschaftliche Fragmentierungsgefahren

Im Zuge der Erweiterungsprozesse vom westlastigen Kerneuropa zu einem nach Osten verschobenen Europa von 25 Staaten stellte sich heraus, dass die unsprünglich homogene und dadurch leichter regelbare Union von sechs etwa gleich entwickelten Mitgliedstaaten künftig so nicht mehr gegeben sein wird. Schon die ersten Erweiterungen des privilegierten Kreises auf 9, 12 und 15 Mitglieder haben große, kaum überbrückbare Disparitäten an den Tag gebracht. Griechenland als unbestreitbares Kernland europäischer Kultur war – vom ökonomischen Entwicklungsniveau her gesehen – eigentlich ein ‚untragbarer' Kandidat gewesen! In den 90er Jahren konnten die Struktur- und Ent-

22 *Schnapper, Dominique*: De l'Etat-nation au monde transnational. Du sens et de l'utilité du concept de diaspora, S. 9 ff., in: Revue Européenne des Migrations Internationales, 17/2, 2001, S. 9-34.

23 *Giddens, Anthony*: The Consequences of Modernity, Stanford 1990.

wicklungsfonds der EU noch für die nötigen Hilfen und Überbrückungen sorgen. Die gesellschaftlichen Spaltungen der EU werden sich in Zukunft häufen.

Dabei haben wir es mit Modernisierungsunterschieden allergrößten Ausmaßes zu tun, denen der Charakter tiefer Gräben und *Grenzziehungen* nicht abgesprochen werden kann. Die neuen Mitgliedsländer waren nur mit Mühe in der Lage, die Aufnahmekriterien der EU einigermaßen zu erfüllen. Was das für die Ausweitung eines einheitlichen Binnenmarkts auf dem Gebiet der physischen und technischen Barrieren (Produktstandards, Arbeitsplatzregelungen), der Steuern, der Deregulierung bisher geschützter Sektionen (Kapitalmarkt, Finanzdienstleistungen, Agrarmarkt, öffentliche Aufträge, Wettbewerbsgesetze, Patentrechte etc.) zu bedeuten hat, ist vorläufig unabsehbar. Denn entweder werden die Schwächeren ‚platt' gemacht und überlagert, wie man an der deutschen Wiedervereinigung sehen kann, oder es kommt ein Binnenmarkt in einem absehbaren Zeitrahmen eben nicht zustande, weil die Schutzgrenzen wieder hochgezogen werden müssen. Wenn – wie geschehen – politische Beitrittsgesichtspunkte die ökonomischen überwiegen, werden solche Marktspaltungen an der Tagesordnung sein. Eine Integration der ‚zwei Geschwindigkeiten' wird unvermeidbar werden und das Gesamtprojekt zusätzlichen Belastungen aussetzen.

6.2. Verteilungspolitische Fragmentierungen

Ähnliches betrifft die europäische Wohlfahrts- und Verteilungspolitik. Zwar gilt es als ausgemachte Sache, dass künftig die übernationalen Struktur- und Ausgleichsfonds eine weitaus größere Rolle spielen werden. Wie sie aber dauerhaft mit den dazu nötigen Mitteln (vgl. wieder das deutsche Beispiel mit seinen Transferzahlungen von damals über 1 Billion Mark!) ausgestattet werden können, wenn sich die Förderungsgebiete als Fass ohne Boden erweisen sollten, steht in den Sternen. Man vergleiche nur die Erfahrungen Italiens mit seiner Cassa per il Mezzogiorno. Pap malt den Dämon der *‚ethno-corruption'*[24] an die Wand, worunter er die Umlenkung von öffentlichen Maßnahmen auf private Felder und zugunsten von nicht vorgesehenen Gruppenvorteilen versteht.

Alle Verteilungspolitik ist spannungsvoll. Die Nationalstaaten haben uns dafür einen Erfahrungsschatz bereitgestellt. Bei leeren Kassen werden die Kämpfe heftiger. Hier kommt auf die EU ein großes Konfliktpotenzial zu, für das sie institutionell bislang gar nicht ausgerüstet ist. Schon in der heutigen EU gab es offene und versteckte Nord-/Südkonflikte. Im neuen Europa der 25 (seit Mai 2004) werden diese durch ein ganzes Kaleidoskop von West-/Ost-, Süd-/Ost- und Ost-/Südost-Konkurrenzen ergänzt werden. Ob die starken oder die schwachen Mitglieder auf die Bremse treten werden, ist nicht zu entscheiden. Wie heftig die Kämpfe um knappe Ressourcen sein können, lässt sich an allen komplexen Staatsgebilden nachzeichnen: in Italien, Spanien, Frankreich, Deutschland, Großbritannien usw. Je tiefer die Gräben sind, desto stärker ist der Bestand des Gebildes überhaupt gefährdet.

24 *Pap, András L.*: Ethnization and European Identity Policies: Window-Shopping with Risk, S. 229, in: Dialectical Anthropology, 27, 2003, S. 227-248.

6.3. Politische Differenzierungen und Fragmentierungen

Die EU ist sich dieser Herausforderung wohl bewusst. Sie arbeitet seit einiger Zeit intensiv daran, die Institutionen erweiterungstauglich zu gestalten. Der Gedanke ist zwingend, dass der politisch-institutionelle Rahmen feststehen muss, um die internen wirtschaftlichen und kulturellen Spannungen überhaupt auffangen und ausgleichen zu können. Zur Zeit ist ein *starker* Verfassungs-, Kompetenz- und Konsensfindungsrahmen aber nicht in Sicht – auch deshalb nicht, weil die Nationalstaaten sich nur mit großer Mühe weitere Kompetenzübertragungen abringen lassen.

Sie beklagen auf der einen Seite die Schwäche Europas, sind andererseits aber auch die Ursache dafür. Jedenfalls bleibt festzuhalten, dass in dieses Vakuum des politischen Raums alte und neue Akteure nachstoßen und ein eigenes Identitätsmanagement betreiben: seien es die Nationen selbst, seien es die Regionen, die Ethnien und Minderheiten, die Metropolen oder andere Kommunen. Überall entstehen neue Bezugspunkte für Politik und kommunitäre Einbettung, die die ursprünglichen Intentionen der EU, den Spielraum nationaler oder subnationaler Selbstdeutung einzugrenzen, unterlaufen. Wie die EU mit dem Schub des ‚ethnic revival' fertig werden wird, das im Osten noch viel ausgeprägter ist als im Westen, ist höchst ungewiss. Je stärker sich eine ethnosorientierte Präferenzpolitik entwickelt, desto klarer müssen auch die politischen Grenzen für die Differenzierung der Wir-Gefühle und die daraus abgeleiteten Sonderrechte gezogen werden.[25] Da andererseits die Subsidiarität dazu zwingt, den Teilsystemen mehr Autonomie zu gewähren, kündigen sich auch hier große Spannungen zwischen Differenzierungen und Entdifferenzierungen, dezentralen und zentralen Problemlösungen an.[26] Als zusätzliche Gefährdung tritt seit den 90er Jahren hinzu, dass der weltpolitische *Außendruck* auf den innereuropäischen Einigungswillen, der rund ein halbes Jahrhundert wirksam war, sozusagen über Nacht entfallen ist. Gleichzeitig sind damit die alten Widerstände gegen ständig neue Integrationsschritte angewachsen. Sie werden verstärkt durch den selbstreflexiven Blick moderner Institutionen auf eventuelle Integrationsnachteile, dem nun genügend Raum zur Verfügung steht.

6.4. Kulturelle Differenzierungen als neue Grenzen

Die Gefahr, dass sich Räume und Zeiten (Modernisierungsgeschwindigkeiten) differenzieren, ohne dass gemeinschaftsbildende Institutionen als notwendige Verklammerung wirksam werden können, hängt wesentlich mit dem genannten *kulturellen Widerspruch* der EU zusammen. Europa hält sich viel darauf zugute, dass es Staat und Nation, Recht- und Kulturgemeinschaft zu trennen vermochte. Mit anderen Worten, die EU will und wird keine Usurpation des Nationenbegriffs betreiben, sondern will ein Gebilde anderer, eigener Art sein. Dabei wird beständig darauf verwiesen, dass die unendliche Varia-

25 *Pap*, 2003, S. 243.

26 *Geser, Hans*: Zu viel Gemeinschaft in der Gesellschaft? Europa in der Zwangsjacke entdifferenzierender kommunitaristischer Integration, S. 463 ff., in: *Maurizio Bach* (Hrsg.): Die Europäisierung nationaler Gesellschaften. Sonderheft der KZfSS, 40, Wiesbaden 2000, S. 456-480.

tion innerhalb Europas – in Rechtsbewusstsein, Sprache, Lebensstil, Religion, Säkularisierung etc. – nicht nur europatypisch, sondern sogar die Schatzkammer der EU sei. Das ist wohl wahr, führt aber beim Identitätsproblem nicht recht weiter. Im Gegenteil! Es redet die alte Zersplitterungssituation quo ante erneut herbei. Es ist diejenige der Differenzierung ohne gemeinsame politisch-rechtliche Klammer. Genau das wollte und musste man in Europa überwinden.

Amerika kennt dieselbe kulturelle Differenzierung, ist aber zugleich ‚Gods first nation'. Das macht den zentralen Integrationsunterschied aus. Die USA sind eine Nation und berufen sich auf eine gemeinsame Gründungs- und Institutionengeschichte. Einen Integrationsautomatismus, der etwas von dieser Vergemeinschaftung widerspiegelt, hat die EU im Übergang von ihrer ersten (wirtschaftlichen) zur zweiten (politischen) Säule eingebaut. Eine darüber hinaus verlängerte Kulturvereinigungsautomatik ist daraus nicht entstanden. Es gibt bis heute auch keine gemeinsame Kulturidentität (bzw. eine entsprechende Politik dazu), die diesen Namen verdiente. Wir kennen die übergreifende Identität noch zu wenig, für die es sich lohnen würde, nationale und subnationale Gefühle der Zugehörigkeit einzuklammern. Moderne europäische Geschichte ist nicht Einigungs-, sondern Spaltungsgeschichte. Eine gemeinsame europäische Geschichte muss erst zum Leben erweckt werden. [27] Weder ist eine Sprachpolitik, noch eine genuin europäische Bildungspolitik, oder eine intensive Bemühung um die Symbolisierung nationenübergreifender Kulturleistungen in erkennbarer, geschweige denn befriedigender Form durch die Europapolitiker der zweiten und dritten Generation in Gang gebracht worden. Alles wird jetzt sozusagen dem Euro überlassen. Ob er den sich allerorten regenden Unmut über die ‚Eurokratie', die Europamüdigkeit und die nostalgische Rückbesinnung auf lokalistische Zugehörigkeiten ausgleichen kann? Eine genuin europäische Mentalität und Sensibilität gibt es jedenfalls noch nicht. [28]

Zeit und Ideen werden knapp. In der Weber'schen Sprache würde man sagen, dass der ursprüngliche ‚Geist' aus dem Integrationsprozess zu weichen beginnt. Früher ‚wollten wir Europäer sein', heute ist uns diese Berufung abhanden gekommen. Wird die Europäische Verfassung (‚Verfassungspatriotismus' auf europäisch) die Fehler der Vergangenheit korrigieren können? Kann sie den Rahmen für ein gemeinsames Kulturbewusstsein nachreichen? Wird Europa von der Geschichte bestraft, weil es sich bei der Beantwortung seiner ureigenen, existentiellen Kernfragen sträflich verspätet hat? All diese Fragen wird man vielleicht in ein oder zwei Generationen beantworten können.

27 *Böckenförde, Ernst-Wolfgang*: Grundlagen europäischer Solidarität, in: Frankfurter Allgemeine Zeitung, Nr. 140, 20. 06. 2003.

28 *Kreis, Georg*: Gibt es sie, diese besondere europäische Sensibilität?, in: Basler Zeitung, Nr. 140, 19. 06. 2003, S. 37.

7. Literaturverzeichnis

Böckenförde, Ernst-Wolfgang: Grundlagen europäischer Solidarität, in: Frankfurter Allgemeine Zeitung Nr. 140, 20. Juni 2003, S. 8

Caviedes, Alexander: The Role of Language in Nation-Building within the European Union, in: Dialectical Anthropology, 27, 2003, S. 249-268

Cederman, Lars Erik: Nationalism and Bounded Integration: What it would take to construct a European Demos. European University Institute (EU). Working Papers, RSC 34, Florenz 2000

Delanty, Gerald: Inventing Europe. Idea, Identity, Reality, New York 1995

Egan, Colin/Peter McKiernan: Inside Fortress Europe. Strategies for the Single Market, Wokingham UK/New York/Sydney 1994

Elias, Norbert: Über den Prozess der Zivilisation. Soziogenetische und psychogenetische Untersuchungen. Band II: Wandlungen der Gesellschaft, Frankfurt am Main 1978

Elias, Norbert: Wandlungen der Wir-Ich-Balance, in: *ders.*: Die Gesellschaft der Individuen, Frankfurt am Main 1987, S. 209-316

Gellner, Ernest: Nation and nationalism, London 1996

Geser, Hans: Zu viel Gemeinschaft in der Gesellschaft? Europa in der Zwangsjacke entdifferenzierender kommunitaristischer Integration, in: *Maurzio Bach* (Hrsg.): Die Europäisierung nationaler Gesellschaften, Sonderheft der KZfSS, 40. Wiesbaden 2000, S. 456-480

Giddens, Anthony: The Consequences of Modernity, Stanford 1990

Harvey, David: The Condition of Postmodernity, Oxford 1990

Havel, Vaclav, in: La Reppublica, 05. 04. 2002, S. 14

Hobsbawn, Eric J.: Die Blütezeit des Kapitals, Zürich 1979

Hoffmann, Hilmar/Kramer, Dieter (Hrsg.): Europa – Kontinent im Abseits?, Reinbek 1998

Immerfall, Stefan: Fragestellungen einer Soziologie der Europäischen Integration, in: *Bach, Maurzio* (Hrsg.): Die Europäisierung nationaler Gesellschaften, Sonderheft der KZfSS, 40, Wiesbaden 2000, S. 481-503

Jaspers, Karl: Der philosophische Glaube angesichts der christlichen Offenbarung, in: *Gerhard Huber* (Hrsg.): Philosophie und christliche Existenz, Basel/Stuttgart 1960

Köpke, Wulf: Was ist Europa, wer Europäer?, in: *Köpke, Wulf/Schmelz, Bernd* (Hrsg.): Das gemeinsame Haus Europa. Handbuch zur europäischen Kulturgeschichte, München 1999, S. 18-29

Kreis, Georg: Gibt es sie, diese besondere europäische Sensibilität?, in: Basler Zeitung, Nr. 140, 19. 06. 2003, S. 37 f.

Mead, George H.: Die soziale Identität, in: *ders.*: Gesammelte Aufsätze, Bd. 1, Frankfurt am Main 1980, S. 241-249

Pap, András L.: Ethnization and European Identity Policies: Window-Shopping with Risks, in: Dialectical Anthropology, 27, 2003, S. 227-248

Puntscher Riekmann, Sonja: Die Meister und ihr Instrument. Institutionenkonflikte und Legitimitätsprobleme in der Europäischen Union, in: *Maurizio Bach* (Hrsg.): Die Europäisierung nationaler Gesellschaften. Sonderheft der KZfSS, 40, Wiesbaden 2000, S. 130-151.

Schmied, Karl: Europa zwischen Ideologie und Verwirklichung. Psychologische Aspekte der europäischen Integration, Schaffhausen 1990

Schnapper, Dominique: De l'Etat-nation au monde transnational. Du sens et de l'utilité du concept de diaspora, in: Revue Européenne des Migrations Internationales, 17/2, 2001, S. 9-34

Shore, C.: Building Europe. The Cultural Politics of European Integration, London 2000

Simmel, Georg: Das Geld in der modernen Kultur, in: *ders.*: Schriften zur Soziologie. Eine Auswahl, Frankfurt am Main 1986, S. 78-94

Weber, Max: Die drei reinen Typen der legitimen Herrschaft, in: *ders.*: Soziologie. Weltgeschichtliche Analysen. Politik. Hrsg. von Johannes Winckelmann, Stuttgart 1968, S. 151-166

Weiler, Joseph H. H.: The Constitution of Europe, Cambridge 1999

Religiöser Pluralismus und europäischer Islam

Reinhard Schulze

Religiöser Pluralismus kann zweierlei bedeuten: Erstens kann er die Auffassung bezeichnen, dass eine Vielfalt religiöser Bekenntnisse gewollt sei, das heißt, dass Pluralität im religiösen Feld intentional befürwortet und ausgestaltet wird. Zweitens kann er eine spezifische Beschreibung des Pluralismus selbst bezeichnen, und zwar in dem Sinne, dass Pluralität durch einen religiösen Diskurs intentional befürwortet werde und dass der religiöse Diskurs selbst die Pluralität ausgestalte, sei es im religiösen Feld selbst oder auch in anderen, nichtreligiösen Feldern.

Im ersten Fall sind Religionen das Objekt einer öffentlichen Ordnungsvorstellung; im zweiten Fall sind es Religionen selbst, die eine plurale öffentliche Ordnung konstituieren. In unserem Sprachbewusstsein werden beide Konzepte gerne zu einer Auffassung verwoben. Diese besagt, dass durch einen religiösen Pluralismus die Vielheit von Religionen in einem sozialen Feld bestätigt und gewollt sowie gleichzeitig von den Religionen eine ethische Aussage über die Legitimität dieses Pluralismus erwartet wird. Wenn also in einer gegebenen Gesellschaft die religiösen Kulturen durch einen Pluralismus als gleichwertig und gleichberechtigt anerkannt werden, dann wird auch von diesen Religionen die Anerkennung einer solchen pluralen Ordnung erwartet, und zwar nicht bloß in dem Sinne, dass die Pluralität als allgemeiner ethischer Wert akzeptiert wird, sondern dass diese auch aus dem spezifischen religiösen Diskurs begründet wird.

Pluralismus bezeichnet nicht einfach das Faktum von Pluralität, sondern den eine solche Pluralität intentional bestätigenden Diskurs. Ein solcher Diskurs ist noch nicht besonders alt und schon gar nicht bezogen auf die reale religiöse Vielheit, die es de facto in allen europäischen Gesellschaften schon immer gegeben hat. Als politisches Ideal reflektierte das in der Neuzeit etablierte Konzept des Pluralismus die realen sozialen Erfahrungen einer sehr heterogenen sozialen Kommunalität; das religiöse Feld aber wurde aus diesem Konzept ausgespart. Der Grund hierfür ist die in der Frühen Neuzeit durchgesetzte territoriale Verfasstheit der Religionszugehörigkeit, die im Rechtssatz *cuius regio eius religio* zum Ausdruck gebracht wurde. Später wurde diese kulturelle Territorialisierung auch auf die Sprache ausgedehnt, so dass wir für die Zeit von etwa 1600 bis 1900 eine weitgehende Homogenisierung der kulturellen Identitäten in europäischen Territorien beobachten können. Dieser Prozess hatte in den europäischen Ländern der vermeintlichen Homogenisierung, ja Singularisierung der religiösen Kulturen den Weg gewiesen, die dann im Laufe der Jahrzehnte und Jahrhunderte im kollektiven Gedächtnis immer selbstverständlicher wurde. Im 19. Jahrhundert wurde von manchen Denkern diese Singularisierung sogar auf ganz Europa übertragen, das nun als Territorium eines Christentums gewertet wurde. Das Christentum wurde so bei ihnen zu einer europäischen Gesamtidentität. [1]

Nun ist es eine Fiktion zu glauben, dass durch diesen Prozess Religionen tatsächlich in einem Territorium so singularisiert wurden, dass keine anderen religiösen Bekenntnisse oder Kulte mehr praktiziert worden wären. Das Judentum blieb weiterhin eine distinkte religiöse Kultur, dazu kam eine wachsende Zahl anderer neuer christlicher Gruppen. Faktisch hat es immer eine Immigration gegeben und damit auch eine ständige Erweiterung religiöser Pluralität, nur hatten andere Religionsgemeinschaften als die staatstragenden Kirchen keinen Einfluss auf die Ausgestaltung und Aushandlung des Verhältnisses zwischen Staat und Gesellschaft, also auf einen Prozess, der später als Säkularisierung begriffen wurde.[2] Meist war ausschließlich eine bestimmte Religionsgemeinschaft in der *devotio publica* zugelassen, andere mussten sich auf die *devotio domestica* beschränken. Der Status anderer Religionen war dadurch bestimmt, dass sie als solche nicht zur anerkannten Untertanengemeinschaft gehörten und ihnen später auch keine Partizipation zuteil wurde. Vielmehr waren sie Privatsache und ihre Anhänger geduldete Andersgläubige, während der herrschaftlichen Konfession die öffentliche Religionsausübung und damit die Partizipation an der Macht vorbehalten war.

Die Beziehung von Religion und Staat, das heißt der Säkularisierungsprozess, wurde in den meisten europäischen Ländern ausschließlich durch jene Auseinandersetzungen bestimmt, die eng mit christlichen Traditionen verbunden waren.[3] Keine andere religiöse Tradition wurde in diesen Konflikt und die entsprechenden Diskussionen einbezogen. Somit war die Säkularisierung in erster Linie eine innerchristliche Angelegenheit. Es gab praktisch keine andere Religionsgemeinschaft als das Christentum, die an der Aushandlung der Säkularisierung, zum Beispiel in Deutschland, partizipiert hätte. Versuche jüdischer Denker die real erlebte Säkularisierung aus eigener Tradition heraus zu bestimmen und zu bewerten, wie die Beziehung zwischen Staat und Religion zu defi-

1 Die Verschmelzung des seit dem 16. Jh. (im Anschluss an Luthers ‚Morgenland') gebräuchlichen, geographisch gemeinten Begriffs ‚Abendländer' (als Plural von Abendland) mit dem Konzept des *corpus christianum* zur Idee des ‚christlichen Abendlandes' unter Nutzung der im 18. Jh. erfolgten Singularisierung des ‚Abendlandes' zu einem ideologischen Konzept, entstammte der romantischen Tradition (Schlegel, Novalis) und wurde schließlich bei den Historikern (Jacob Burckhardt, Leopold von Ranke) in unterschiedlicher Weise historisiert (z. B. *Mme van den Bussche* (Übers.): Robert von Saverny oder das christliche Abendland vor Damascus, Köln 1867). Zum politischen Idealbegriff wurde das Konzept ‚christliches Abendland/Europa' vor allem nach dem Ersten Weltkrieg (Oswald Spengler, Hermann Platz (zu Platz: *Vincent Berning* (Hrsg.): Hermann Platz: 1880-1945, eine Gedenkschrift. Mit Beiträgen von August Heinrich Berning und ausgeweiteten Texten von Hermann Platz, Düsseldorf 1980)). Problematisiert wird das Konzept bei *Reinhart Hummel*: Religiöser Pluralismus oder christliches Abendland? Herausforderung an Kirche und Gesellschaft, Darmstadt 1994.

2 Die Geschichte der Begriffe Säkularismus und Säkularisation sind hinlänglich bekannt und soll daher hier nicht wiederholt werden. Es sei lediglich daran erinnert, dass seit der mittellateinischen Verwendung des Konzepts *saeculares* (bezogen auf christliche Mönche oder Priester, die nicht als regulares (Regularkleriker) im Kloster lebten und daher nicht dessen *regulae* unterworfen waren) der Begriff stets im Kontext kirchlicher Institutionen und hier meist im rechtlichen Sinne (Aufhebung der Verfügungsgewalt über kirchlichen Besitz) verwendet wurde. Erst im 19. Jahrhundert wurde der Begriff selbst ‚säkularisiert' und zu einem prinzipiellen Begriff, der die ‚Verweltlichung' auch nicht christlicher Institutionen meinte. Die reflexive Verwendung des Begriffs in Form des Wortes ‚Säkularismus' (später gemeinhin gedeutet als die ‚Seinsform der Säkularisation') stammt erst aus der zweiten Hälfte des 19. Jahrhunderts und wurde wohl durch die Gruppe der *secularists* um den englischen Freidenker George Jacob Holyoake (1817-1906), der angeblich den Begriff 1851 kreiert hatte, angeregt.

3 *Johannes Christiaan Hoekendijk* (RGG (3. Aufl.), V, 1295) verallgemeinert diese Beziehung noch weiter und sprach von einer ‚technokratischen Zivilisation', die sich als ‚Tochter des Christentums' über die ‚Weltzivilisation' als ‚eine Superstruktur über primäre Kulturen gelegt' habe. In Großbritannien hingegen gab es im Rahmen der Vereinigung von England und Schottland ein starkes Bedürfnis, Säkularisierungsprozesse nicht allein aus einer einzigen kirchlichen Tradition heraus zu begreifen, was auf die Opposition der schottischen Presbyterianer gegen das Episkopat zurückzuführen war (u. a. James Kerr, 1847-1905).

nieren sei, wurden nur sehr selten in die allgemeine Debatte einbezogen. Berücksichtigung fanden diese jüdischen Denker allein dann, wenn sie sich nicht mehr im Symbolrahmen ihrer Religion bewegten.[4] Die Partizipation an der Aufklärung blieb an die Bedingung geknüpft, sich dem christlichen Symbolsystem als intellektuellem ‚Leitsystem' anzupassen oder zumindest dessen Leitthemen (Wunderfrage, Theismusfrage) aufzugreifen.

So merkwürdig es auch ist: Die Diskussionen um die Freisetzung der Religion im säkularen Staat waren zu einem erheblichen Maße durch christliche Traditionen bestimmt. Der heute existierende säkulare Staat erscheint damit als das Ergebnis eines langen Aushandlungsprozesses zwischen dem kirchlich institutionalisierten Christentum – und im Besonderen dem Protestantismus – und dem Staat. Die implizite Anerkennung dieses Zusammenhangs zeigt sich in der Interpretation der Beziehung anderer Religionen zum Säkularismus. So wird stereotyp wiederholt, dass zum Beispiel der Islam keine Säkularisierung kenne, da er Staat und Religion nicht kategorisch trenne.[5]

Diese seit der Frühen Neuzeit geschaffene europäische Ordnung wurde zunächst in den englischen Kolonien in Nordamerika gebrochen. Dort konnte sich die kulturelle Interpretation einer Territorialität nicht durchsetzen. Religion wurde doppelt funktionalisiert: Zum einem wurde sie als *devotio domestica* mit der Kommune identifiziert, zum anderen diente sie als Legitimationsrahmen für eine verfassungsmäßige Herrschaft.

Philosophisch wurde der Pluralismus erst zu Beginn des 20. Jahrhunderts ausformuliert und in einen Gegensatz zum herrschenden Monismus gebracht. Der Referenzbereich des Pluralismus war das Religiöse, wie aus den Schriften von William James und James Ward deutlich erkennbar ist. Aber es handelte sich dabei nicht um die Diskussion realer sozialer Pluralität, die erst in dem politischen Pluralismus wie zum Beispiel bei Harold Laski (1917) entwickelt wurde.

Laskis politischer Pluralismus findet sich nun implizit im in den 1960er Jahren diskutierten ‚religiösen Pluralismus' wieder, der dann in den 1980er und 1990er Jahren einen wahren Boom erlebte. Dies interpretierte natürlich die reale religiöse Pluralität, die durch die Immigration in europäischen Ländern entstanden ist. Primäre Advokaten einer solchen Konzeptionalisierung sind bis heute meist intellektuelle Vertreter von religiösen Minderheiten gewesen, die quasi das pluralistische Selbstverständnis des modernen demokratischen Staates einforderten, um zu einer sozialen und rechtlichen Gleichwertigkeit ‚ihrer' Religionsgemeinschaften zu gelangen.

In dieser Perspektive bedeutet religiöser Pluralismus in erster Linie, dass das Verhältnis zwischen Religion und Staat auch aus anderen religiösen Traditionen heraus neu definiert wird. Doch tatsächlich sieht es so aus, dass keiner anderen religiösen Tradition

4 Der Beitrag jüdischer Denker des 18. Jahrhunderts wie Moses Mendelsohn (1729-1786) zur Aushandlung der Säkularismus in Deutschland darf allerdings nicht unterschätzt werden. Das gleiche gilt für die Spinozarezeption, die das Moment der Säkularismus betonte. Siehe *Yirmiyahu Yovel*: Spinoza. Das Abenteuer der Immanenz, Göttingen 1995; *ders.*: Spinoza, the First Secular Jew?, in: Tikkun, 5 (1996) 1, S. 40-42, 94-96.

5 *Schulze, Reinhard*: Säkularismus und Religion in westlichen und islamischen Gesellschaften, in: Institut für internationale Politik (Hrsg.): Die Wahrnehmung des Islam in Europa und Nordamerika, Berlin 1993 (Arbeitspapier 019).

als dem Christentum das Recht auf Partizipation in der Grundwertediskussion um Staat, Gesellschaft und Religion gewährt wird. Der diskursive Ausschluss betrifft vor allem die Muslime. Ihnen wird vorgeworfen, dass ihnen eben wegen ihrer Religion keine Partizipationsmöglichkeit geboten werden könne, da der Islam keine Säkularisierung zulasse und Religion und Staat konzeptionell nicht trennen könne. Partizipation würde nun in der Tat bedeuten, andere religiöse Kulturen in die Grundwertediskussion um den säkularen Staat einzubeziehen, ja sie dazu zu verpflichten.

Religiöser Pluralismus zeichnet sich damit nicht durch eine einfache additive Pluralisierung von Religion aus. Er ergibt sich nicht aus der symbolischen Vielfältigkeit, also daraus, dass an einem Ort neben einer Kirche endlich wieder eine Synagoge und auch eine Moschee zu stehen kommen. Diese amerikanische Variante der Pluralisierung religiöser Kultur sagt noch nichts darüber aus, ob die Religionsgemeinschaften tatsächlich an dem Diskurs teilnehmen können, der die Grundwerte der Beziehung zwischen Staat und Religion bestimmt. Die rechtliche Freisetzung der Religionen in der Gesellschaft ist damit keinesfalls identisch mit ihrer Partizipation. Erst wenn diese erreicht ist, können wir von einer erfolgreichen Einbürgerung einer Religion sprechen. Ich möchte aber betonen, dass ich im Folgenden den Bürgerbegriff wie auch den Begriff Bürgerrecht nicht im staatsrechtlichen Sinne, sondern metaphorisch verwende.

In vielen Diskussionsbeiträgen ist zu hören und zu lesen, dass andere Religionen als die christliche Religion, so zum Beispiel der Islam, zu einer solchen Einbürgerung gar nicht fähig sei, da dieser Religion und Staat nicht trennen könne und keine solche Tradition kenne, die wir als Säkularismus bezeichnen. Diesen Vorwurf machen sich heute gerade islamistische Gruppen gerne zu eigen und werten ihn um: Sie behaupten, der Säkularismus sei eben deshalb eine rein christliche Angelegenheit, weil das Christentum nicht in der Lage war, das Verhältnis von Religion und Staat fruchtvoll zu bestimmen. Der Säkularismus sei nur eine Verlegenheitslösung, die aus einem Defizit der christlichen Religion stamme. Da der Islam dieses Defizit nicht aufweise, brauche der Islam auch keinen Säkularismus. [6] Das gleiche sei zum Thema Aufklärung zu sagen. Konsequenterweise fügen Islamisten dem Begriff Säkularismus meist das Prädikat ‚christlich' hinzu. [7] In der Feststellung des fehlenden Säkularismus treffen sich beide Positionen. Und in der Tat: Solange wir keine transkulturelle Idee von Säkularismus haben, bleibt er zunächst nur in jenen Traditionen erfahrbar, die ihn gestaltet haben. Neben den christlich protestantischen Säkularismus tritt dann aber ein islamischer, ein jüdischer oder ein buddhistischer Säkularismus – sprich eine Interpretation der globalen historischen Prozesse der Säkularisierung. Da jede Religion stets in einer Beziehung zu Staat und Herrschaft zu sehen ist, verfügt auch jede Religion über eine eigene Tradition, diese Beziehungen zu interpretieren. In der islamischen Kultur reicht die Geschichte dieser Interpretationen weit in die Vergangenheit zurück.

Auf den ersten Blick sind diese Interpretationen nicht sofort zu erkennen, weil sie – wie sollte es auch anders sein – islamisch versprachlicht sind. Wir sind es so sehr gewohnt,

6 Kritisch äußern sich hierzu die in der von *Erdmute Heller* und *Hassouna Mosbahi* herausgegebenen Anthologie Islam, Demokratie, Moderne: Aktuelle Antworten arabischer Denker, München 1998, versammelten Autoren.

unseren christlichen Sprachgebrauch als universelle, eben säkularisierte Ausdrucksweise zu verstehen, dass wir kaum noch die christlichen Konnotationen wahrnehmen. Ein muslimischer Beobachter unserer Diskussionen aber könnte durchaus auf die Idee kommen, einige unserer Schlüsselkonzepte, die das Verhältnis Religion und Staat beschreiben – und hier gerade auch den Begriff säkular – als römisch-christliche Ausdrücke festzuschreiben. Genauso verfahren aber viele Nichtmuslime, wenn sie etwa islamische Begriffe wie Kalif, Imam, Din (‚Religion') oder Islam selbst diskutieren. Dabei sind die islamischen Termini genauso historisch wie die unsrigen, und genau wie im Christentum oder im Judentum gibt es auch in der islamischen Kultur eine lebhafte Debatte darum, ob ein bestimmter Traditionsbegriff nun im engeren Sinne religiös oder eben säkular zu verstehen sei.

Die Voraussetzungen dafür, dass sich andere Religionen – und hier ist eben nur der Islam angesprochen – an der Grundwertediskussion beteiligen, ist durch das Thema der Religion selbst gegeben. So würde sich eine erfolgreiche Einbürgerung einer nichtchristlichen Religion u. a. daran zeigen, ob und wenn ja in welchem Umfang sie an der Diskussion um allgemeine ethische Probleme beteiligt würde. In dem Moment, wo ein Rabbi oder ein Mufti in den europäischen Öffentlichkeiten zum Beispiel in der Debatte um die Gentechnologie gleichberechtigt mit katholischen Pfarrern oder protestantischen Pastoren zu Worte kommt, ist ein Hinweis auf diese Einbürgerung gegeben. Sie ist dann wirklich erreicht, wenn der Grundkonsens der Gesellschaft durch die neuen Religionsgemeinschaften durch eine eigene Identität mitgetragen wird.

Wenn der politische Pluralismus als ideeller Grundkonsens einer europäischen Gesellschaft angenommen werden kann, dann stellt sich die Frage, ob und in welchem Umfang zum Beispiel die islamische Religion mit diesem Konsens leben kann. Die Akzeptanz des politischen Pluralismus ist natürlich größer, wenn er aus der eigenen religiösen Tradition gestiftet werden kann. Im Unterschied zu den monistischen, ja unitaristischen Islamdeutungen, die gerade im Fundamentalismus zum Ausdruck kommen,

---

7 Unter dem Begriff ‚christlicher Säkularismus' verstehen Islamisten die Aussage, dass der Säkularismus christlich und nur christlich sei; andere verstehen ihn aber so, dass es neben dem christlichen auch andere Säkularismustraditionen gebe, die mit Religionsnamen (z. B. Judentum) attribuiert werden können. Während aber die Bezeichnung ‚jüdischer Säkularismus' positiv und auch als Selbstbezeichnung gewählt wird, (*Stanislawski, Michael*: The Crisis of Jewish Secularism, in: *Lightman, Bernard* (Hrsg.): Creating the Jewish future, Walnut Creek 1999), trägt ‚islamischer Säkularismus' meist einen perojativen Sinn und weckt Assoziationen zum Beispiel mit dem Gründer der türkischen Republik Atatürk. Positive Konstruktionen des Begriffs ‚islamischer Säkularismus' sind selten, siehe aber das Themenheft der libanesischen Zeitschrift at-tariq (Hrsg. bis 1997 v. *Muhammad Dakrub*), 1997, Heft 1, auch *Asghar Ali Engineer*: ‚Islam and Secularism', in: Secular Perspective, June 1-15, 1999. Andere Stimmen werden dargestellt von *Christian Troll*: Plurality of Religion – Plurality in Religion (Christianity and Islam) (www.st-georgen.uni-frankfurt.de/leseraum/troll14.html.) Einen Historisierungsversuch bietet *Walter Rothholz*: The theoretical rudiments of Islamic secularization, in: Zeitschrift für Religions- und Geistesgeschichte 49 (1997), S. 231-257. Ein ‚islamischer Säkularismus' wird gerne auch den türkischen Aleviten zugewiesen, siehe *Dreßler, Markus*: Does Islamic secularism exist? On the Alevi interpretation of Kemalism in Turkey, in: *Reetz, Dietrich* (Hrsg.): Sendungsbewußtsein oder Eigennutz: Zu Motivation und Selbstverständnis islamischer Mobilisierung, Berlin 2001, S. 127-152. Inzwischen wird dem ‚islamischen Säkularismus' mehr Beachtung geschenkt. So schrieb *Jonathan Benthall*: A comparable post-Islamic secularism is emerging in many parts of the world today, eclipsed for the time being by the growth of religious politics and extremism. (‚Naturally divine: Are 'universal' values a religious legacy?', in: Daily Star (Beirut) 29. 05. 2004). Es ist auffällig, dass ‚islamischer Säkularismus' kaum arabisch ausgedrückt wird; der mögliche arabische Ausdruck ‚al-'ilmaniyya al-islamiyya' findet sich nur sehr selten.

ist die islamische Traditionsbildung ungewöhnlich plural ausgestaltet. Doch erlebt wird ja nicht der abstrakte Pluralismus, erlebt werden vielmehr Diskurse, die so etwas wie den Gemeinschaftskonsens einer Mehrheitsgesellschaft darstellen.

Doch was ist der Grundkonsens einer Gesellschaft? Für uns, die wir in diesem Konsens leben, ist er oft schwerer zu erkennen, als für diejenigen, die von außen auf unsere Gesellschaft schauen oder in ihr ein neues Zuhause suchen. Nun bieten gerade neue Religionsgemeinschaften einen Spiegel, um diesen Konsens wahrzunehmen.[8] Für gewöhnlich greifen Religionsgemeinschaften, die in einer neuen kulturellen Umgebung beheimatet werden, zunächst das auf, was wir als *master code* einer Gesellschaft ansehen können.[9] Es ist offensichtlich, dass sie diesen *master code* nicht nur aufgreifen, sondern in ihm und mit ihm agieren. Der Begriff soll kein festgefügtes, normierendes Wertesystem postulieren. Vielmehr handelt es sich dabei nur um das Symbolsystem, mit dem eine Gesellschaft in höchst unterschiedlicher Art und Weise ihre Lebenswelten und Welttheorien interpretiert. Diese Symbole dienen der Kodierung dieser Interpretationen, verfügen aber über keinen speziellen Inhalt. Wir wissen, daß sich Gesellschaften vor allem über einen oder mehrere einheitliche Codes verständigen, die eine starke Ähnlichkeit zur Sprache aufweisen. Wie in jeder Sprache alles gesagt werden kann, kann auch in einem sozialen Code alles gelebt werden. Das Wichtige am Code ist – wie bei der Sprache – seine kommunikative Funktion: Verstehen kann jemand den anderen nur, wenn er seinen Code erlernt hat.

Religiöse Kulturen haben für gewöhnlich keine Schwierigkeiten, diesen *master code* aufzugreifen. Das beste Beispiel hierfür bietet England, wo der Code sogar einen Namen bekommen hat: Britishness.[10] Manche Muslime tradieren in England ihre Religion im Rahmen dieser Britishness, das heißt, der Islam wird dort mehr und mehr britisch codiert.[11] Dies zeigt sich dann nicht nur in mannigfaltigen Alltagsverfahren, sondern auch auf politischer Ebene. Hierzu wird gefordert, dass Muslimen, die ja mehrheitlich Untertanen ihrer Majestät (und eben nicht Engländer, Schotten oder Waliser) sind, die Möglichkeit geboten werde, alle politischen Institutionen bis hin zum Oberhaus aus islamischer Identität heraus zu besetzen. Diese Forderung ist allerdings nicht unstrittig. In der Debatte um die neue Oberhausorganisation wurde im Rahmen des Wakeham Reports der Vorschlag gemacht, ‚mindestens' fünf Sitze für Peers zu reservieren, die nichtchristlichen Religionsgemeinschaften angehören.[12] Der Erfolg dieser Partizipation hängt davon ab, ob Menschen in Großbritannien einen besonderen kulturellen Wert mit dem Begriff Britishness verbinden, ob sie also im Britishness den

8 *Dassetto, Felice*: La construction de l'Islam européen: approche socio-anthropologique, Paris/Montréal 1996; *Nielson, Jorgen*: Towards a European Islam, New York 1999; *Ferrari, Silvio/Bradney, Anthony* (Hrsg.): Islam and European Legal Systems. Aldershot 2000; *Shadid, Wasif/van Koningsveld, Sjoerd* (Hrsg.): Religious Freedom and the Neutrality of the State: The Position of Islam in the European Union, Louvain 2002; *Lathion, Stéphane:* Musulmans d'Europe. L'émergence d'une identité citoyenne, Paris 2003.

9 In den Sozialwissenschaften findet sich der Begriff *master code* seit den 1980er Jahren (vornehmlich in der Psychologie).

10 Es darf nicht übersehen werden, dass der Begriff ‚Britishness' weiterhin auch in einem rassistischen, exklusionistischen Sinne z. B. von den britischen National Democrats verwendet wird.

11 Hierzu z. B. aus katholischer Sicht *Clifford Longley:* Laylines. Searching for the English, The Tablet 19. 02. 2000.

Ausdruck einer distinkten Wertgemeinschaft sehen, die sich aber hauptsächlich im Verhalten äußert.[13]

In Frankreich finden wir einen anderen *master code*, der sehr viel stärker politisiert ist. Es ist die *citoyenneté*, das Bürgersein in einer republikanischen Ordnung. Auch hierfür gibt es einen Habitus, der von islamischen Gemeinschaften in Frankreich problemlos übernommen wird und in dem sie ihre Islamität ausprägen. Es gibt natürlich Opposition seitens derer, die die Citoyenneté nicht als sozialen Code, sondern als kulturelle Identität der Franzosen auffassen. Französische muslimische Gemeinschaften wetteifern geradezu darum, sich im Rahmen dieser Citoyenneté zu bewegen und formulieren einen Islam, der sich geradezu perfekt dieses Codes bedient.[14]

In den USA finden wir Ähnliches: Dort bietet die allgegenwärtige Gemeindeverfassung den muslimischen Gemeinschaften einen *master code* an, der sie in eine Vielzahl kleiner und kleinster autonomer Einheiten gliedert. Die Handlungsmuster der Black Muslims oder der American Muslims unterscheiden sich kaum von denen der Nichtmuslime, da jene sich genauso kommunalisieren wie diese.

Hier wird deutlich, dass die Bezugnahme auf einen *master code* nicht die Aufgabe des eigenen Codes bedeutet; vielmehr stellt er nur den kommunikativen Zusammenhang in einer Gesellschaft dar und erlaubt eine Vielzahl von anderen sozialen Codes, ja die synkretistische Zusammenführung unterschiedlicher Codes. Auf diese Art und Weise entsteht eine kulturelle Mehrsprachigkeit, eine Polyglossie, die die alten Träume von der Einheit von Kultur und Gesellschaft endgültig zunichte machen.

Religiöse Kulturen greifen üblicherweise die *master codes* auf, um überhaupt in einer neuen Heimat zu überleben. Das ist an sich nichts Neues, denn dieser Prozess hat seit alter Zeit schon immer stattgefunden. Es ist nun interessant zu sehen, dass in Frankreich und Großbritannien viele muslimische Gemeinschaften aus der Anerkennung des *master code* den Anspruch auf Partizipation abgeleitet haben. Denn mit der (nicht zu umgehenden) Anerkennung des Codes ist die Möglichkeit geboten, sich an der Diskussion um den Grundkonsens einer Gesellschaft zu beteiligen. In Frankreich etwa wird aus der Anerkennung der *citoyenneté* der Anspruch formuliert, an einer Neubestimmung des Konzeptes des Laizismus mitzuwirken. Islamische Intellektuelle wie der Mufti von Marseille, Soheib Bencheikh, weisen darauf hin, dass der Laizismus ja aus einer Auseinandersetzung des französischen Staates mit dem Katholizismus entstanden ist und nicht etwa mit dem Islam.[15] Da nun aber der Islam zu einer wichtigen Minderheitenkultur in Frankreich geworden sei, müsse das Konzept des Laizismus aus der Per-

12 Der Bericht der Royal Commission on the Reform of the House of Lords vom 20. 01. 2000 schlug eine gleichgewichtige Besetzung des Oberhauses mit ‚party political' und ‚non-party political' Mitgliedern vor (<http://www.official-documents.co.uk/document/cm45/4534/4534.htm>), vgl. auch den Kommentar von *Faisal Bodi* in: The Guardian 31. 08. 2000.

13 Entsprechende Diskussionen bietet der Bericht der Bhikhu Parekh Commission on the Future of Multi-Ethnic Britain (11. Oktober 2000), London: Profile 2000, weitere Informationen hierzu unter <http://www.runnymedetrust.org/meb>.

14 Islam et laïcité: approches globales et régionales; sous la dir. *de Michel Bozdémir* Paris 1996; *Perrier-Cornet, Françoise*: Islam et laïcité au XXème siècle, Genf 1991; *Gozlan, Martine*: L'Islam et la République: des musulmans de France contre l'intégrisme, Paris 1994.

15 *Bencheikh, Soheib*: Marianne et le Prophète: L'Islam dans la France laïque, Paris 1998.

spektive aller Religionen neu definiert werden; sonst bliebe er eine katholische Angelegenheit und fördere nur die Ausgrenzung der islamischen Kultur. Bencheikh will damit nicht das Konzept des Laizismus in Frage stellen, nein, er sieht ihn nur als Teil eines etablierten französischen *master codes*. Nur die Frage, was Laizismus sei, soll nun neu aufgegriffen werden. [16]

Die Forderungen des Mufti von Marseille sind ein Beispiel für eine gelungene Partizipation. In Frankreich wird er als Muslim auch zu Problemen gehört, die nicht den Islam, sondern den Konsens der französischen Gesellschaft betreffen. In Großbritannien hat sich eine ganz ähnliche Diskussion ergeben, die sicherlich noch weitreichendere Folgen haben wird als die französische Debatte. [17] Dort nämlich fordern Muslime die Partizipation an der Neubestimmung des Säkularismus, der in Großbritannien konventionell stark auf die lokale Gemeindeverfassung einwirkt. Dabei gehen die interessierten Muslime nicht normativ vor und verlangen einen Säkularismus à la Islam (den sie meist nicht anerkennen würden), sondern meinen, dass der Säkularismus als Modell des Verhältnisses von Staat und Religion durch alle Religionsparteien im Lande prinzipiell und neu ausgehandelt werden müsse. [18] Ein so neu ausgehandelter Säkularismus würde sich dann automatisch auf die Ebene der politischen Repräsentation auswirken. [19]

In Deutschland nun ist dieser Anspruch auf Verwirklichung eines Bürgerrechts für den Islam kaum gegeben. Warum ist das so? Zunächst ist festzustellen, dass die Gesellschaften in Großbritannien und Frankreich eben wegen der dort gepflegten politischen Traditionen über Konzepte verfügen, die das Verhältnis von Religion und Staat aus eigener Diskussion heraus beschreiben. Deutschland wie auch die Schweiz haben es da schwerer, da ihnen kein entsprechendes praktisch-politisches Konzept zur Verfügung steht und weil der Staat nicht auf einem Konsens aufgebaut ist, dem ein solches ziviles Konzept zugrunde läge. In der Schweiz wird heute gerne ein *master code* angesprochen,

---

16 *Marc Riglet* (France Culture) sagte unter Hinweis auf die Haltung von *Soheib Bencheikh*: „Le thème ‚Islam et laïcité' a permis de démontrer qu'il n'y a pas de barrière culturelle dès lors que l'on veut s'intégrer dans la citoyenneté républicaine.", Colloquium ‚République: Egalité contre équité', 13. 06. 1998 (Laïcité, numéro spécial, 1998).

17 *Modood, Tariq/Werbner, Pnina* (Hrsg.): The Politics of Multiculturalism in the New Europe: Racism, Identity and Community (Postcolonial Encounters), London 1997. Außerdem die Konferenz ‚British Braids. Intercultural dynamics in the British Isles today', Brunel University, Twickenham Campus, London 19-21 April 2001; *Delanty, Gerard*: Beyond the Nation-State: National Identity and Citizenship in a Multicultural Society – A Response to Rex, Sociological Research Online 1 (1996) 3. <http://www.socresonline.org.uk/socresonline/1/3/1.html>. Die Konvergenzbehauptung kann sogar soweit geführt werden, dass erklärt wird, der Islam sei die beste Religion für die Briten, weil der Islam das Britishness am besten verwirkliche. *Abdal-Hakim Murad*: ‚British and Muslim?', <http://ds.dial.pipex.com/masud/ISLAM/ahm/british.htm>.

18 Damit fordern sie implizit, dass die konventionelle Bezugnahme von Säkularismus auf das Christentum als institutionalisierte Religion aufgegeben werde. Muslimische Intellektuelle, die diese Forderung erheben, kommen damit Aussagen etwa von *Clifford Longley:* From the book. Two Cheers for Secularism, herausgegeben von Richard Harries/Sidney Brichto, Pilkington 1998, recht nahe, der eine radikale Neubegründung des Säkularismus fordert.

19 Nicht zu unterschätzen ist die Rolle der Konvertiten, die aus ihrer Tradition heraus oft Themen des ‚master code' in die religiöse Debatte einbringen, vgl. *Stefano Allievi:* Les convertis à l'islam, Paris 1998; außerdem *Stefan Eleve*: Nouveau Protagonist de l'islam européen: naissance d'une culture euro-islamique? Le rôle des convertis, San Domenico: European University Institute/Robert Schuman Centre, 2000.

der auf die spezifischen Formen der politischen Willensbildung verweist. Doch bislang haben sich muslimische Gemeinschaften kaum dieses Codes bedient, weil sie eher auf die Modelle der großen Nachbarn Frankreich, Italien oder Deutschland schauen. [20]

Schaut man nun auf die innerislamischen Diskussionen in Deutschland, so fällt ein anderer *master code* auf, den sich diese Gemeinschaften aneignen. Er besteht aus einer Setzung des Vereinswesens und einer bürokratischen Selbstorganisation. Gerade deshalb streiten sich islamische Gruppen ja hauptsächlich um den legalen Status ihrer Gemeinschaft (Zentralrat, Rat, Verein, Stiftung, *waqf* etc.) und konkurrieren um die Frage, welche der Gemeinschaften denn nun als ‚Sprecherin der Muslime in Deutschland' wirken dürfe. Die partikularen Interessen der verschiedenen islamischen Gemeinschaften finden tatsächlich im deutschen Vereinswesen eine passende Organisationsform. Über einen Konsens der Gesellschaft aber, die ihre neue Heimat geworden ist, wird von muslimischer Seite kaum gestritten, und dies wohl deshalb, weil dieser Konsens eben nicht durch eine politisch-bürgerliche Identität abgebildet ist. Natürlich ließe sich die Verfassungsordnung als ein Nachkriegskonsens aufgreifen, doch hat dieser Konsens wenig mit dem *master code*, dem die islamischen Gemeinschaften in ihren Lebenswelten begegnen, zu tun. Dabei könnte durchaus in diesem Konsens eine Diskussionsgrundlage gefunden werden, an der auch nichtchristliche Religionsgemeinschaften partizipieren könnten, denn immerhin ist die Idee zum Beispiel von einer sozialen Marktwirtschaft eng mit religiös-ethischen Diskussionen verflochten gewesen. Analog zu Frankreich oder Großbritannien könnte also im Rahmen eines religiösen Pluralismus verlangt werden, Demokratie und soziale Marktwirtschaft aus unterschiedlichen religiösen Traditionen heraus neu zu begründen. Dies aber macht nur wenig Sinn, da beide Konzepte wohl politisch von großer Bedeutung sind, aber innerhalb der Gesellschaft nicht wirklich konsensbildend wirken.

Die Aktualität der jeweiligen *master codes* definiert nun den Spielraum für das, was seit einiger Zeit ‚europäischer Islam' genannt wird (genauer seit 1996, Felice Dassetto). [21] Die Problematik des Begriffs ist klar: Er suggeriert eine Einheitlichkeit einer islamischen Religionsauffassung, die in Europa mehr oder weniger homogen vertreten ist. Nun zeigen aber die Diskussionen, dass dies nicht der Fall ist.

Pluralismus heißt, die plurale Begründung eines gesellschaftlichen Konsenses anzuerkennen und wertzuschätzen. Religiöser Pluralismus heißt folglich, die plurale Begründung eines gesellschaftlichen Konsens aus religiöser Perspektive anzuerkennen und wertzuschätzen. Dies verlangt aber, dass die einzelnen Religionen ihren internen

20 z. B. *Tariq Ramadan*: Islam: le face à face des civilisations, Paris 1996; *ders.*: Etre musulman européen. Etude des sources islamiques à la lumière du contexte européen, Lyon 1999 (dt. Muslim sein in Europa. Untersuchung der islamischen Quellen im europäischen Kontext, Marburg 2001). Ramadans Neudefinition der islamrechtlichen Position von Muslimen in Europa als Mitglieder eines ‚Territoriums der Glaubensbezeugung' (dar ash-shahada) gründet auf der Annahme einer rechtspluralistischen Option, die es ermöglichen solle, bestimmte privatrechtliche Aspekte, die mit der Glaubensüberzeugung zusammenhängen, den muslimischen Gemeinden selbst zu überlassen. Eine solche Option wurde schon in Kanada ergriffen (Islamic Institute of Civil Justice als Kontrollstelle für Schiedsgerichte, die Familienstreits etc. innerhalb muslimischer Gemeinden nach ‚islamischem Recht' behandeln sollen). Siehe auch *Rosemary Bechler*: Reinventing Islam in Europe: a profile of Tariq Ramadan, in: Open Democracy 7. Juni 2004 [http://www.opendemocracy.net/debates/article-5-57-1996.jsp].

21 *Schmidinger, Thomas*: Europäische Identität und Islam, in: Context 21 (2001) 6, S. 18-22.

Pluralismus, also die plurale Begründung ihrer selbst, offenlegen und wertschätzen. Dies müsste dann auch in das Curriculum des Religionsunterrichts einfließen:

Jeder Religionsunterricht (islamischer, jüdischer, christlicher Religionsunterricht – das Wort ‚Islamunterricht' sollte besser vermieden werden) müsste auf dem Lehrplan seine eigene interne plurale Begründung und Geschichte sowie die Bezugspunkte dieses Pluralismus aufweisen. Darüber hinaus müsste der islamische Religionsunterricht auch auf die Konsensdiskussionen ausgerichtet werden, die hier eine Rolle spielen. Das bedeutet zwangsläufig, dass der islamische Religionsunterricht von solchen islamischen Theologen durchgeführt werden sollte, die an einer hiesigen Universität oder Pädagogischen Hochschule ausgebildet worden sind. Es ist daher dringend an der Zeit, in Deutschland eine von den Herkunftsländern unabhängige islamische theologische Fakultät oder Hochschule einzurichten, die den qualitativen Normen des hiesigen Hochschulwesens entspricht und die die Ausbildung der islamischen Religionslehrer übernimmt. Dies sollte sich der Staat etwas kosten lassen. Er sollte nicht auf altislamische Länder starren und warten, bis sich dort Geld für eine solche Institution findet, die dann aber immer Knecht von mindestens zwei Herren wäre. Gerade die staatsneutrale akademische Sphäre könnte helfen, den religionsinternen Pluralismus besser herauszustellen als dies in Institutionen möglich wäre, die von der Finanzierung der Herkunftsländer abhängig sind.

Nun sagt die Bejahung eines religiösen Pluralismus noch nichts darüber aus, ob durch diese Affirmation der religiösen Pluralität tatsächlich ein ‚europäischer Konsens' geschaffen wird, in dem auch ein islamischer Diskurs seinen Platz hat, der dann wiederum die Konturen eines ‚europäischen Islam' beschreiben hilft. Gewiss werden durch das Prädikat ‚europäisch' Konnotationen hervorgerufen, die auf Ideen von Aufklärung, Freiheit und Modernität verweisen. Hier wirkt noch die idealistische Selbstkonstruktion Europas nach. So klingt ‚europäischer Islam' in manchen Ohren positiv, während ‚amerikanischer Islam' deutlich negativ konnotiert ist. ‚Afrikanischer Islam' lässt ‚Afrika' erahnen, von ‚asiatischem Islam' wird praktisch nicht gesprochen. Die idealistische Wirkungskraft des Wortes ‚Europa' zeigt sich so gerade in der Bezugnahme auf den Islam: Erst durch Europa werde der Islam ‚frei, aufgeklärt und modern'. Im Unterschied zu den USA, wo nicht der Islam, sondern die Muslime mit dem Attribut ‚amerikanisch' versehen werden, wird in der europäischen Debatte das religiöse System selbst neu attribuiert, was wiederum auf eine spezifisch europäische Deutungstradition von Ideensystemen verweist. Amerikanische Muslime versuchen sich durch die Bezeichnung ‚amerikanisch' als *community* zu etablieren; Muslime in Europa hingegen entpersonalisieren ihre Islamität, so dass der Islam selbst ‚europäisch' und normativ neu gefasst werden kann. [22]

Den Versuch, den Islam ‚europäisch' neu zu lesen und neue Interpretationen seiner normativen Grundlagen abzuleiten, indem dem klassischen islamischen Kanon ein ‚europäischer Kanon' zugewiesen wird, hat es implizit schon seit vielen Jahren gegeben; ja, in gewissem Sinne ist diese Neudefinition schon seit dem späten 19. Jahrhundert im Gange, als europäische, und hier vornehmlich französische Formen der Wis-

22 Typisch hierfür ist *Bassam Tibi*: Der Islam und Deutschland – Muslime in Deutschland, Stuttgart 2000.

sensgestaltung etwa im Positivismus zu einer Umdeutung der Islamität auch und gerade unter muslimischen Gelehrten der altislamischen Welt beigetragen haben. Doch erst heute wird dies explizit gefordert. Dieser Diskurs wird sicherlich in den nächsten Jahren dazu beitragen, die Spezifität eines ‚europäischen Islam‘ zu erschaffen, in welcher sich dann einmal mehr die Wirkungsmacht des Wortes ‚Europa‘ erweisen könnte.

Islam in Turkey

Norman Stone

The result of the Turkish elections in November 2002 surprised no one. A new party, 'Justice and Development', took an overwhelming majority, so overwhelming as to give it, almost, and if necessary, the capacity to change the constitution. The short form of its name in Turkish is 'Ak', a word that means 'white' or 'pure', and that neatly sums up the party's appeal: voters (with a high turn-out) simply rejected the outgoing government. It had been a coalition, one made up of unlikely allies – nationalists, socialists, would-be Thatcherite liberals. It became discredited, in many quarters even hated.

The great earth-quake of summer 1999 showed how slow and clumsy was its response – the rescue, initially, owed far more to private and foreign initiatives than to the public powers. Then, early in 2001, came a financial crash, which wiped out half of the currency's dollar value. The crash had been needlessly precipitated by a public row between the Prime Minister and the President over a corruption scandal. Corruption scandals went on, and it was revealed that, from inside knowledge, $21,000 million had been changed from Turkish liras at the pre-devaluation rate. Banks then came under enormous pressure, and the amount of credit, as a proportion of the GDP, sank to around one-quarter (instead of the 100 or more per cent that is usual in advanced economies). Property prices collapsed: in a good quarter of Ankara, family-size flats can now be bought for as little as $30,000. Besides, it became plain that the Prime Minister, who first entered politics in the early 1960's, was very ill – a perceptive Russian book, *Turtsiya mezhdu Evropoy i Aziey*, published in 2000, had already noted that he had Parkinson's Disease, not a fact that you will find (to the writer's knowledge) in any other source. His wife gamely tried to pretend otherwise, convincing no one. Turkish politicians, stubbornly holding on to office, of course make certain that they have no obvious successor. The old Prime Minister behaved with that sort of obstinacy. There were challenges from within his own party for the succession, the party leadership. The challengers were slapped down, even prevented from speaking at the conference. Eventually the party divided, one third of its members deserting the government to form a new party which, as things turned out in the November election, got nowhere. The whole affair was horribly embarrassing for outside observers who had hoped that the coalition government would stabilize politics. It did stabilize politics, but only in the sense that it was so comprehensively wiped out by the Ak Party as to give Turkey, for the first time in almost a quarter-century, a government with a true working majority, and a very large one at that. What next ?

The Ak Party is quite new. It was formed two years ago, but its grass roots lie in fairly familiar ground – a political-religious Islamic party emerged in the 1970's, under a German-trained engineer, N. Erbakan. That party – it took various names, with a religious connotation ('salvation', 'welfare', 'virtue') – managed to take around one tenth of the vote. In multi-party circumstances, it could, if circumstances were right, take part in this or that coalition. At one stage, 1996-97, Dr Erbakan even managed to become Prime Minister. A great many Turks were very alarmed. Dr Erbakan had written a book, *Just Order*, which amounted to a fairly simple statement of a religious mind's diagnosis of the ills of the world – too much capitalism, too much imperialism, too many 'Zionists'. The answers – interest-free banks, charitable giving, honesty, observance of Islamic ways and fraternity – are entirely familiar. In case we fall into the trap of talking about 'clash of civilizations', we might remember that such diagnoses and prescriptions were the stock in trade of political Catholicism in the days of Leo XIII's *Rerum Novarum* in 1893 or the Professor Toniolo who invented *Lo Stato Corporativo*, the origin of Dollfuss's *Staendestaat* in Thirties Austria (which incidentally also abolished divorce). Secularist Turks were of course alarmed, though in practice the Erbakan government confined itself mainly to gestures – symbolized by the prohibition, at a heavily-Islamic dormitory town, Sincan, west of Ankara, of a Beethoven concert (the army, upholder of the secular order, responded by sending tanks on manoeuvres nearby). In February 1997 Dr Erbakan was encouraged to step down. His party was subsequently banned by the Constitutional Court, on the grounds that it was a threat to the existing state. The hope was that dissidents within the banned party would set up one of their own, and they did – the Ak Party, now overwhelmingly in power. In the recent election, the successor of the old political-Islamic party (the religious name of which, *Saadet*, is nearly untranslatable – 'happiness' is the dictionary rendering, but 'mystical fulfilment' is probably closer to the mark) took only about five per cent of the overall vote, even in Konya, in central Anatolia, which used to be the Islamic heartland. Its propaganda took the form of a little girl in a headscarf, winsomely proclaiming 'my mummy doesn't have to work in a café' – i.e. women will be protected from employment, in accordance with the traditional rules concerning the family.

A vote for the Ak Party, its leaders assure the public, is a vote for modernity. 'Europe' is on the leaders' lips all the time. Their links with the United States have been very strong: the new Prime Minister, Abdullah Gul, was partly trained there. The real leader of the new Party, Tayyip Erdogan, has abjured his earlier Islamic forthrightness and promises pluralism. Earlier, he had been mayor of Istanbul, and he was effective. That great city, swamped in migrants, had its infrastructure horribly strained by its growth, within a few years, from a two-million-strong European capital to a twelve-million-strong might-be Mexican megalopolis. Erdogan kept the city viable, and instituted an efficient rubbish-clearing system, for instance. He was respectful towards the Christian traditions of the city's old European quarter. One of the new government's acts has been a long-awaited and much-needed one – recognition of the property-rights of the Christian churches, Orthodox and Armenian in particular. They are now quite rich, in property that can at last be repaired and developed. The Islamic aspect did emerge, with, for instance, a battle over the staff club of Bogazici University, which served wine (the staff kept this right, but there was a battle; on the other hand, cafes in the European quarter lost the right to serve alcohol on pavement tables, as distinct from inside the café). In the recent election, Istanbul was covered in giant posters of Erdogan, and he has a huge following there. For recent immigrants to the city, he offers reassurance and honesty – not alcohol and pornography and corruption. So far, in the opinion of any journalist whom the writer knows, so good. For the Americans in particular, this appears to be a *chambre introuvable* – a demonstration, in the context of fraught relations with Islam, that Moslem countries can produce democracy and progress. The Stock Exchange added one-third to its value almost overnight.

The picture of Turkish Islam is a very varied one, but before we discuss this, perhaps some misconceptions can be cleared aside. It is simply untrue to claim that Islam is persecuted. The claim was frequently made. There were ideas that the Ataturkist republic itself was set up in hostility towards Islam. But Ataturk did not destroy a single mosque, nor did he prevent religious observance. He made no public criticism, and the only critical remark that has come down (quoted in Udo Steinbach's *Geschichte der modernen Türkei*) is to wonder why one's every daily action has to be regulated by the instructions of a seventh-century Beduin. Ankara was deliberately developed as a modern capital, and in those days you did not hear calls to prayer in its professional-class quarters; a determined effort was made to substitute western classical music and nowadays in any Turkish orchestra you will find that the violin sections are quite heavily made up of women – such music being seen, by some secularist parents, as a form of emancipation. Some semi-secret religious brotherhoods were formally forbidden, and this was particularly true for the extreme ones, such as the *Aczmendi*, with their girls and women swathed in black, showing not much more than the eyes. Religion was not taught in schools, which followed French lines; and to this day, head-covering is forbidden for girls in schools, as also happens in France. All of this could count as persecution only where the religion conceived of itself as entitled to domination. The complaints echo the words with which Indro Montanelli described the reaction of Pope Pius IX to secularizing activities in Italy and France – 'the persecutor, talking the language of the persecuted'. Of course, in other matters, the religious might have grounds for complaint. For instance, over employment by the State, the secularists might very well just not appoint men with head-covered wives, or who underwent the fasting rigours of *Ramazan*. There have been cases in universities where doctoral candidates with a known Islamic background were unfairly treated. On the other hand, where Islamic local governments have taken office, they can over-ride quite roughly the desires of the secularists – the further east you go, as a general rule, the tighter is the pressure to observe *Ramazan*. It is in theory a very rigorous business – from sun-up to sundown, even in summer, nothing should pass your lips, not even water. The president of Tunisia, Bourguiba, just banned it (as does the Kurdish PKK) on the grounds that it could not be reconciled with proper work. On occasion, in Turkish towns, there has been trouble – for instance, in Gazi University last year, in Ankara, a fight in the student canteen when seven young men were taken to hospital after a student had lit a cigarette and sparked off a row. At the university in Erzurum, that problem has been anticipated: the canteen just shuts down.

What is curious, here, is that twenty years ago these things would have been almost unimaginable. The Ataturkist republicans assumed that, with progress and education (and the emancipation of women), old-fashioned religious habits, proper to a vanished Ottoman world, would simply dwindle, as, on the whole, happened even with Catholicism in western Europe. But then came a revival: beards, worry-beads (the *tespih*), head-coverings for women, *Ramazan* even for students, and the call to prayer, loudly echoed through a megaphone, even at 4 a.m. in great cities, where it can hardly fail to wake up small children. Quite why this revival has taken place is debated. In some quarters, blame is put on the governments that followed the military coups of 1971 and, especially, 1980. The army intervened to prevent disorders – in the latter case, with every justification, given that twenty people every day were being killed, and parts of Ankara and Istanbul had become little autonomous areas under this or that faction. In that context, Islam could be used as a force for order, and the post-coup governments used it as such.

Secularists would complain, for instance, that the republican schools were being deserted, because parents registered their children in the schools designed to train clergy (*Imam hatip*) which until the coalition government cut them back had almost three-quarters of a million pupils. Governments of the centre-right encouraged this. There are also complaints that, from Iran or Saudi Arabia, such schools receive far better equipment than the state schools. The basis of all of this is unclear, but one aspect is indeed clear – that the level of prosperity of central Anatolia has been rising, and parents from that background, themselves quite strictly conservative, are very anxious to keep children, daughters especially, away from what they see as the corruption of the modern world. From such quarters comes the demand that, in higher education, girls should be allowed to wear the Islamic head-cover (and the long coat, covering even the ankles). From time to time, outside universities with a large student intake from what the French would call the *classes populaires*, there are demonstrations by these girls, demanding what they see as their rights. The State, following the French example, sees the head-covering and the long coat as, in effect, a political uniform, to be banned from State precincts. It is a low-level *Kulturkampf*. An acquaintance, at a major university, taught mathematical logic to a class which contained a half-dozen covered girls. She told me that they looked upon her as a traitor; and she looked upon them as traitors. These attitudes, fortunately, are not translated into words or actions: if they were, the results would of course be ugly. All round, this is a situation that requires rough-and-ready solutions, and even simply a degree of hypocrisy which, as Orwell remarked, is a necessary accompaniment if absolute belief has to make concessions to non-believers.

So far, the parallels with turn-of-the-century Catholicism have, in this paper, been stressed. In France, in the Third Republic, there was a not-dissimilar situation, and the Dreyfus Affair marked a polarization: on the one side, Catholics, and, on the other, liberals, Huguenots, Jews – a division that in France went right back to the Wars of Religion. It ended with the Combes government's legislation of 1905, and the use of soldiers, with fixed bayonets, to drive nuns out of convents in Brittany. The introduction to Max Weber's famous *Protestant Ethic* (1903) dwells again and again on phenomena, not of the sixteenth century, but of his own day: backward Catholicism, rich only in children. Of that book, Samuel Huntington's *Clash of Civilizations* is a feeble echo. It misses a point, that the Catholicism written off by Weber changed character rather remarkably: it is just a fact of modern Europe, today, that the Catholic areas are, on the whole, better-off than the Protestant ones – Bavaria and Baden-Wuerttemberg being excellent cases in point (as is Ireland, as distinct from my own Scotland, though there are various qualifications to be made). Can we now expect Islam in Turkey to be associated with rising prosperity, mobility, emancipation and, more generally, the world of 'the Copenhagen criteria' (human rights etc.) that the European Union expects candidates for the enlargement of Europe to meet ?

There is a great deal to be said in favour of Turkish Islam. There is, in the first place, the historical tradition. With various obvious qualifications, you could say that it had an understanding of differences, that the *millet* system of the Ottoman empire, by which each religion had its own courts, and even its own prescribed part in the economy, marked an understanding of minorities way beyond what was known in western Europe at the time. Foreign residents in Turkey, such as myself, wonder how on earth Europe can preach 'Copenhagen criteria' at modern Turkey. Modern Europe, by and large, does not have minorities that threaten the state – it has folklore, as does Sweden with the Lapps, for a fairly simple reason, that, up to the middle of the 1970's, 100,000 Lapps were sterilized on the grounds that they drank too much and did not learn very well. Certainly, in the first Ottoman centuries, Islam was no great problem for the various Christian elements that were taken over. In fact there is even an argument that Islam found a takeover quite easy because the Christianity that reigned in Spain or the Balkans was already sympathetic, in the sense that its notions of the Trinity were such that Christ's status as a Prophet, as in the Koran, was already emphasized, as against Christ's divine nature. The implications lead to mysticism, rather than to the worldly concerns that distinguished Latin Christianity otherwise. For the relatively easy take-over of Spain by the Caliphate, the argument runs that Visigothic Spain had been heavily influenced by St Jerome's rendering of the Bible as the Vulgate, in the version appropriated by the Arian heresy. In the Koran, Christ appears as Prophet, not as Son of God. In the Balkans, the emergence of a similar heresy (Paulician, rather than Bogumil, as was sometimes said in the past) made Islam acceptable in a way that would not have happened in more Nicene-Creed parts. This is speculation, but it is clear enough that Islam, in the Caliphate of Spain, or the Ottoman Balkans, established itself for the most part painlessly – at least as the fifteenth and sixteenth centuries understood such matters. In fact, an interesting book on the first century or so of the Ottoman empire – Dimitri Kitzikis's *l'empire ottoman* – has, in its title, in the Turkish translation, 'a Greek-Turkish condominium'. That fits. It fits with the historical experience, that the Greek Patriarch blessed the Ottoman conquest of Constantinople, because the city was freed from the Latins. It also fits with present-day experience, at least of this particular foreign resident and all, without exception, of his friends and acquaintances, who feel entirely at home with modern Turkey, and who have respectful relations with the Islamic side.

It remains, however, to ask, what went wrong, and what might go wrong. Historical allusions are of limited value, because the republican experience made for enormous changes (younger Turks sometimes complain that they cannot read what is written on their grandparents' tombs – not just the script, but the very vocabulary, which is Ottoman). Kitzikis asserts that a decisive change came with the Russian victories in the eighteenth century, which caused reinforcement of Islam; the Sultan, attempting to defend his position in southern Russia, proclaimed himself religious head of the Crimea, and gave Islam greater preponderance than ever before. This introduced an era of national revolts in the Balkans, which then spread, in the later nineteenth century, to the Christian minorities of Anatolia – not a happy story, and one which, in the form of complaints by the Armenian diaspora, can still make headlines, and cause needless resentments among Turks whose own ancestors were victims, in millions, of ethnic cleansing and forced resettlements. Because of this, in the past, weak governments were in no position to make concessions to these minorities, and it is to Ak Party's credit that it immediately made them.

What might now go wrong, as far as Islam is concerned? A vital point is that Turkey has been undergoing the sort of social change that other southern European countries experienced a generation or two before. A song generally unsung is the progress of the Turkish economy. Western Europe now takes seventy per cent of Turkish exports, and the overall turnover has reached three-quarters of the Russian figure, though Turkey is not at all rich in raw materials to export, and her agriculture, as usual with the European Union, faces serious discrimination. The Russian book, *Turtsiya mezhdu Evropoy i Aziey* is suitably respectful on this subject, and it is important not to confuse finances, which were indeed very messy, with the 'real' economy. Germans, in particular, have been effective, and although the results, in terms of endless hastily-built workshops and factories, do not make north-western Anatolia attractive, towns such as Bursa or Bolu or Eskisehir are clearly well-run and prosperous.

This has gone together with a social revolution: Anatolian capital, for the past quarter-century, has established itself, as has Istanbul, and the result has been a formidable growth in the middle class. This is reflected in the emergence of private universities, of which Istanbul alone has five major examples. But Turkey is very varied in character. The west and south are booming; Izmir, once known as *gavur* Smyrna, is returning to its old, prosperous position in the trade of the Levant, and its atmosphere is notably free of the Islamic influences seen elsewhere. The northern coast, on the Black Sea, has lost through the decline of trade with Iran and the southern parts of the old USSR; it is, in parts, still very heavily dependent upon the sort of old, planned, State enterprises, in coal or steel or tea, that need subsidy and protection. Migrants from the north are all over, as entrepreneurs, but their own native territory remains below the national economic averages. Further east, the picture is different: there, old ways prevail, and in the Kurdish areas there are very deep divisions, between families clinging strictly to the ways of Middle Eastern Islam – including polygamy, discrimination against women, and a demographic problem of frightening dimensions – and the secularized, whose fate has not been helped by the emergence of the PKK and the twenty-year guerrilla that ensued. The State, combating the PKK, used Islamic militants and then faced a great problem when, the guerrilla essentially won, some of the militants started to take revenge on non-militants. This caused headlines two or three years ago, when gruesome murders were uncovered. The whole picture is again complicated by the continuation of migration, as Istanbul or Izmir fill up with people from anywhere and everywhere (two-thirds of the Kurds now live in the center and west). That the infrastructure of the State is strained, in terms of education, is an obvious consequence.

Much of Turkish society is conservative. It does not like change, thinks that a woman's place is in the home, and responds badly when told by women to do things. There are still cases of honour-killings, where, especially in eastern Turkey, the men of a family will try to murder a man who has brought shame by taking up with a female relative. In that code, stealing is more shameful than murder, and a counter-part in Turkey is that 'social crime' is far less than in the West. As to the conservatism of many provincial Turks, a German audience does not need to be told and if a well-intentioned outsider, knowing both countries, may say so, it is very striking that there is not, in German, a single academically serious book on the subject, overall. It is quite striking that, in Germany, the conservatism is more pronounced than in France or even Holland. Professor Hans-Ulrich Wehler, a historian from whom I have otherwise learned much, wrote 2002 in *Die Zeit* to the effect that Turkey could never be part of Europe. It was not an article written with much respect or affection; you felt that the professor had got very irritated, boarding a plane behind some mountainous Anatolian lady, unsure where to distribute her plastic bags. The article caused a stir, and perhaps a side-effect may be that Turks in Germany will have felt resentful, to the point of reinforcing their Turkish and Islamic side. Professor Wehler published, in 1976 (*Deutsche Sozialgeschichte*) a very interesting article on the Poles in the Ruhrgebiet, showing that it took them four generations to assimilate. It would be ironic if the effect of his article was to cause the Turks to take five, before joining the Hamburg police service or the Dortmund football team on the same level as other Germans.

What of the future? Journalists will of course have their eyes on the cities, and we can probably be certain that, there, Islam will not be greatly promoted: no bans on alcohol, no harassments of Beethoven concerts, no ostentatious line-up, as in Erbakan's time, with the unlovely co-religionists who dominate the Middle East. The ministries of Tourism and Culture have been fused, such that the great monuments of the classical and Christian past will be under serious protection from the sort of fanatic who occasionally surfaces to wish that they were broken up to build houses. There will, probably, be some sort of attempt to allow head-scarved women to enter State precincts, particularly in the universities. But the real problems will appear, less detectably by foreign journalists, in the provinces, and there we shall have to see. It would be helpful if Professor Wehler were to write his next article on Turkey with a very strong preface, recognizing that the country has come a very long way since 1923, and that Germans have, in the main, been very helpful. Then he can say what he likes.

Europa und die arabisch-islamische Welt heute: Die blockierte Kommunikation

Fuad Kandil

Wenn auch von einem direkten Konflikt zwischen Europa und der arabisch-islamischen Welt nicht die Rede sein kann, so muss man doch konstatieren, dass die Beziehungen zwischen beiden Seiten von Spannungen unterschiedlichster Art geprägt bleiben. In diesem Beitrag soll versucht werden, die Art dieser ‚Spannungen' etwas näher zu beleuchten und ihre Entstehungsmechanismen, soweit in einer solchen Abhandlung möglich, aufzuzeigen. Folgende Ausführungen bleiben stets der Leitorientierung verpflichtet, einiges Licht auf die im Titel konstatierte *Blockierung der Kommunikation* zwischen Europa und der arabisch-islamischen Welt zu werfen. Wenn dem einen oder anderen Leser einige Passagen vielleicht ein Gefühl von Schuldzuweisungen vermitteln sollten, so ist dies gewiss nicht die Perspektive meiner Betrachtung. An manchen Stellen kommt man leider nicht umhin, zur Untermauerung und Verdeutlichung der Darstellung manch einen unangenehmen Sachverhalt herauszustellen! Mir ist es in erster Linie daran gelegen, einige Dinge klarzustellen, die vielleicht zum Nachdenken über die von mir bedauerte Blockierung der Kommunikation zwischen unseren beiden Welten beitragen könnten.

1. Zum polithistorischen Hintergrund der heutigen Spannungen: Ein Rückblick

Freilich kann unser Rückblick nur allzu grob und pauschal erfolgen, da wir lediglich an bestimmte, in dem Zusammenhang relevante Entwicklungen erinnern und einige wichtige Bezüge aufzeigen wollen.

1.1. Das Ende des alten Kolonialzeitalters im arabischen Orient

Mit dem Abzug der französischen Besatzungsmacht aus Algerien im Jahre 1962 hat das Zeitalter des europäischen Kolonialismus im arabisch-islamischen Raum seinen *formalen* Abschluss gefunden. Dank der staatsmännischen Weitsicht des damaligen Präsidenten de Gaules hatten die Franzosen erkannt, dass auch diese letzte Bastion der langjährigen anglofranzösischen kolonialen Präsenz in dieser Weltregion seit den Anfängen des 19. Jahrhunderts nicht zu halten war. Die Zeit, in welcher England und Frankreich den arabisch-islamischen Orient als Einflusssphäre unter sich teilen konnten, war offensichtlich an ihr Ende gekommen.

1.2. Ablösung der alten europäischen Kolonialmächte durch die USA

Damit war im Orient jedoch nicht etwa eine neue selbst bestimmte, unabhängige Ära ‚ausgebrochen', sondern wieder eine solche, die nicht weniger von westlicher Hegemonie anderer Art dominiert gewesen war – und immer noch ist! Denn nun traten die USA als neuer kolonialer Akteur im anderen Gewand auf die Bühne, der jetzt nach stärkerer Einflussnahme in der Nahostregion strebte – und somit gewissermaßen das alte koloniale Erbe der Europäer in anderer Form antrat. Im Zuge der allmählichen Ablösung der beiden großen europäischen Kolonialmächte durch diesen neuen, weitaus mächtigeren Akteur schrumpften auch zunehmend die Möglichkeiten europäischer Staaten, aktiv auf die Entwicklungen in dieser Weltregion Einfluss zu nehmen. Lediglich eine komplementäre Rolle zur US-Politik konnten sie nunmehr, wenn überhaupt, spielen. Allein schon aufgrund der – im Vergleich zu den USA – stark beschnittenen Möglichkeiten Europas, Einfluss auf die Entwicklungen in der arabisch-islamischen Welt zu nehmen, wird man in der Tat von einer Verwicklung Europas in die aktuellen Konflikte in der Nahostregion, geschweige denn von einem Konflikt zwischen Europa und der arabisch-islamischen Welt nur schwer sprechen können. Und doch bleiben die Beziehungen zwischen beiden Seiten eher von einer gewissen Spannung gekennzeichnet.

1.3. Der Nahostkonflikt als Spannungsherd und Polarisierungsfaktor

Zu dieser Spannung tragen mehrere Faktoren bei. Nicht zuletzt die Entwicklung der Verhältnisse im ehemaligen britischen Mandatsgebiet Palästina in der zweiten Hälfte des 20. Jahrhunderts hat die Beziehungen zwischen Europa und der arabisch-islamischen Welt in den letzten Jahrzehnten immer schwieriger gestaltet. Bekanntlich ist in diesem ehemaligen britischen Mandatsgebiet im Jahre 1948 der Staat Israel proklamiert worden. Diese Staatsgründung, an dessen Vorbereitung die Engländer nicht unbeteiligt waren, bescherte der Region einen zermürbenden Konflikt, der bis heute noch anhält und die gesamte arabisch-islamische Welt nicht zur Ruhe kommen lässt, und ihre Beziehungen zu Europa und Nordamerika nachhaltig trübt. Vor allem die arabischen Völker sind zutiefst verbittert über den ‚Westen', mit dem sie sich nach Ende des Kolonialzeitalters eine neue Phase positiver Entwicklungszusammenarbeit erhofften – der ihnen stattdessen aber ein Problem vermachte, das ihren Gesellschaften eine ständige Herausforderung auferlegt, der sie kaum gewachsen sind. Denn Israel wird von den meisten Menschen in der arabischen Welt als ‚Schöpfung des Westens' angesehen. So ist jedenfalls die hier vorherrschende Überzeugung; wenn auch eine solche Sicht die Rolle und den Beitrag der vor Ort herrschenden einheimischen Eliten an dieser Entwicklung nicht völlig ausblendet. So wird hier nicht selten unterstellt, dass diese Eliten – gerade in Bezug auf Israel – im Sinne westlicher Politik und westlicher Staaten handeln, von deren Hilfe und Unterstützung die Existenz ihres von der Masse der Bevölkerung verhassten Regimes abhängt. [1]

Der enge Schulterschluss des Westens mit Israel als ‚westliche Bastion' in der Nahostregion (um es im geläufigen arabischen Jargon auszudrücken) wird letzten Endes auch durch die Realpolitik westlicher Staaten stets aufs neue bestätigt und bestärkt, was die Plausibilität dieser Vorstellung letztlich verfestigt. In den langen Jahren seit seiner Gründung haben die Westmächte die Position Israels im arabisch-israelischen Konflikt in zuverlässiger Kontinuität unterstützt oder zumindest stillschweigend gebilligt. Diese eindeutige Parteinahme für Israel, die sich freilich auch im medialen innergesellschaftlichen Diskurs widerspiegelte, nährte ihrerseits eine allmählich wachsende Aversion gegen die arabisch-islamische Welt bei vielen Menschen in den westlichen Gesellschaften. So wandelte sich der arabisch-israelische Konflikt im Laufe der Jahre im Bewusstsein vieler Menschen immer mehr zu einem indirekten Gegensatz zwischen ‚der islamischen Welt und dem Westen', um eine heute übliche Floskel zu gebrauchen.

Erklärtermaßen gilt die Nahostregion für Europa und Nordamerika (nicht nur der immer noch beträchtlichen Erdölvorräte wegen) als Region von großem strategischem Interesse, da hier, wie es heißt, ‚vitale Interessen des Westens' tangiert werden könnten. Gerade diese Region ist jedoch eine recht konfliktträchtige Region. Allein schon deshalb, weil es sich hier um Gesellschaften handelt, die eine kritische Phase des soziokulturellen Wandels durchmachen, die zugleich mit schmerzlichen sozioökonomischen Umwälzungen verbunden ist. Der angesprochene, durch Gründung des Staates Israel mitten in dieser Staatengemeinschaft entstandene Dauerkonflikt sorgt nun seinerseits für eine ständige politische Destabilisierung dieser Region.

Seit dem so genannten Sechs-Tage-Krieg von 1967 hat der Nahostkonflikt stetig an Schärfe und an Tragik zugenommen – was den Menschen in der arabischen Welt unentwegt ihre Ohnmacht vor Augen führt. Müssen sie doch zusehen, wie Israel selbstherrlich handelt, ohne dagegen etwas tun zu können. Und zwar nicht zuletzt, weil es sich auf mächtige Verbündete in Westeuropa und Nordamerika verlassen kann, die ihm sogar ermöglichen, sich über Verlautbarungen der Vereinten Nationen und Beschlüsse des Weltsicherheitsrates mühelos hinwegzusetzen. Dies alles verbittert unsere Menschen zutiefst, weil sie zusehen müssen, wie hier in der westlichen Realpolitik *mit zweierlei Maß gemessen wird.*

1.4. Die Rolle des langjährigen Ost-West-Konfliktes

Historisch betrachtet wurde eine solche Entwicklung in hohem Maße nicht zuletzt auch durch gewisse Verbindungen zum damaligen Ost-West-Konflikt begünstigt. Wenn auch die Sowjetunion zu den allerersten Staaten gehörte, die den 1948 proklamierten Staat Israel anerkannt haben, so suchte sie doch im Zuge der Verschärfung des Ost-West-Konfliktes gegen Ende der 50er Jahre mittels einer Politik der Unterstützung nationaler Emanzipationsbestrebungen in so genannten ‚blockfreien Staaten' diese stär-

1 Als so genannte ‚Transmissionsriemen' werden diese Eliten in den lateinamerikanischen *Dependenztheorien* bezeichnet, die in den 60er und 70er Jahren die Entwicklungssoziologie (Soziologie der Entwicklungsländer) dominierten. Heute ist dies in der Theorie zwar weniger der Fall, doch gewinnt eine solche Vorstellung – nicht nur in den Ländern der arabischen Welt – bei der Masse der Bevölkerung in vielen Ländern der so genannten ‚Dritten Welt' aufgrund erfahrener bzw. gelebter Realität zunehmend an Plausibilität.

ker an sich zu binden, um ein größeres Gegengewicht gegenüber dem ‚Westblock' zu bilden. In diesem Sinne unterstützte die Sowjetunion – zumindest verbal – die arabische Position gegenüber Israel, nicht zuletzt in den UNO-Gremien. Auf diese Weise wurde die arabische Welt immer stärker in den Ost-West-Gegensatz als ‚Schützling der Sowjetunion' hineingezogen. Was nach und nach zur Folge hatte, dass viele Menschen in Europa und Amerika die arabische Welt als grundsätzlich ‚antiwestlich' einzustufen begannen. Durch Verkettung mehrerer ungünstiger Bedingungen wie auch angesichts der Tatsache, dass hier die ‚Kernländer des Islam' liegen, sprach man schließlich immer häufiger von einem Gegensatz zwischen der ‚islamischen Welt und dem Westen'.

1.5. Der Krieg von 1991 als wichtige Zäsur

Der erste Krieg gegen den Irak 1991 markiert eine neue Phase in den Beziehungen zwischen ‚dem Westen' und der arabisch-islamischen Welt. Die Tragweite dieses Kriegs und seine außerordentliche Bedeutung für die gesamte Region mag man vielleicht an den dramatischen Worten eines Kommentars zum Ausbruch des Krieges in einer linksliberalen spanischen Zeitung ermessen, der bereits damals prognostiziert hat, dass dieser Krieg lediglich der Auftakt zu weiteren Kriegen sein wird [2] – was sich auch in der Tat bestätigt hat. Mit diesem Krieg hat sich der Nahostkonflikt regional ausgeweitet und droht inzwischen noch weitere Staaten des Nahen Ostens zu erfassen. Und erst recht mit den Anschlägen vom 11. September 2001 nahmen die Spannungen zwischen der ‚islamischen Welt' und ‚dem Westen' noch stärker an Explosivität zu. Denn durch den nunmehr deklarierten ‚Krieg gegen den internationalen Terrorismus', der keine klaren Grenzen kennt und schon auf Verdacht hin geführt werden kann, sind auch andere muslimische Staaten zu potenziellen Kriegszielen geworden. Fest steht, dass mit dem Ausbruch des zweiten Irakkrieges im Frühjahr 2003 die Spannungen in der Nahostregion einen vorläufigen Höhepunkt erreicht haben.

So viel zum Hintergrund, vor dem sich die aktuellen Konflikte abspielen. Vor diesem *realpolitischen* Hintergrund – und nicht etwa vor einem nebulösen kulturellen Konflikt bzw. einem vermeintlichen Gegensatz zwischen ‚dem Islam' und ‚dem Westen' – müssen auch die anfangs angesprochenen Spannungen zwischen der arabisch-islamischen Welt und Europa analysiert werden. Deshalb scheint mir eine etwas ausführlichere Darlegung der vor diesem Hintergrund wirksamen Mechanismen unerlässlich, um die bestehenden Verstimmungen zwischen beiden Seiten besser begreifen und angemessen beurteilen zu können.

2 Im Kommentar zum Ausbruch des ersten Irakkrieges am 15. Januar 1991 heißt es in ‚El Independiente' wortwörtlich: „Wenn die Geschichte dieses Tages geschrieben werden wird, wird man ihn vielleicht als das dramatische Datum erinnern, an dem der große Weltkrieg zwischen dem Westen und dem Nahen Osten begann. Deswegen müssen wir uns, ohne Hysterie, dessen bewusst sein, dass eine große Tragödie begonnen hat. Vielleicht dauert der erste Zusammenstoß nur wenige Tage, aber der Krieg wird jahrelang weitergehen". (abgedruckt unter ‚Kommentare der Auslandspresse' in der Frankfurter Rundschau vom 16.01.1991).

2. Widerstandsideologie versus Rechtfertigungsideologie

Über diesen realen Hintergrund kann auch nicht hinwegtäuschen, dass die Auflehnung der arabisch-muslimischen Völker gegen die erfahrene Demütigung durch die aussichtslose Situation in den palästinensischen Gebieten wie auch durch die erneute Besetzung arabischen Bodens [3] durch amerikanische und europäische (spanische, italienische, holländische...) Truppen zunehmend auch in *religiösen Kategorien* ausformuliert und artikuliert wird. Solch eine ‚religiöse Maske', die sich der Widerstand vielerorts zulegt, mag zwar bei oberflächlicher Betrachtung den *originär nationalen Charakter* der dahinter stehenden Triebkräfte verdecken. [4] Sie ändert jedoch nichts am eigentlichen Charakter einer in der gesamten ‚arabischen Gemeinschaft' – individuell wie kollektiv empfundenen – nationalen Demütigung als *das* vorherrschende Gefühl, welches den arabischen Widerstand letztlich antreibt und die ohnmächtige Wut der Völker unweigerlich nährt. Ein Gefühl, das in der wahrgenommenen Hilflosigkeit gegen die Übermacht einer *existenziellen Bedrohung* begründet ist, hinter welcher das Potential der mächtigsten Industrienationen der Welt vermutet wird. [5] In einer derartig verzweifelten Situation kann es nicht überraschen, dass sich die Menschen zunehmend auf die eigene Religion besinnen, um Kraft für den benötigten Widerstand zu schöpfen.

2.1. Entstehung einer Widerstandsideologie

So entsteht notgedrungen eine Art religiös-kulturell grundierter Widerstandsideologie auf arabischer Seite, um dem nationalen Kampf mehr Zugkraft zu verleihen. Dies wiederum dient auf der anderen Seite dazu, auf eine ebenso religiös-kulturell grundierte *Rechtfertigungsideologie* zurückzugreifen. Zumal sie nun ihre ganz und gar handfesten Interessen wesentlich leichter hinter Schlagworten wie ‚Eindämmung des islamischen Fundamentalismus' oder ‚Bekämpfung des internationalen Terrorismus' verschleiern kann. Somit trägt letztlich die eine wie die andere Seite dazu bei, der Masse der Menschen eine klare Sicht auf die sich abspielenden Vorgänge zu erschweren: auf die nackte Realität, die ein Journalist kürzlich (in einem anderen Zusammenhang) mit einfachen Sätzen zum Ausdruck brachte:

> „Die Konflikte im nahen und mittleren Osten mögen von islamischem Fundamentalismus überlagert sein, in Wirklichkeit jedoch sind sie das, was sie immer waren – ein Kampf um Territorien, um Macht und um den Zugang zu wirtschaftlichem Erfolg. Es geht nicht um Religion." [6]

3 Und zwar ‚Boden' von so geschichtsträchtiger und religiös-kultureller Symbolik, wie man sie als Araber und als Muslim mit Namen wie Bagdad, Basra, Nadschaf, Kerbela und Kufah verbindet!

4 Zumal wenn man als Europäer von vornherein auf *den* Islam fixiert ist.

5 Ich muss hier auf unzählige Belege für eine solche Einschätzung verzichten, die tagtäglich in der arabischen Presse zu lesen oder auch im Tagesgespräch der Menschen zu hören sind, wie ich dies bei meinen Besuchen in Kairo immer wieder erlebt habe.

6 *Martin Winter* in einem geistreichen Kommentar in der Frankfurter Rundschau zur Diskussion über den Beitritt der Türkei zur EU: Auf Ankara verpflichtet, FR 6. 10. 2004.

2.2. Die Funktion religiös-kulturell grundierter Ideologien im Konfliktfall

Die hier angesprochene Ideologisierung des Konfliktes stellt indes keine spezifische Erscheinung dar, die sich etwa nur im hier betrachteten, konkreten Kontext beobachten lässt:

> „Wo Interessen kräftig verfolgt werden, da bildet sich auch eine Ideologie zu ihrer Beseelung, Verstärkung und Rechtfertigung.“ [7]

schrieb 1931 der Staatswissenschaftler Otto Hintze und formulierte damit in aller Kürze und Prägnanz eine grundlegende soziale Erkenntnis, um nicht zu sagen ‚ein ehernes soziales Gesetz‘. Konkrete Interessen bedürfen offenbar derartiger ‚geistiger Flügel‘, die sie gewissermaßen idealiter überhöhen, um realiter nicht ‚lahm‘ dazustehen, so Hintze sinngemäß an einer anderen Stelle. Mag Hintze hierbei auch in erster Linie an diejenigen gedacht haben, die ihre nackten Interessen mit Waffengewalt durchzusetzen suchen und sich dafür eine Rechtfertigungsideologie einfallen lassen, um den realen Hintergrund ihrer Aggression zu verschleiern. Doch gilt dies Gesetz genauso auch auf Seiten derjenigen, die sich mit ihren bescheidenen materialen Ressourcen mehr recht als schlecht gegen diese Aggression zur Wehr setzen und ihrem Selbstverteidigungskampf durch eine entsprechende ‚Widerstandsideologie‘ als ideelle Stütze mehr Potenz und Elan zu verschaffen suchen, von welchem sie sich eine stärkere Mobilisierung der Massen erhoffen. So stehen sich stets immer dort, wo eine überlegene Macht ihre Interessen im Waffengang durchzusetzen sucht, letztlich nicht nur zwei meist recht ungleich starke materiale Potentiale, sondern stets auch zwei Ideologien recht unterschiedlicher Funktionen einander gegenüber: eine Rechtfertigungsideologie und eine Widerstandsideologie.

2.3. Zugriff auf Religion und Kultur zur Untermauerung der Widerstandsideologie

An sich ist es nicht verwunderlich, dass in so genannten ‚traditionalen Gesellschaften‘, zu denen im Großen und Ganzen auch die Gesellschaften des Nahen und Mittleren Osten zugerechnet werden müssen, Religion zur Mobilisierung des Widerstandes gegen fremde Besatzer eingesetzt wird. Religion ist hierbei gewissermaßen die Plattform, ‚das Gewand‘ oder einfach das Medium bzw. die Sprache, derer sich die nationalen Befreiungsbewegungen bedienen, um breite Bevölkerungsschichten zu erreichen. So entwickelt sich die Religion im traditionalistischen Kontext nicht selten zu einer mächtigen Widerstandsideologie gegen koloniale Fremdherrschaft.

In der Tat ist der Zugriff auf Religion und Kultur in Konfliktsituationen als eine Art zusätzliche ideelle Ressource in der Geschichte immer schon virulent gewesen. Zum einen können Religion und Kultur im Sinne Hintzes zur „Beseelung, Verstärkung und Rechtfertigung“ der vertretenen Interessen eine nicht unerhebliche Rolle spielen. Auf

7 *Hintze, Otto:* Kalvinismus und Staatsräson, zitiert nach Reinhard Bendix: Max Weber – Das Werk, München 1964, S. 43 f.

einen vielleicht nicht völlig anderen, aber doch etwas anders gelagerten Aspekt verweist seinerseits der Klassiker der Soziologie Georg Simmel. Für den hier betrachteten Konfliktfall hat er bereits 1908 in einer bekannten Abhandlung über den Streit die Grundthese herausgearbeitet, dass sich Gruppen in Konfliktsituationen „ihrer Eigenart mehr und mehr bewusst werden und so die Grenzen zwischen sich und der Umwelt herstellen oder erhalten.“ [8] Den Intellektuellen fällt dabei die Rolle zu, so Simmel, „aus Interessenkonflikten beständig Ideenkonflikte zu machen.“ Im heutigen Medienzeitalter beteiligen sich an diesem Geschäft zudem noch Journalisten, Propagandisten und andere Akteure, die dank der neuartigen Möglichkeiten moderner Medien solch eine Ideologisierung des Konfliktes weitaus effizienter und breitenwirksamer betreiben können. So scheinen Kultur und Religion unter Konfliktbedingungen geradezu dafür prädestiniert, wirksame Kategorien zur Konstruktion einer *Mobilisierungsideologie* in der einen oder anderen Richtung – aus der Defensive für eine *Widerstandsideologie* und aus der Offensive für eine *Rechtfertigungsideologie* – bereitzustellen.

Indes ist der Zugriff auf Religion und Kultur als Mobilisierungsideologie für den nationalen Widerstand nicht ganz problemlos. Sie ist gewissermaßen eine äußerst zwiespältige Waffe, die nicht selten zum Gegenteil führt. Wenn die Gegenseite sie medial ‚auszuschlachten‘ weiß, kann sie in hervorragender Weise zur Untermauerung ihrer eigenen *Rechtfertigungsideologie* dienen, die sich auch in anderer Weise der religiös-kulturellen Ideologisierung des Konfliktes zur Mobilisierung ihrer Bürger bedient. Doch nicht nur weil diese Strategie von der Gegenseite als Waffe in umgekehrter Richtung aufgegriffen werden kann, ist der Zugriff auf Religion und Kultur als Mobilisierungsideologie höchst ambivalent. Denn nur allzu leicht kann dies bei einigen Anhängern in blinden Fanatismus abgleiten, der zu Aktionen verleitet, die der eigenen Sache keineswegs immer dienlich sind. Zumal im Verein mit dem bereits oben angesprochenen, bei vielen Arabern verbreiteten Gefühl von Ohnmacht und Hilflosigkeit kann dies in der Tat zu recht absurden Handlungen und Reaktionen führen, die letztlich die arabische Sache eher diskreditieren. So z. B. wenn einige verirrte wie verwirrte, ideologisch völlig vernebelte Geister unter den vielen selbsternannten Sprechern für die arabisch-islamische Sache, [9] – in allen möglichen und unmöglichen Gruppierungen organisiert – auf die aktuellen Herausforderungen mit verabscheuungswürdigen, durch nichts, aber auch gar nichts zu rechtfertigenden, feigen Terroranschlägen gegen unschuldige Zivilisten in westlichen Metropolen glauben antworten zu müssen [10] – anstatt den nationalen Widerstand gegen Besatzung und Unterdrückung vor Ort zu führen. Damit tragen sie nicht zuletzt dazu bei, der religiös-kulturell verbrämten *Rechtfertigungsideologie,* welcher sich die neue kolonialistische Offensive bedient, einen willkommenen Vorwand zu liefern und mehr Resonanz und Plausibilität zu verschaffen. Ganz abgesehen davon,

8 *Simmel, Georg*: Der Streit, in: *ders.*: Soziologie. Untersuchungen über die Formen der Vergesellschaftung, 4. Aufl., Berlin 1958, S. 186-255.

9 Allen voran diese schillernde Figur namens Ben Laden, der zuvor Jahre lang den Amerikanern als Kollaborateur bei der Vertreibung der Sowjetunion aus Afghanistan große Dienste leistete, indem er den damals so genannten Mughahideen mit amerikanischen Waffen und Instruktionen versorgte!

10 Wie etwa in Madrid geschehen am 11. März 2004, um lediglich auf einen besonders krassen Fall zu verweisen.

dass derartige Aktionen gewiss auch zur Verfestigung des negativen Islambildes in westlichen Gesellschaften erheblich beitragen.

2.4. Instrumentalisierung von latenten Emotionen gegen den Islam ist nicht neu

Bei aller Wut und aller berechtigten Empörung über diese Verbrechen muss man jedoch nüchtern feststellen, dass die oben angesprochene, im Irakkrieg erfolgreich praktizierte, wie überhaupt die aktuelle Instrumentalisierung von geschichtlich tief verwurzelten Emotionen gegen den Islam in westlichen Gesellschaften zur Rechtfertigung gewaltsamer Hegemonialbestrebungen im Nahen und Mittleren Osten an sich viel älter ist als all die Terroranschläge, die nun derartige Emotionen nur zusätzlich verstärken. Dies galt lange schon vor dem oft zitierten furchtbaren Geschehen vom 11. September 2001, das inzwischen der momentan herrschenden politischen Klasse in den USA fast jeden Angriffsakt zur vermeintlichen Abwendung einer nach Belieben definierten Gefahr zu rechtfertigen scheint. Dabei bleibt der Hergang des für den Frieden in der Welt und für die Entwicklung der internationalen Beziehungen folgenschweren Geschehens an diesem denkwürdigen Tag in vielen Details bis heute so mysteriös und schwer nachvollziehbar! Die offizielle Version weist recht viele Ungereimtheiten auf, die auch drei Jahre danach – auch nicht durch den nach langem Zögern und allzu langem Warten in Auftrag gegebenen Bericht einer Kommission mit vielen einschränkenden Bedingungen – immer noch keine befriedigende Erklärung gefunden haben. [11] Merkwürdigerweise ist ein kritischer, aufklärerischer Diskurs über diese für uns alle immens wichtigen Fragen von den sonst so neugierigen Medien bis heute gar nicht erst aufgegriffen worden. Es ist merkwürdig, dass all diese Fragen der sonst so kritischen Presse und den ebenso kritischen Medien im demokratischen Staat nicht einmal einer sachlichen Würdigung bzw. einer tiefer gehenden Hinterfragung Wert waren. Eine echte Diskussion über all diese äußerst wichtigen – offenbar recht sensiblen – Fragen wurde bis heute völlig tabuisiert oder gleich im Keime erstickt. [12]

2.5. Zum verblüffenden Erfolg der aufgegriffenen Rechtfertigungsideologie

Die erneut aufgegriffenen und aktuell mobilisierten antiislamischen Aversionen im Dienste der Konstruktion einer volksnahen bzw. populistischen Rechtfertigungsideolo-

11 Hierzu vgl. man z. B. das Buch des französischen Politikwissenschaftlers und Chefredakteurs des Magazins ‚Maintenant' *Thierry Meyssan*: 11. September 2001. Der inszenierte Terrorismus. Auftakt zum Weltenbrand?, Kassel 2002. Sein Buch beruht ausschließlich auf Dokumenten des Weißen Hauses und des Verteidigungsministeriums sowie auf Presseerklärungen leitender Verantwortlicher des zivilen und militärischen Bereichs der USA.

12 So z. B. die vom ehemaligen Minister im Kabinett Kanzler Helmut Schmidts, *Andreas von Bülow*, angestoßene Debatte. Bülow war damals zuständig für die demokratische Kontrolle der Geheimdienste und deshalb mit deren Arbeitsweise vertraut und äußerte relativ früh seine Bedenken und stellte kritische Fragen zum Hergang des Geschehens, etwa im Interview mit der Zeitung ‚Der Sonntag' am 13. 01. 2002. Später fasste er seine berechtigten Zweifel zusammen in einem lesenswerten Buch mit dem Titel: Die CIA und der 11. September: Internationaler Terrorismus und die Rolle der Geheimdienste, München 2003.

gie für einen hegemonialen Zugriff auf den Nahen und Mittleren Osten sind viel älter als die seit dem viel zitierten Septembertag im Jahre 2001 entstandenen.[13] Auf diese Strategie hat man im alten Kolonialzeitalter immer wieder zurückgegriffen, so wie heute die USA erneut darauf zurückgreifen. So kann die herrschende politische Klasse ihren aktuellen kolonialistischen Zugriff auf den arabischen Raum ihren eigenen Völkern als eine Art ‚Vorwärtsverteidigung' gegen eine vermeintlich von der arabisch-muslimischen Welt ausgehende kulturelle Bedrohung verkaufen. Es genügt offenbar, dass der Islam als kultureller Hintergrund dieser Region zum Motor des Widerstandes gegen die gewaltsame hegemoniale Bevormundung avanciert.

Mit diesem *Kulturalismus* wird jedoch nicht nur das eigentliche Problem – der gewaltsame wie rücksichtslose hegemoniale Zugriff auf den islamischen Orient – völlig verschleiert, sondern auch überhaupt die Sicht auf die Realität als solche weitgehend vernebelt; und somit auch jeder ernsthafte Ansatz zu einem friedlichen Interessenausgleich verhindert. Offenbar ist man lediglich an der Konstruktion einer Ideologie interessiert, mit welcher die eigenen Hegemonialbestrebungen vor den eigenen Völkern gerechtfertigt werden sollen: eben einer *Rechtfertigungsideologie*. So werden breite Bevölkerungsschichten in westlichen Gesellschaften durch erneute Mobilisierung geschichtlich verwurzelter, stets latent schwelender Aversionen gegen den Islam für einen von gewissen Machteliten ausgehenden neuen ‚kolonialistischen Feldzug' mobilisiert – letztlich für einen Krieg, der nicht der ihrige ist!

So geschah es auch beim ersten Irakkrieg im Jahre 1991, der diesen neuen kolonialistischen Feldzug im arabischen Orient einleitete. Möglicherweise lässt sich gerade an eben diesem Krieg sehr gut veranschaulichen, wie feststehende, unbestrittene Sachverhalte im Dunst solch einer populistischen Vernebelungsideologie im Bewusstsein breiter Bevölkerungsschichten ausgeblendet werden können. Ich will dies anhand eines konkreten Vorfalls darstellen, bei dem ich persönlich Zeuge der Tragweite der Auswirkungen einer solchen Vernebelungsstrategie geworden bin. Wobei ich allerdings die Merkwürdigkeiten und Widersprüche dieses Falles im Zusammenhang nicht bis ins letzte Detail erörtern kann. Ich vertraue dabei jedoch darauf, dass es sich um allgemein bekannte wie allgemein unbestrittene Sachverhalte über den ersten Irakkrieg handelt, die einem halbwegs informierten Zeitgenossen geläufig sein müssten.

Exkurs: ‚Weltmacht Islam oder Christentum' als Hintergrund des ersten Irakkrieges?!

Mir ist noch lebendig in Erinnerung geblieben, was ich bei einer Einladung zu einem Vortrag an der Düsseldorfer Universität erfahren habe. Die Universität hatte unter Federführung des Rektorats wenige Wochen nach dem ersten Irakkrieg im Sommersemester 1991 eine Ringvorlesung für alle Studierenden in der Aula organisiert, bei welcher in den einzelnen Vorträgen die unterschiedlichen Aspekte dieses Krieges beleuch-

13 Vgl. den folgenden Exkurs über den ersten Irakkrieg von 1991 wie auch, für den historischen Entstehungskontext dieser Ideologie, die Ausführungen zum ‚Orientalismus' in Kapitel 3.4.

tet werden sollten. [14] Mir war die Aufgabe gestellt, so jedenfalls die Vorgespräche, einen Vortrag in dieser Reihe über die sozialen und politischen Hintergründe des Krieges zu halten. So weit so gut. Was ich aber im abgedruckten Programm der Ringvorlesung später aufgelistet fand, ließ mich in der Tat vor Erstaunen sprachlos werden. Für meinen Beitrag zum Irakkrieg aus sozialwissenschaftlicher Perspektive war als Thema – man glaubt es nicht – proklamiert: ‚Weltmacht Islam oder Christentum?'! So also, dachte ich, ist die Einschätzung dieses Krieges selbst auf akademischer Ebene! Dabei standen fast alle muslimischen Staaten auf Seiten der Westmächte innerhalb der sogenannten ‚Allianz gegen Saddam Hussein'. Zudem ist es unbestritten, dass das Regime von Saddam Hussein vor diesem Krieg für den Westen insgesamt als schützenswertes Modell eines national-säkularen Staatswesens in der Golfregion galt, weil man darin ein ‚Bollwerk gegen den islamischen Fundamentalismus' sah, wie es damals immer wieder geheißen hat. Saddam Hussein war also alles andere als ein islamischer Führer oder ein Verteidiger der Sache des Islam. Trotzdem gelang es damals den westlichen Medien binnen weniger Wochen das Wunder zu vollbringen, aus ihm im Bewusstsein breiter Bevölkerungsschichten eine Art ‚zweiten Chomeini' bzw. einen Erzkonservativen Wortführer des islamischen Fundamentalismus zu machen. Der mir vorgeschlagene Vortragstitel war schließlich nichts anderes als ein augenfälliger Beleg dafür, dass diese Strategie in der Tat weitgehend gelungen war, so dass der erste Irakkrieg vor vierzehn Jahren von breiten Bevölkerungsschichten als ‚Krieg gegen den aggressiven Islam' wahrgenommen werden konnte. Allen Realitäten und allen gegensätzlichen Sachverhalten zum Trotz. Es war in der Tat, muss man sagen, eine großartige ‚Leistung' westlicher Medien, zumal in demokratischen Staaten! Der hier kurz geschilderte Vorfall ist in seiner Absurdität kaum zu übertreffen. Er ist als Beispiel bestens geeignet, um die erstaunlichen Folgen der Fixierung der westlichen Sicht auf den Islam zu veranschaulichen. Diese Fixierung hat die Sicht auf die Realität so weit vernebelt bzw. ein falsches Bewusstsein geschaffen, das es ermöglicht, dass ein Krieg, der mitnichten vor einem religiösem Hintergrund stattfand, so vielen Bürgern westlicher Demokratien als Waffengang zwischen Islam und Christentum erscheinen konnte. Heleno Sana hat in der Tat Recht, dass die Menschen, die in heutigen spätkapitalistischen Gesellschaften leben, zu ‚historischer Gedächtnislosigkeit' neigen. Genauer gesagt, an dieser in einer Art und Weise kranken, dass sie feststehende, reale Sachverhalte mühelos verdrängen können. [15] Diese Ausführungen sollten verdeutlichen, welche Fehlleistungen die Fixierung

14 Eigentlich war dieser Waffengang unter Führung der so genannten ‚Allianz' der zweite Golfkrieg. Der erste Golfkrieg fand bereits in den 80er Jahren statt, als Saddam Hussein auf Geheiß der Westmächte einen acht Jahre langen Krieg gegen die gerade proklamierte ‚Islamische Republik Iran' vom Zaun gebrochen hat, der bis 1988 dauerte. Mit seinem völlig säkular organisierten Staatswesen galt Saddam Hussein – daher auch die Unterstützung der Westmächte – als Garant gegen eine Ausweitung des islamischen Fundamentalismus auf die Nachbarstaaten des Iran.

15 *Heleno Sana* ist als Kultur- und Kapitalismuskritiker in linken Kreisen – nicht zuletzt bei den Lesern der (leider viel zu wenig bekannten) alternativen Zeitschrift *Die Brücke* – bestens bekannt. Der Hinweis ist auch einem seiner dort fast regelmäßig erscheinenden Artikel in einem früheren Heft der Zeitschrift entnommen. Von seinen zahlreichen Büchern, die sich mit dem kapitalistischen Wirtschafts- und Gesellschaftsmodell kritisch auseinandersetzen, seien in diesem Zusammenhang genannt: Das Elend des Politischen, Düsseldorf 1998 und *ders.*: Die Zivilisation frisst ihre Kinder: Die abendländische Weltherrschaft und ihre Folgen, Hamburg 1997. Oder auch – in historischer Perspektive – seine hervorragende Darstellung der unrühmlichen Rolle kapitalistischer Westmächte während des antifaschistischen Kampfes in Francos Spanien: Die libertäre Revolution, Hamburg 2001.

auf den Islam hervorbringen kann. Aber möglicherweise sollte an dieser Stelle der Hintergrund der erstaunlichen Resonanz mehr beleuchtet werden, auf welche solch eine kulturalistische Sicht auf die Realität bei breiten Bevölkerungsschichten hierzulande und anderswo in der westlichen Welt stößt, wie sie die Fixierung auf den Islam letzten Endes darstellt.

3. Die neue Fixierung auf den Islam: Alter Orientalismus im neuen Gewand?

Wie kommt es eigentlich zu dieser beispielhaft veranschaulichten, fast totalen Fixierung auf den Islam in weiten Teilen der europäischen Öffentlichkeit? Was trägt zum sichtbaren Erfolg solch einer zielbewusst verfolgten religiös-kulturellen Verschleierung realer Sachverhalte bei? Und welche Folgen hat dies für die Kommunikation zwischen Europa und der arabisch-islamischen Welt und damit auch für ihre gegenseitigen Beziehungen insgesamt? In eine solche Betrachtung muss man auch die muslimische Seite unbedingt einbeziehen.

3.1. Unterschiedliche Ebenen der wechselseitigen Wahrnehmung

Zunächst sind hier die unterschiedlichen Ebenen der wechselseitigen Einschätzung anzusprechen. Bereits die heute geläufigen Begriffe: ‚islamische Welt' und ‚der Westen', die eigentlich mehr Fremdbilder als Eigenbilder darstellen, verweisen auf eine unterschiedliche gegenseitige Wahrnehmung, die einiges verrät. Während die eine Seite in rein religiösen Kategorien (islamische Welt) gesehen und definiert wird, wird die andere Seite durch die Bezeichnung ‚der Westen' eher säkular definiert bzw. keineswegs in erster Linie durch Rückgriff auf ihre Religionszugehörigkeit charakterisiert.

3.2. Die politisch dominierte Sicht der Araber auf den Westen

Es ist in der Tat aufschlussreich, dass arabische Muslime immer nur von ‚dem Westen' (arabisch ‚Al-Gharb') sprechen, nie aber, oder höchst selten, vom ‚Christentum' oder von ‚den Christen', wenn sie ihre Beziehung zu Westeuropa und Nordamerika thematisieren wollen. Kaum ein neueres Buch in arabischer Sprache spricht von der Beziehung der Muslime oder des Islam zu den Christen oder zum Christentum, sondern zu ‚Europa' oder zum so genannten ‚Westen', ein Begriff, der in der arabischen Welt eher mit technischer Zivilisation, Wirtschaftskraft und politischer Macht, denn mit dem ‚Christentum' assoziiert wird, freilich aber auch in bestimmten Zusammenhängen genauso mit ‚Kolonialismus, Imperialismus und Ausbeutung der Dritten Welt'. Und die aktuelle Realpolitik des ‚Westens' der arabischen Welt gegenüber wird als Bestätigung derartiger Assoziationen angesehen.

Die mit dem Begriff ‚Westen' charakterisierten Staaten werden hier jedoch im Hinblick auf ihre bereits geschilderte Realpolitik nicht etwa als Repräsentanten des Christentums bzw. nicht als im Sinne des Christentums handelnde Staatengruppe wahrgenommen. Vielmehr erscheint diese Politik in den Augen der meisten Menschen in der arabischen Welt eher im Widerspruch zu anerkannten Werten des Christentums zu stehen. Jedenfalls werden all die Verfehlungen, die man hier westlicher Politik anlastet, auf keinen Fall mit dem Christentum in Verbindung gebracht. So wundert es nicht, dass religiöse Aspekte nicht als besonders relevant eingestuft werden für die Schwierigkeiten, die das Verhältnis zwischen der arabisch-islamischen Welt und der westlichen Staatenwelt belasten. Hier werden vielmehr politische, ökonomische und verwandte Aspekte in erster Linie ins Spiel gebracht.

3.3. Die religiös geprägte westliche Sicht auf die arabische Welt

Menschen in der westlichen Welt blicken hingegen auf unsere Länder [16] vorwiegend oder fast ausschließlich aus einer religiösen Perspektive; ihre Sicht auf das ganze Geschehen in unseren Ländern ist mehr oder weniger auf die religiöse Facette reduziert – und somit auch erheblich eingeengt. Bei fast allen Betrachtungen und Überlegungen ist das Augenmerk auf den Islam gerichtet.

Um den oben dargelegten Sachverhalt noch eindringlicher zu artikulieren, zitiere ich in diesem Zusammenhang einen liberalen arabischen Intellektuellen, der seit längerem an einer britischen Universität lehrt. In einem viel beachteten Buch wertet Aziz Al-Azmeh den hier von mir angesprochenen und von ihm auch beklagten Umstand als eine

> „Tendenz, muslimische Völker und Einzelpersonen auf ein Wesen namens Islam zu reduzieren und sie dadurch des historischen Charakters, Kennzeichen aller menschlichen Gemeinschaften, zu berauben,"

um dann nach einigen Erläuterungen die schwerwiegenden Folgen einer solchen Tendenz für eine sachliche Einschätzung der sozialen Realität in fast mahnenden Worten zu artikulieren:

> „Die Reduktion der muslimischen Völker und Gemeinschaften auf ein *geschichtstranszendentes Wesen* verwandelt sie aus konkreten sozialen, historischen, politischen, ideologischen Gebilden mit bestimmten Tendenzen und Perspektiven in *Hypostasen eines seines historischen Charakters gänzlich entkleideten Islam* [..]. Kein Wunder, dass sich normale Einsichten auf der Grundlage soziologischer, historischer und philosophischer Überlegungen offenbar verflüchtigen, wenn der Islam erklärter Gegenstand des Nachdenkens wird." [17]

16 Der Verfasser ist gebürtiger Ägypter (Die Herausgeberin).

17 *Al-Azmeh, Aziz:* Die Islamisierung des Islam. Imaginäre Welten einer politischen Theologie, Frankfurt am Main 1996, S. 7 f.

3.4. Alter Orientalismus im postmodernen Gewand?

Im Grunde handelt es sich hier um eine neue Variante des Orientalismusdiskurses des 19. Jahrhunderts, den Edward Said mit seinem berühmten Buch ‚Orientalism', das inzwischen zu den Standardwerken der Orientalistik gehört, regelrecht auf den Begriff brachte. [18] Kurz angedeutet ist Orientalismus in seinem Kern „die westliche Projektionsfläche, die mit der kolonialen und neokolonialen Expansion des Westens im Nahen Osten einhergeht." [19] Durch eine stereotypartig ständig wiederholte Betonung der vermeintlichen Andersartigkeit orientalischer Völker mit dem Ziel der Exotisierung und Dämonisierung muslimischer Gesellschaften und des Islam überhaupt, suchten die europäischen Kolonialmächte im 19. Jahrhundert mit diesem zivilisatorisch grundierten Diskurs ihre Kolonialpolitik in den ‚orientalischen Ländern' ideologisch zu stützen und kulturell zu untermauern. So auch mit der neuen Variante dieses Diskurses, der heutigen Fixierung auf den Islam, die letzten Endes auch der Rechtfertigung der aktuellen westlichen Politik dient.

Die neue Auflage des Orientalismus verstellt genauso hoffnungslos wie damals den Blick für eine ausgewogene, ehrliche Beurteilung aktueller gesellschaftlicher Entwicklungen im heutigen ‚Orient', wie sie vor allem das zunehmend stärkere Aufkommen des so genannten politischen Islam darstellt – und verhindert somit zugleich einen angemessenen Umgang mit einer solchen Entwicklung. Indem sie sich konsequent verweigert, die konkreten politischen und sozialen Hintergründe der Erscheinungen in den Blick zu nehmen und sich auf religiös-theologische Erklärungen regelrecht versteift, bleibt sie bei den Oberflächenphänomenen stehen, ohne zum Kern der Erscheinungen durchzudringen. So begnügt sie sich mit der Dämonisierung des politischen Islam und nützt eine solche Strömung lieber zur Rechtfertigung der eigenen Politik, statt eben diese Politik einer kritischen Hinterfragung daraufhin zu unterziehen, inwiefern sie für das Aufkommen einer solchen Strömung letztlich doch maßgeblich verantwortlich war und ist.

3.5. Die Rolle westlicher Politik bei der Entstehung des politischen Islam

Es besteht kein Zweifel darüber, dass die allmähliche Entwicklung des heute so oft zitierten politischen Islam zu einer Massenbewegung in der Zeit nach der großen arabischen Niederlage im sogenannten Sechs-Tage-Krieg von 1967 nichts anderes darstellt als ein gesellschaftliches Phänomen, das sich keineswegs durch Rückgriff auf religiöse Diskurse erfassen lässt. War doch ein solches Islam-Verständnis vor dieser Zeit bei breiten Bevölkerungsschichten bekanntermaßen gar nicht gängig (wie ich dies in einer Studie für das Bundesministerium für wirtschaftliche Zusammenarbeit und Entwicklung nach der iranischen Revolution anhand einer detaillierten Betrachtung der historischen Genese des politischen Islam aufzeigen konnte). [20] Es lässt sich in der Tat anhand

18 *Said, Edward W.*: Orientalism, London 1978 (deutsche Ausgabe: Orientalismus, Frankfurt am Main 1981).

19 So *Jörg Becker* in einem denkwürdigen Rückblick auf den ersten Irakkrieg: Kultur und Entwicklung – Gedanken nach dem Golfkrieg; in: Zeitschrift für Kulturaustausch, H. 4, 1991, S. 225-231.

der historischen Entwicklung im letzten Jahrhundert in nachvollziehbarer Weise belegen, dass es sich bei diesem politisierten Islam-Verständnis um „ein aus der politischen und gesellschaftlichen Entwicklung geborenes, von dieser durch und durch geprägtes Islam-Verständnis“ [21] handelt, wie ich dies damals formuliert habe. Eine Lesart des Islam, die in erster Linie als Reaktion auf ganz konkrete Situationsbedingungen zu werten und zu begreifen ist. Es ist gewissermaßen der verzweifelte Versuch, den politischen und sozialen Protest gegen eine innenpolitisch wie außenpolitisch unerträglich gewordene Situation ideologisch zu stützen und religiös zu untermauern, um diesen noch dringlicher herauszustellen und stärker zu unterstreichen. Der inzwischen verstorbene, über Fachkreise hinaus bekannte französische Soziologe Pierre Bourdieu hat dies in einem Interview im November 2001 so formuliert:

> „Der islamische Fundamentalismus ist eine extreme, aber verständliche Reaktion auf die Lage der arabischen und islamischen Staaten und Völker. Die Logik, die die ökonomischen und politischen Universen heute regiert, – die des double standard, dem Messen mit zweierlei Maß – trägt zu dieser Entwicklung bei.“ [22]

3.6. Folgen für die Kommunikation mit der westlichen Welt

Im Verein mit der neuen Variante des alten Orientalismusdiskurses hat diese Entwicklung jedoch für die hier thematisierte, ohnehin in vieler Hinsicht störungsanfällige Kommunikation mit der westlichen Welt kaum vorher bedachte, schwerwiegende Folgen. Hierbei kann man folgende Entwicklungsphasen ausmachen:

- Die zunehmende Artikulierung des politischen und sozialen Protests in religiösen Kategorien machte es immer mehr Menschen in der westlichen Welt nicht gerade leicht, hinter der religiösen Fassade der Erscheinungen den eigentlichen politischen Hintergrund der Vorgänge zu erkennen. Auf diese Weise geriet der Islam als solcher immer mehr ins Blickfeld, als handele es sich bei all dem Geschehen lediglich um ein religiöses Phänomen.
- Andererseits kam die hier angesprochene Ausformulierung politischer und nationaler Bestrebungen in religiösen Kategorien all jenen Kräften auf globaler Ebene gelegen, die an der Konstruktion von religiös-kulturell verbrämten Feindbildern ein Interesse haben, damit die realen Konfliktstrukturen innerhalb der Weltgesellschaft hinter einem religiös-kulturellen Überbau (‚Clash of Civilizations‘) verdeckt bzw. im Bewusstsein der Masse der Menschen ausgeblendet werden. So betrachtet haben die später so genannten ‚Islamisten‘ und ‚Fundamentalisten‘ mit der Ausformulierung des politischen Protests in religiösen Kategorien ihren eige-

20 Diese Studie wurde in den Projektbericht eingearbeitet, der als Buch unter dem Titel ‚Re-Islamisierung und Entwicklungszusammenarbeit‘, München 1982 erschien. Im genauen Wortlaut, auf den ich mich hier beziehe, erschien die Studie zudem als Beitrag in einem Sammelband des Deutschen Orient-Instituts; vgl. *Kandil, Fuad:* Islamischer Nativismus und Re-Islamisierung am ägyptischen Beispiel, in: *Detlev Khalid* (Hrsg.): Entwicklungspolitische Untersuchungen zur islamischen Herausforderung, Hamburg 1983, S. 36-107.

21 Ebd., S. 95.

22 In der Frankfurter Rundschau vom 13. 11. 2001.

nen Völkern und der islamischen Welt insgesamt letztlich nur einen Bärendienst erwiesen.[23]

- Mit der Zeit hatte die hier angesprochene Strategie in der Tat in breiten Kreisen der Öffentlichkeit westlicher Gesellschaften nach und nach Erfolg gezeitigt. Nicht zuletzt auch deshalb, da es für die meisten Menschen offenbar viel bequemer und leichter nachvollziehbar ist, *auf religiös-kulturelle Aspekte als Erklärung zurückzugreifen.* So gewann diese Sicht auf die Realität in der öffentlichen Meinung immer mehr an Plausibilität: Was auch immer in der arabisch-islamischen Welt geschieht, werden nicht etwa die realen Hintergründe des Geschehens sachlich analysiert, sondern lediglich religiös-kulturelle Momente in den Vordergrund geschoben. Hinter allem wird der ‚böse Islam' vermutet, der in dieser vernebelten Sicht auf die Realität einzig und allein als Erklärung herhalten muss. Die Fixierung auf den Islam im Westen war damit perfekt und somit auch die Kommunikation mit der arabisch-islamischen Welt vollends blockiert. Man redet nur noch aneinander vorbei, auf völlig verschiedenen Ebenen.

3.7. Zusammenprall der Kulturen und Zivilisationen?

In dieser vernebelten Sicht auf die Realität wird nun auch immer häufiger – mit relativ großem Erfolg – das Menetekel eines angeblich bevorstehenden Zusammenpralls der Kulturen und Zivilisationen bzw. eben *zwischen der ‚islamischen Welt' und ‚dem Westen'* an die Wand projiziert. Dabei handelt es sich bei der so genannten ‚islamischen Welt' und ‚dem Westen' um zwei in gar keiner Weise und gar keiner Hinsicht miteinander vergleichbare Kontrahenten, als dass hier von einem ‚Zusammenprall' gesprochen werden könnte. Die beiden Seiten, die dieser Sicht zufolge aneinander geraten sollen, sind so ungleich, was Macht, militärische Stärke, Produktionspotential, Leistungsfähigkeit, Effizienz der Institutionen, Wohlstand, Sozialstruktur, Wissenschaftsniveau und Stand der Technik angeht, als dass es zu einem wirklichen ‚clash', zu einem wahren Zusammenstoß zwischen ihnen kommen kann. Die islamische Welt ist einfach viel zu schwach, um eine ernsthafte Herausforderung oder eine Gefahr für den Westen darstellen zu können!

Doch darum scheren sich all die falschen Propheten und im Dienste der Politik stehenden intellektuellen Strategen recht wenig, die den Menschen im Westen das Schreckensbild vom bevorstehenden ‚Zusammenprall der Zivilisationen' und ‚Krieg der Kulturen' einreden wollen und den Islam als die große Gefahr für den Westen darzustellen versuchen. In meinen Augen ist dies eine Weltsicht, zu welcher entweder eine beachtliche Fähigkeit zur Ausblendung realer Sachverhalte gehört, oder aber eine, aus wel-

23 Ein Urteil, das sich jetzt auch zunehmend erhärtet, zumal seit einige *selbsternannte Anführer* dieser Strömung offenbar jeglichen Bezug zur Realität verloren zu haben scheinen. Und vor lauter ideologischer Verblendung offenbar auch jeden Bezug zum Islam als Religion, die eigentlich die Einhaltung strenger moralischer Grundsätze unter welchen Bedingungen auch immer vorschreibt, was genauso für den bewaffneten Widerstand gilt.

chen Gründen auch immer, individuell (wenn nicht gar kollektiv) ausgeprägte Bereitwilligkeit zur Übernahme eben dieser Lesart von Realität.

4. Gewaltsame Universalisierung des westlichen Gesellschaftsmodells?!

In engem Zusammenhang mit dem hier angesprochenen Diskurs steht auch eine zunehmend beobachtbare Tendenz westlicher Staaten, ihr Gesellschaftsmodell anderen Völkern und Kulturen gewaltsam aufzudrängen. Auch diese Bestrebungen werden weitgehend kulturalistisch verbrämt und gewissermaßen als eine Art zivilisatorische Mission hingestellt. Letztlich geht es aber um die Durchsetzung weltweiter Hegemonialinteressen, die sich auf gewaltige Militärpotentiale stützen. Bei der Verfolgung dieses Ziels scheren sich die neuen Weltstrategen auch nicht groß darum, dass bisher geltende, mühsam erarbeitete Grundsätze und Spielregeln für ein geordnetes Zusammenleben der Völker und Nationen wieder zur Disposition gestellt oder gar außer Kraft gesetzt werden.

Dass sich die anderen Völker gegen derartige Bestrebungen wehren, ist nur verständlich und leicht nachvollziehbar. Verwunderlich ist es auch nicht, dass sich dies letzten Endes auch auf die Beziehungen zwischen Europa und der arabisch-islamischen Welt bzw. zwischen der westlichen und der islamischen Welt insgesamt auswirkt, die sich hierdurch immer schwieriger gestalten. In der Tat stellt die hier thematisierte Tendenz eine zusätzliche, ernsthafte Belastung dieser Beziehungen dar. Kein Land in der Dritten Welt kann daran interessiert sein, neben der bisherigen völligen ökonomischen Dominierung durch den Norden noch eine gesellschaftlich-kulturelle Dominierung hinzunehmen. Heftige nationale und kulturelle Abwehrreaktionen auf derartige Versuche auch bei den arabischen Völkern sind unweigerlich. Wahrscheinlich steht die hier angesprochene Tendenz in engem Zusammenhang mit der sich immer mehr abzeichnenden weltweiten Globalisierung des Kapitalismus. Die hoch entwickelten Industrieländer, die das Zentrum des kapitalistischen Systems darstellen, suchen hiermit die Verbreitung der kapitalistischen Wirtschaftsweise in den Ländern der Peripherie auch gesellschaftlich zu verankern. Damit soll die bereits heute weitgehend erfolgte kapitalistische Durchdringung (‚Penetration') der Ökonomien der Länder der Dritten Welt eine stabile gesellschaftliche Grundlage bekommen, die – im Jargon der Entwicklungssoziologie formuliert – ihre ‚Einbettung in das kapitalistisch dominierte Weltsystem' langfristig absichert.

4.1. Eine neue ‚säkulare Religion mit globalem Anspruch'?

All dies wird nun kulturalistisch verbrämt und mit scheinheiligen wie verlogenen Schlagworten wie ‚Demokratie', ‚Menschenrechte' u. ä. sogar ‚moralisch' oder auch ‚zivilisatorisch' gerechtfertigt. So wird die intendierte gewaltige globale Umwälzung letzten Endes heruntergespielt und weitgehend verharmlost. Dabei geht es hier im Grunde um nichts weniger, denn um Infragestellung der in unserer Welt schon immer da gewesenen Vielfalt von Kulturen und Lebensmodellen, die nun in der Logik des Kapitalismus auf eigentümliche Weise zum Problem erhoben wird. Die Lösung, die den neuen Weltstrategen für dieses ‚Problem' vorschwebt, ist die weltweite Etablierung von Wirtschaftsweise, Kultur und Lebensstil der eigenen Völker, auch und gerade in den Regionen, die sich – wie die Länder der arabisch-islamischen Welt – besonders vehement dagegen wehren. Offenbar übersehen sie dabei, dass der kulturelle Pluralismus unserer Welt ein nicht hintergehbares wie auch nicht aufhebbares Grundphänomen menschlicher Kultur und Zivilisation darstellt. Im Klartext heißt dies: Weder ‚der Westen' noch ‚der Osten' wird jemals, unter welcher Etikettierung auch immer, sein eigenes Gesellschaftsmodell zu universalistischer Geltung und universaler Ausbreitung bringen können!

Was mich zutiefst verwundert ist allerdings, dass ausgerechnet die Wortführer der Gesellschaften, die im eigenen Kontext dem modernen Pluralismus zum historischen Siegeszug verholfen haben, die größeren Schwierigkeiten damit zu haben scheinen, die Gültigkeit dieses Prinzips auch auf globaler Ebene zu akzeptieren. Sonst würden sie nicht versuchen, mit allen möglichen und unmöglichen Begründungen anderen Völkern die eigene Kultur und Zivilisation gewaltsam aufzuzwingen!

Diesmal geschieht es nicht etwa mit dem Ziel der ‚Evangelisierung der Welt in diesem Jahrhundert', wie es einmal auf der ‚Großen Missionskonferenz' in Edinburgh 1910 hieß.[24] Nein, heute sollen die Völker der Welt zu einer neuen *säkularen Religion* ‚bekehrt' werden, deren Inhalt das westliche oder vielmehr das kapitalistische Gesellschaftsmodell bildet. Und zwar, wenn nötig, auch durch Drohung mit dem Einsatz kriegerischer Mittel gegen all diejenigen, die sich diesem Ansinnen widersetzen. Dies ist es offenbar, was man heute vielerorts unter dem viel zitierten ‚Krieg der Zivilisationen' versteht!

Diese neue ‚säkulare Religion mit globalem Anspruch', die mit schillernden Schlagworten wie ‚Demokratie' und ‚Menschenrechte' operiert, ist letztlich jedoch, in den trefflichen Worten Otto Hintzes, nichts anderes als eine Ideologie „zur Beseelung, Verstärkung und Rechtfertigung"[25] der wahren weltweiten Hegemonialinteressen spätkapitalistischer Gesellschaften, die ihre faktische Dominierung des gesamten Weltsystems auf diese Weise noch ideell und moralisch bzw. kulturell wie ideologisch stützen und festigen wollen.

4.2. Pluralismus der Welt lässt sich nicht nach Wunsch beheben

Allein: Was dem Kommunismus nicht gelang, obgleich er seinerzeit mit diesem Anspruch ausdrücklich antrat, wird auch ganz sicher dem Kapitalismus nicht gelingen! Auch nicht mit noch so schönen, verlockenden wie verlogenen Schlagworten. Die Welt

24 Dies war wenigstens in aller Deutlichkeit ehrlich formuliert und somit leichter durchschaubar als heute im Gewand der ‚neuen frohen Botschaft' von ‚Demokratie' und ‚Menschenrechten'. Und gewiss klarer definiert als die wachsweiche Losung der ‚Bekämpfung des internationalen Terrorismus' in so genannten Schurkenstaaten.

25 Vgl. Anmerkung 7.

war *immer* bunt und vielfältig – und wird es auch bleiben. Deshalb ist es utopisch zu glauben, man könne sie nun durch diese neue ‚säkulare Religion' mit einem einheitlichen Make-up versehen bzw. nach eigenen Vorstellungen vollkommen umkrempeln. Ob es diesen Weltstrategen gefällt oder nicht: Es werden immer unterschiedliche Kulturen und unterschiedliche Gesellschaftsmodelle in unserer Welt existieren und sie weiterhin lebendig erhalten! Dies ist ein historisches Gesetz – oder meinetwegen auch ‚ein göttliches'. Erst wenn dieses ‚eherne Gesetz' von allen Seiten, was insbesondere für die Verkünder der neuen säkularen Religion mit globalem Anspruch gilt, akzeptiert und respektiert wird, kann sich Frieden zwischen Völkern und Nationen auf solider Basis einstellen!

Solange aber der Westen mit seinen Bestrebungen nach gewaltsamer Universalisierung seines Gesellschaftsmodells fortfährt, um andere Völker und Regionen endgültig unter seine totale Hegemonie zu stellen, werden sich auch die arabisch-islamischen Völker als aktuelles Austragungsfeld dieser Strategie mit allen ihnen zur Verfügung stehenden Mitteln gegen diesen neuen kolonialen Zugriff zur Wehr setzen. Es greift zu kurz, dieses ganz natürliche Sich-zur-Wehr-Setzen gegen hegemoniale Bevormundung einfach als Terrorismus abzutun, oder auch im Wahn der total vorherrschenden *Islamhysterie* lediglich auf religiösen Fanatismus und religiösen Fundamentalismus zu reduzieren.

Es ist zynisch zu versuchen, durch Rückgriff auf derartige Scheinargumente zwecks Entpolitisierung und Verschleierung der eigentlichen Absichten den Sachverhalt einfach auf den Kopf zu stellen und die tatsächlichen Opfer des neuen gewaltsamen Zugriffs zu den eigentlichen Tätern zu machen! Die Unhaltbarkeit einer derartigen Tatsachenverdrehung kann auf lange Sicht dem Gros kritischer Menschen in europäischen Gesellschaften nicht verborgen bleiben. Mit der Zeit erkennen immer mehr Menschen in Europa in der Tat immer deutlicher, dass die eigentlichen Ursachen all dieser Erscheinungen beseitigt werden müssen, wenn man wirklich zu einem Ausgleich kommen will. Und dass ohne eine – auch für die arabische Seite halbwegs befriedigende – Lösung des Palästinenserproblems (als dem Grundkonflikt des Nahen Ostens), die ganze Region nicht zur Ruhe kommen kann. Mit allen daraus folgenden Konsequenzen – auch für Europa und seine Beziehungen zur arabisch-islamischen Welt. Da könnte sich sonst in der Tat die düstere Perspektive des bereits ganz am Anfang zitierten Kommentars einer spanischen Zeitung zum Ausbruch des ersten Irakkriegs am 16. Januar 1991 bewahrheiten, dass dieser Tag in die Geschichte eingehen würde als „der Tag, an dem der große Weltkrieg zwischen dem Westen und dem Nahen Osten begonnen hat."[26]

26 Vgl. Anmerkung 2.

4.3. Europa kann einen konstruktiven Beitrag leisten

Ob Europa einen essentiellen Beitrag zur Abwendung der Bewahrheitung solch einer düsteren Aussicht leisten könnte, wäre sicherlich auf jeden Fall zu wünschen. Konkret gefragt heißt dies: *Ob Europa wirklich gewillt und in der Lage ist,* sich von dem bislang vorwiegend von den USA dominierten neuen hegemonialen Zugriff zur rücksichtslosen gewaltsamen Durchsetzung ihrer und Israels Interessen in der Nahostregion abzusetzen? Oder gar sich im Interesse des Weltfriedens einem solchen Ansinnen aktiv zu widersetzen? Dies ist die entscheidende Frage, die sich für die Zukunft der Beziehungen zwischen Europa und der arabisch-islamischen Welt stellt. Von ihrer Beantwortung wird es abhängen, ob die heute bestehende *blockierte Kommunikation* zwischen Europa und der arabisch-islamischen Welt einer besseren Verständigung, allmählichen Annäherung und fruchtbaren Zusammenarbeit in beiderseitigem Interesse weicht – oder aber deren weitere Verfestigung und Verhärtung – mit allen möglichen Folgen und unübersehbaren wie unkalkulierbaren Entwicklungen, die nicht zuletzt durchaus in das oben zitierte, vom spanischen Kommentator als Menetekel an die Wand gemalte Horrorszenario münden könnten, das sich meines Erachtens weder Araber noch Europäer wünschen!

X-Change: Austausch und Dialog in der Weltgesellschaft

Olaf Schwencke

,Die Welt in Europa' – ja, die haben wir in reicher Fülle, sind wir doch eine multikulturelle Gesellschaft! Doch: ,Europa in der Welt'? Davon kann politisch wenig, wirtschaftspolitisch ein wenig mehr und kulturell – und darum geht es nun primär – wohl nur noch eingeschränkt die Rede sein!

1.

Ja, es gab eine Zeit, so lange ist es nicht her, da war, wenn man von Kultur sprach, vor allem von Europa die Rede. Kultur war vor allem europäische Kultur. Die Kulturen der Welt schienen letztlich alle in die europäische zu münden. Hier in Europa war das Zentrum von Wissenschaft, Wirtschaft, Kunst und Technik: der Welt zum Vorbild: Hier war in den Formen des gesellschaftlichen Zusammenlebens, in der Rechts- und Staatsordnung, in künstlerischen und wissenschaftlichen Leistungen entstanden, was anzueignen sich gesamte zivilisierte Welt anschicken konnte. Noch zu Beginn des vorigen Jahrhunderts wurde, von Hans Freyer, die Geschichte der Erde als ,Weltgeschichte Europas' begriffen.

Wir alle wissen, dass es im selben Jahrhundert, vor allem durch deutsche Täter, damit ein Ende hatte: Das setzte ein mit dem Ersten Weltkrieg, wurde dann – nach einer gewissen kulturellen Euphorie in den zwanziger Jahren – schließlich mit Hitler und dem Zweiten Weltkrieg ausführlich fortgeführt und gipfelte mit allem Schrecken in der Hölle von Auschwitz. Dieser Riss durch die Geschichte betraf nun nicht nur die ,Kultur' der Deutschen, sondern hatte seine zivilisatorischen Folgen für ganz Europa. Der Kalte Krieg, die Konfrontation von Ost und West, ließ ,Europa in der Welt' nicht nur als zweigeteilt erscheinen, sondern als Krisenherd der Welt – und die aktiven Mächte hatten keinen europäischen Namen mehr, sondern hießen Sowjetunion (UdSSR) und Amerika (USA).

2.

Erst nach mehr als vier Jahrzehnten änderte sich die Lage: Nach 1989 herrschte eine faszinierende Aufbruchstimmung in Europa. Und die Welt blickte auf ein neues Europa, das sich seines gemeinsamen kulturellen und politischen Erbes bewusst wurde und an diese Tradition wieder anzuknüpfen begann: In einer ,Charta von Paris für ein neues Europa' der Staats- und Regierungschefs der ,Konferenz über Sicherheit und Zusammenarbeit in Europa' (KSZE) formulierten diese im November 1990: „Das Zeitalter der Konfrontation und der Teilung Europas ist zu Ende gegangen. (...)Nun ist die Zeit gekommen, in der sich die jahrzehntelang gehegte Hoffnung und Erwartung unserer

Völker erfüllen: unerschütterliches Bekenntnis zu einer auf Menschenrechten und Grundfreiheiten beruhenden Demokratie, Wohlstand durch wirtschaftliche Freiheit und soziale Gerechtigkeit und gleiche Sicherheit für alle unsere Länder. (...)Wir unterstreichen unser Eintreten für die schöpferische Freiheit sowie für den Schutz und die Förderung unseres kulturellen und geistigen Erbes in all seinem Reichtum und all seiner Vielfalt." In dem Kultur-Symposium der KSZE in Krakau im folgenden Jahr wurde dieses Programm gemeinsam von Ost und West konkretisiert.

War damit die Analyse vom ‚Ende der Geschichte' Wirklichkeit geworden? Wie sich bald zeigte: sicherlich nicht!

3.

Immer stärker sind wir politisch, wirtschaftlich und folglich auch kulturpolitisch vom Globalisierungsprozess abhängig. Die Dominanz der Wirtschaftswelt ist die Realität. Und die hat für viele fatale Folgen: Zahlenmäßig gibt es immer mehr Opfer als Gewinner! ‚Global' in Verbindung mit ‚lokal', wie es der englische Politologe Robertson mit seinem Begriff ‚Glokal' entwickelt hat, könnte eine europäische Handlungsdevise sein. In der Diktion der politischen Debatten der vergangenen Jahre ausgedrückt hieße: ‚Brüssel und die Regionen' wirtschaftlich zu arrangieren. Mit anderen Worten: Die Formel ‚Europa der Regionen' mit Leben zu erfüllen, d. h. zu gestalten. Gibt es dafür gegenwärtig hinreichend Ressourcen? Hat das für die jüngere Generation einer künftigen Politikgestaltung noch Sinn? Sie haben mehr Fragen als Antworten – und das ist hilfreich aus der Sicht von jüngeren Europäern. Doch wo finden wir sie im Europa des Jahres 2004?

4.

Ich greife ein Motto von jungen Leuten auf: Es tut sich 'was Neues! „There is a voice in the world, a new voice" hat Robert Wilson das genannt. Hören wir sie? Ob wir sie auch verstehen? Was geht in den Köpfen dieser jungen Leute vor? Wohin wird sie das treiben? Jedenfalls wollen sie sich mit der ‚globalen Weltgesellschaft', wie sie sich für ihren Alltag darstellt und ihn zu bestimmen scheint, nicht abfinden. Die Zahl der gegen solche Globalisierungen Protestierenden wächst: Waren es in Barcelona noch dreihunderttausend und in Genua fast eine halbe Million, so waren es in Florenz schon fast eine Million junger, friedlich gegen die schrankenlose Macht ‚neoliberaler Wirtschaftsglobalisierung' Demonstrierende.

Es entsteht so etwas wie eine ‚politische Gegenmacht' in der Generation der jungen Europäer, die nicht mehr als ‚Söhne und Töchter von Marx und Coca Cola' sich in das unvermeidlich schicksalhafte der Wirtschaft fügen wollen! Anders als die Generation der sogenannten 89er, finden sie sich nicht mehr ab mit den ‚politischen Realitäten'. Ihre kritischen, gesellschaftskritischen Fragen, basieren nicht auf abstrakten Theorien, sondern klagen praktizierte Gerechtigkeit ein: Warum haben eine Milliarde Menschen keinen Zugang zu gesundem Trinkwasser? Warum verhungern täglich 24 000 Kinder? Warum leben 1,2 Milliarden Menschen von weniger als einem Dollar pro Tag? Warum können multinationale Konzerne weiterhin Kinder und Frauen wie Sklaven in ihren ‚sweatshops' in Asien oder Lateinamerika ausbeuten? Weshalb öffnet sich die Schere zwischen Reich und Arm immer weiter und warum wird auch im Westen, in Deutschland, die Kluft zwischen privatem Reichtum und öffentlicher Armut immer größer? Vor allem wird die Politik der Supermacht USA angeklagt: Deren Anteil an der Globalisierung habe entscheidend zum ungerechten und friedlosen Zustand der Welt beigetragen. Die Amerikaner haben durch ihre Blockadehaltung in Johannesburg bewirkt, dass nachhaltige Beschlüsse zur Klimaverbesserung, Armutsbekämpfung und Entwicklungspolitik nicht durchgesetzt werden konnten. So habe die junge Generation ihre Sympathie mit Amerika und seinen Opfern des 11. September längst wieder eingebüßt: Eine gegenteilige Haltung bestimmt sie.

5.

Im Zusammenhang mit dem Irak-Krieg der USA hat die junge Generation der Europäer ihre Position gefunden; sie hat dazu beigetragen, daß das ‚alte Europa' nun wieder lebendig ist. Das ist der Welt vor Augen und zu Gehör gebracht worden! Das hat ‚geleuchtet' – im Wortsinn durch viele Lichterketten für den Frieden, im übertragenen durch seinen ‚Eigensinn', der sich festigte. Dieses Europa, unerheblich im Militärischen, wirtschaftlich geschwächt und politisch nicht eins, hat durch die ganz große Mehrheit seiner Menschen vom Nordkap bis Gibraltar, von der Bretagne bis Krakau, von London bis Madrid seine zivilgesellschaftliche Reife bewiesen: Es hat sich als lernfähig aus seiner eigenen blutigen Geschichte der massenhaften Kriege der Vorjahrhunderte gezeigt – und die ganz jungen Leute, die man – 13 bis 15-jährig – überall bei den Friedensdemonstrationen treffen konnte, haben das auch intuitiv erfasst. Das lässt hoffen, europaweit.

Damit entstand so etwas wie eine europäische Kultur der Friedensfähigkeit – und die reichte über den Augenblick wütender Proteste gegen den herrschenden Krieg hinaus bis in unsere Tage. So konnte man seinerzeit (im Februar 2002) in ‚Le Monde' einen Artikel unter der Überschrift „Une nation est née" lesen; wobei in diesem Kontext ‚Nation' so etwas wie Willensgemeinschaft ausdrückt: Im Widerstand gegen den Irak-Krieg, so der Autor Dominique Strauss-Kahn, manifestiert sich ein gemeinsamer Wille der europäischen Völker, ganz gleich, wo ihre Regierungen stehen! Der Autor geht so weit, dass er diese Aktionen der Völker gegen den kriegführenden Präsidenten der USA als Initialzündung der Europäer für die ‚Wertegemeinschaft Europäische Union' deutet. Diese Initiative ‚von unten', politisch so unerwartet wie wunderbar in ihrer Jugendlichkeit, hat eine europäische Identität sui generis gestiftet.

Europa ist stets Vergangenheit und Zukunft zugleich; d. h. Europa als Prozess, als Aktion, als Projekt, das in Bewegung ist – nicht abgeschlossen, stets im Werden begriffen: als Kulturgemeinschaft der Bürger einer zivilen Gesellschaft. So hat der Irak-Krieg neben all seinen Schrecken und Grausamkeiten auch eine neue Qualität inspirierender und nachhaltiger Gegenmächte, die die Administration Bush freilich ignoriert, die aber die gemeinsame europäische Perspektive darstellen, geschaffen. Ist damit der Abschied der Europäer – der der Deutschen wohl zuvörderst – vom ‚Kriegsgott Mars' vollbracht?! Stehen wir damit, erstmals in einer seltenen Geschlossenheit der Bürger Europas, vor einer Epoche der Politikfähigkeit unseres Kontinents – mit Ausstrahlung auf alle anderen, dem Impuls für eine neue Weltordnung nach dem Kriege? „Die Völker Europas sind entschlossen", so beginnt die Präambel der ‚Grundrechtecharta der Europäischen Union', „auf der Grundlage gemeinsamer Werte eine friedliche Zukunft zu teilen, indem sie sich zu einer immer engeren Union verbinden."

6.

Vollzieht dies neue-alte Europa damit seinen Bewusstseinsschub? Lange verdrängte, aber eigentlich prinzipiell im Europäischen angelegte Denkfiguren und -landschaften tauchen wieder auf, finden zunächst intellektuelle Beachtung und werden dann zu Themen breiterer zivilgesellschaftlicher Öffentlichkeit (selbst in manchen Feuilletons kann man solches ganz aktuell verfolgen). Es reizt ungemein, den lange vergessenen Friedensbildern und -texten Europas neue Aufmerksamkeit zu schenken und sich Europas humanistischer Geschichte – neben der schrecklichen kriegerischen – von der Reformation über die Aufklärung bis hin zur Postmoderne neu bewusst zu werden. Gegenwärtig taucht manches Vergessene aus der Philosophie, Literatur und Essayistik Europas wieder auf – und kann uns neu lehren: Keiner von uns ist Europäer von Geburt, wir können es werden nur durch Bildung.

Das westeuropäische Bekenntnis der Nachkriegsepoche zu Demokratie, Gewaltenteilung, Freiheit, Rechtsstaatlichkeit fußte auf einem hegemonialen Einverständnis darüber, was als künftige Entwicklung ausgeschlossen werden soll: nämlich autoritäre Systeme, verselbständigte Machtstrukturen, Verstöße gegen die Menschenrechte! Dieses Einverständnis war bestimmend. Es reichte quer durch die sozialen Schichten und die politischen Lager. Es machte den zivilisatorischen Diskurs, um den es heute gehen soll, überhaupt erst möglich. Was immer man über die Brüche und Konflikte dieses Diskurses auflisten kann: Er fußte auf einem Einverständnis darüber, was ausgeschlossen war; und das war ein langer Lernprozess im ‚alten Europa': im neuen Europa der 25 steht er noch bevor! Die ‚Reife' der neuen EU-Mitgliedstaaten – die ihnen die Europäische Kommission in wirtschaftlicher, struktureller und funktionaler Hinsicht bestätigt hat, muss politisch und mental erst errungen werden. Für die EWG, EG und schließlich EU-Länder stand bis zur Grundrechtecharta von 2000 die Verabschiedung einer ganzen Anzahl europäischer Dokumente für eben diese Diskussionen; und sie fand nicht nur in den Institutionen, sondern vor allem zivilbürgerlich statt. Jedoch fragt sich ebenso ernsthaft: Hat Europa, das die Vielfalt seiner Kulturen, Sprachen und Religionen glücklicherweise und vielfach erklärtermaßen gewahrt wissen will, hinreichend erklärt, worin deren neue, größere Einheit bestehen soll oder sogar muss?

Solange die Konfrontation der Blöcke existierte, war Europa eingebunden, bestand sozusagen keine Notwendigkeit, seine innere Identität nach außen zu kehren, sie in der

Welt zu demonstrieren. Nun ist der Kalte Krieg mit den dazu gehörigen Macht- und Bündnissystemen seit mehr als einem Jahrzehnt beendet, und es steht die Aufgabe, eine funktionierende multipolare Welt mit, wie Egon Bahr das sagte, einer funktionierenden Weltinnenpolitik zu entwickeln. Und in diesem Moment zeigt sich: So sehr ein in innerem Selbstverständnis emanzipiertes Europa von Nöten wäre, so wenig ist es bereits vorhanden; jedenfalls nicht voll entwickelt. Das belastet auch die europäischen Beziehungen zu Amerika.

7.

Muss man von ‚Macht' und ‚Ohnmacht' reden, wenn es um das Verhältnis von Europa zur USA geht? Der ehemalige Präsident Frankreichs und zuletzt des Verfassungskonvents, Valéry Giscard d'Estaing, hat für eine ‚Unabhängigkeitserklärung Europas' plädiert – mehr noch: er hat gefordert, dass sich die EU zu einer ‚unabhängigen politischen Einheit im 21. Jahrhundert' entwickeln müsse; eine Forderung, die konsequenterweise verfassungsrelevant werden soll. Welche Unabhängigkeit Europas ist gemeint? In diesen Zeiten wohl durchaus die gegenüber den USA, und – selbstredend – die gegenüber der übrigen Welt! Sollten die Amerikaner, deren ruhmvolle ‚Declaration of Independence' eine weltgeschichtliche Epoche einleitete, eine Epoche der Freiheit und des uneingeschränkten Strebens nach Glück, nun europaseits belehrt werden: dass dieses Erbe nun, neu definiert für das 21. Jahrhundert, bei uns besser aufgehoben sei – und eigentlich unserer, der Europäer ureigener Werteskala entspricht?

Wir stehen mitten in der Auseinandersetzung – letztlich geht es dabei um Krieg oder Frieden; auch außerhalb des Kriegs: wer gewinnt Hegemonie über die Köpfe und Seelen der Menschen? Wie kann eine ‚Neue Weltordnung' aus dem Geist Europas erwachsen – wissend, dass eine amerikanische auf der Basis von Panzern und Marschflugkörpern nicht Frieden, sondern nur weiteren Terror mit sich bringen wird!

In dem Buch des prominenten amerikanischen Journalisten Robert Kagan ‚Macht und Ohnmacht. Amerika gegen Europa in der neuen Weltordnung' [1] werden all die Differenzen – längst vorhanden, nun aber virulent – von Amerika und Europa klar und zumeist polemisch und historisch nicht eigentlich zutreffend – herausgearbeitet. Wie sehr sie berühren, hat Außenminister Joschka Fischer vor der UNO exemplarisch deutlich gemacht: Wir Europäer leben nicht auf der Venus, sondern sind Opfer des Kriegsgottes Mars! Damit hat er weltöffentlich reagiert und Kagans These, dass Europäer und Amerikaner in verschiedenen Welten leben – ‚Americans are from Mars and Europeans are from Venus' – korrigiert. Genauer aus der deutschen Ausgabe zitiert:

> „Wir sollten nicht länger so tun, als hätten Europäer und Amerikaner die gleiche Weltsicht oder als würden sie auch nur in der gleichen Welt leben. In der alles entscheidenden Frage der Macht [..] gehen die amerikanischen und die europäischen Ansichten auseinander: Europa wendet sich ab von der Macht [..]. Es betritt eine in sich geschlossene Welt von Gesetzen und Regeln, transnationalen Verhandlungen und internationaler Kooperation, ein posthistorisches Paradies von

1 Berlin 2003, S. 7.

> Frieden und relativem Wohlstand, das der Verwirklichung von Kants ‚Ewigem Frieden‘ gleichkommt. [..] Dagegen bleiben die Vereinigten Staaten der Geschichte verhaftet und üben Macht in einer anarchischen Hobbesschen Welt aus, in der auf internationale Regelungen und Völkerrecht kein Verlass ist und in der wahre Sicherheit sowie die Verteidigung und Förderung einer freiheitlichen Ordnung nach wie vor von Besitz und Einsatz militärischer Macht abhängen."

Wenngleich natürlich meine Wertung sich von der Kagans diametral unterscheidet: in den Fakten ist ihm zuzustimmen. Jawohl: In Europa gelten die Prinzipien von Rechtsstaatlichkeit und Völkerrecht, nicht aber das Unrecht des Stärkeren. Jawohl: Dieses europäische Rechtsverständnis und seine Rechtssysteme fußen auf einer Kultur des zivilisatorischen Fortschritts, die danach strebt, anarchische Zustände zu überwinden und Blutvergießen zu vermeiden. Wir wissen, dass es bei Krieg und Frieden nicht allein um ‚strategische‘ Fragen geht und um ein unterschiedliches Machtverständnis. Wir wollen ihn hinter uns lassen den alten Dauergott Mars der Europäer.

Die Verfassung der EU zu verwirklichen gibt uns dazu die Chance:

> „Im Bewusstsein, dass der Kontinent Europa ein Träger der Zivilisation ist und dass seine Bewohner [..] im Laufe der Jahrhunderte die Werte entwickelt haben, die dem Humanismus begründen: Gleichheit der Menschen, Freiheit, Geltung der Vernunft.“ [2]

2 Aus der Präambel der Europäischen Verfassung von 2003.

Europa aus der Perspektive des Südens. Plädoyer für soziale Verantwortung und für ein gerechteres und nachhaltigeres Zusammenleben

Yves M. Lamour

1. Europa in der Welt

Zum Begriff ‚Europa' wird generell auf der Grundlage der politischen Geschichte eine Unterscheidung zwischen Ost- und Westeuropa gemacht. Aus der Perspektive der Länder des Südens werden, wenn von Europa die Rede ist, die Länder in Westeuropa gemeint, die Kolonialisierung betrieben und so bei der Gestaltung der Nord-Süd-Beziehungen eine wesentliche Rolle gespielt haben und weiter spielen. Andererseits gibt es durch die Geographie eine Trennung zwischen Europa und den Vereinigten Staaten von Amerika. Tatsächlich ist zwischen den beiden Staatsgruppierungen ein gewisser Wettbewerb in Hinblick auf Wirtschaftsvolumen und -dynamik sowie auf die Teilung der Macht bei der Bestimmung des Weltgeschehens zu erkennen. Die Europäische Union wurde im Wesentlichen als politisches und wirtschaftliches Gegengewicht zur Weltmacht USA – mit ihrer kontinentalen Ausdehnung, wirtschaftlichen Stärke und ihrem Ressourcenreichtum – ins Leben gerufen. Vom Standpunkt des Südens jedoch verwischt sich diese Differenzierung. Aus historischer und kultureller Sicht sind die Völker die Gleichen, da die neue Bevölkerung Nordamerikas aus Europa stammt und ihre Auswanderung relativ zeitnah ist. Die neuen Amerikaner erinnern sich an ihre Abstammung, und ihre Kultur spiegelt europäisches Denken und Werte wider. Ferner identifizieren sie sich als Mitglieder einer gleichen weißen Rasse stark miteinander und sind sehr solidarisch in ihren wirtschaftlichen Unternehmungen sowie in ihrer Politik. Mit circa 400 Millionen Einwohnern stellt Europa knapp 7 % der Weltbevölkerung. Auch mit den USA zusammen beläuft sich der Anteil auf lediglich 10 %. Dagegen verfügt das reichste Fünftel der Bevölkerung, dessen Kern die Europäer bilden, über mehr als vier Fünftel des erwirtschafteten Welteinkommens. Aus diesen Zusammenhängen ist es offensichtlich, wie gewichtig der zahlenmäßige Anteil der Nicht-Europäer auf unserem Planeten ist, was im starken Gegensatz zu dem Einfluss steht, den die Europäer (bzw. Euro-Amerikaner) auf die gesamte Weltbevölkerung ausüben, deren Leben sie aus dem Gefüge bringen. Diese Relation macht deutlich, wie ungerecht die Ressourcen unserer Erde geteilt und genutzt werden. Dagegen ist der Süden in Form seiner natürlichen Ressourcen sowie als Ergebnis der unterbezahlten Arbeit seiner Menschen überall in Europa/im Norden präsent. Seine natürlichen Ressourcen finden sich als Hauptbestandteile in vielen Komponenten europäischer/nördlicher industrieller Produktion (z. B. in den elektrischen Kupferleitungen der Häuser und Geräte; in den Komponenten der Autos, Industrieanlagen und Wohnhäuser; in den aus Erdöl gewonnenen unzähligen Plastikerzeugnissen; in der breit getragenen Baumwollkleidung; in Teppichen und anderen häuslichen Gütern; in den Verlobungsringen; in pharmazeutischen Produkten etc.).

2. Europa und die ‚Dritte Welt'

2.1. Politische Umgestaltung und kulturelle Destabilisierung südlicher Gesellschaften

Im Laufe der letzten Jahrhunderte hat sich Europa eine privilegierte Position in der Welt erarbeitet. Dafür wurden verschiedene Mittel benutzt. Erstens mittels neuentwickelter Waffen, aufbauend auf dem chinesischen Schießpulver, wurden viele Völker Amerikas, Afrikas und Asiens mit Gewalt bezwungen. In der Kolonialzeit wurden die Menschen enteignet und die Gesellschaften wurden restrukturiert. Die einheimischen Verwaltungen und Institutionen wurden entkräftet und durch Neue ersetzt, welche Interessen der europäischen Besatzung dienten. Die wirtschaftliche Produktion wurde inhaltlich und organisatorisch auf Rohstoffe für den Export nach Europa umgestellt, während weiterverarbeitete Produkte aus Europa eingeführt wurden. Besonders systematisch und blutig war dabei die Vernichtung nord- und südamerikanischer Völker im 16. Jahrhundert, so groß war die europäische Gier nach Gold und Land. [1]

Damit einhergehend fand eine kulturelle Destabilisierung der Gesellschaften des Südens statt. Dabei spielte die Einführung des Christentums eine wesentliche Rolle. Mit der Einführung abendländischer Religionen und der Verbreitung jüdisch-christlicher Werte wurde Europa sowohl eine moralische als auch eine physische Führungsposition verliehen, da die Religionsoberhäupter in Europa saßen. Formell bedeutete die Annahme der Religion der Europäer den Untergang der einheimischen Götter und der Wertsysteme dortiger Gesellschaften und ihre Ersetzung durch ‚bessere', eben europäische Werte. Die katholische Kirche leistete einen aktiven Beitrag in der Besorgung von Information über die einheimischen Völker für europäisch strategische Zwecke sowie bei dem Versuch ‚rebellische Geister' friedlich zu stimmen. Ihr vielleicht wichtigster Beitrag besteht darin, dass sie die ethische Grundlage für die Versklavung der Ureinwohner Amerikas sowie der Afrikaner lieferte, denen sie keine Seele zuschrieb und die sie den Europäern als nicht gleichwertig ansah. Dies führte zur weitgehenden Vernichtung vieler amerikanischer Völker durch harte Arbeit auf den Feldern und in den Minen, und zu einem Dreieckshandel mit geschätzten 14 bis 50 Millionen versklavten Afrikanern über 350 Jahre. Der Profit aus dem Sklavenhandel und aus der Produktion durch Sklavenarbeit stellte den Grundstock für die Bildung von Kapital und für die Gründung der großen Banken in Europa und Amerika dar; er spielt eine Schlüsselrolle bei der Finanzierung der ersten Industrien im industriellen Zeitalter.

Die Bemühung um eine Universalisierung europäischer/westlicher Kultur ist auch in den internationalen Institutionen sichtbar. Wenn beispielsweise Vertreter fast aller Staaten und Kulturen der Welt an den Tischen der Bretton Woods Institutionen (Internationaler Währungsfond/IWF und Weltbank) sowie der UN-Organisationen sitzen, sind die ethischen Werte, auf welche diese Organisationen gründen, im Wesentlichen aus der christlichen Ethik entnommen. Andere bedeutende Religionen wie der Islam

1 *Paczensky, Gerd von*: Die Weißen kommen. Die wahre Geschichte des Kolonialismus, Hamburg 1970.

und der Buddhismus wurden praktisch nicht beteiligt. Somit wird eine europäische ethische Führung beansprucht und europäische/westliche Ansichten (insbesondere in Hinblick auf Eigentum und internationale Politik) werden weltweit klammheimlich durchgesetzt. Die Unzufriedenheit in gewöhnlich stark religiösen, nicht-christlichen Völkern, welche Gott nicht durch Geld, Versicherungen und Technik ersetzt haben, wird wegen der Unterwerfung ihrer Gesellschaften und der Unterdrückung ihrer religiösen, bzw. gesellschaftlichen Werte nicht anerkannt. Sie wird mit geistreichen Aussagen überspielt und es wird ein moralischer Druck auf die Menschen bzw. die Gesellschaften ausgeübt, z. B. durch eine generelle Verurteilung gewalttätiger ‚Reaktionen'. Dabei wird die verdeckte Gewalt des vom Westen kontrollierten politisch-ökonomischen Systems ignoriert, welches auch Spannungen und leisen Tod durch Verarmung ganzer Völker verursacht. Die bekannten extremistischen Haltungen und Taten, so verwerflich sie sein mögen, sind auch ein Ausdruck dieser breiten Unzufriedenheit unter den betroffenen Völkern und müssen teilweise als eine Reaktion auf die sozio-ökonomische Gewalt, die auf sie ausgeübt wird, verstanden werden.

2.2. Der Handel als Instrument zur Bereicherung Europas und zur Verarmung des Südens

Das dritte Mittel, dass zur Konsolidierung der Position Europas in der Welt diente, ist der Handel. Schon im 17. Jahrhundert wurde eine Handelsstrategie aufgestellt, der Merkantilismus, dessen Prinzipien bis heute dem internationalen Austausch zwischen Nord und Süd als Grundlage dienen. Danach sollten die Kolonien grundsätzlich der Befriedigung der Bedürfnisse und der Bereicherung der europäischen ‚Herrenländer' dienen. Die Kolonien sollten Güter produzieren, welche in Europa für den Konsum bzw. für die industrielle Produktion gebraucht wurden. Die Verarbeitung von Produkten sollte lediglich in Europa stattfinden. Damit sollten die kolonisierten Länder auf die Rolle von Zulieferern billiger Rohstoffe reduziert werden, während in Europa unternehmerische Aktivität und die Bildung von Kapital gefördert, anspruchsvolle Arbeitsplätze geschaffen und die Entwicklung von Know-how gesichert werden sollte. Diese Aspekte des Protektionismus des europäischen Marktes sowie der Ausnutzung und Marginalisierung der Entwicklungsländer sind noch heute in den Weltmarktmechanismen verhaftet; sie sind Grundelemente der Lomé-Konventionen und GATT-Abkommen.

Das Beispiel der Entwicklung der Textilindustrie in England illustriert die Härte mit der diese Politik betrieben wurde. Nachdem gegen Ende des 19. Jahrhunderts indische Webtechnik nach England exportiert und mechanisiert wurde, wurde das Weben in Indien von der Britischen Verwaltung verboten. Die Inder sollten ihre Stoffe und Kleider aus England importieren und damit zur Vermehrung von Arbeitsplätzen und zu wirtschaftlichem Wachstum in Leeds und Manchester beitragen. Vielen indischen Webern, die dieses Verbot missachtet hatten, wurden zur Strafe die Finger abgeschnitten. Daher war eine der ersten politischen Handlungen Mahatma Gandhis der Kampf gegen das Webverbot und die Ermunterung zum Konsum lokaler Produkte.[2] Als weiteres aktuelles Beispiel ökonomischer Repression sei die Androhung von Kürzungen der Entwicklungshilfe (Lebensmittel- und Finanzhilfe) angeführt, von der die armen Staaten abhängig geworden sind, mit denen einige westliche Regierungen Entwicklungsländer unter Druck setzen, wenn diese zugunsten der Unterstützung einer Eigendynamik den Kauf teurer westlicher Produkte einstellen wollten. [3]

Die Mechanismen, durch die der Reichtum, welcher aus den natürlichen Ressourcen und der Arbeit der Menschen in Nord und Süd entstanden ist, in die nördlichen Gesellschaften transferiert und dort akkumuliert wird, sind Bestandteil der Prozesse der Weltwirtschaft und der Entwicklungshilfe.

Die ungerechte Verteilung des Verdienstes an Produkten aus der sogenannten Dritten Welt wird am Beispiel der Banane deutlich. Während in deutschen Supermärkten im Durchschnitt 1,99 Euro für ein Kilogramm Äpfel aus Deutschland, Italien und Frankreich verlangt wird, kostet ein Kilo Bananen aus den weit entfernten Ländern Costa Rica, Ecuador und Elfenbeinküste nur 0,99 bis 1,69 Euro. Nach Untersuchungen von Brunner/Pfeifer sowie von Grießhammer/Burg [4] gehen aber von diesem Betrag lediglich 10-15 % an die produzierenden Länder (verteilt an Kosten für Düngermittel und Transport ca. 5 %, Pflanzer 5 %, Plantagenarbeiter 0,01-1,5 %, und Steuern unter 1 %). Ca. 85-90 % des Ladenpreises bleiben in westlichen Händen, mit 25 % für den Schiffstransport; ca. 37 % bei der Handelsgesellschaft in Hamburg, Amsterdam, Marseille; 6,5 % für den Transport in Europa und ca. 14 % beim Ladenbesitzer. Während Regierungen im Westen 12-15 % des Verkaufpreises als Steuer kassieren, erhalten Regierungen in den produzierenden Ländern weniger als 1 %.

Schaubild 1: Verteilung des Einkommens aus dem Verkauf von Bananen

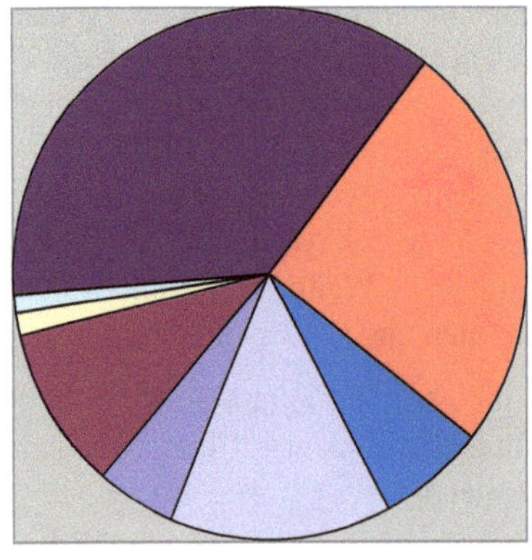

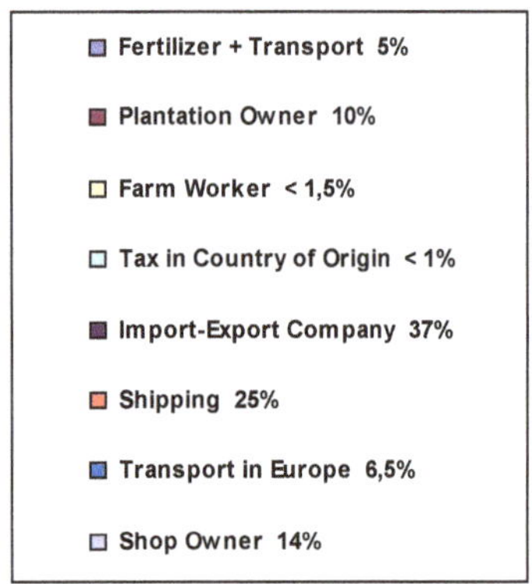

Quelle: *Brunner/Pfeiffer*, 1993, S. 144.

2 *Gandhi, Mahatma*: An autobiography. Or the story of my experiments with truth, Ahmedabad 1994.

3 *Goldsmith, Edward/Khor, Martin/Shiva, Vandana*: The future of progress. Reflections on environment and development, Bristol/Berkeley 1992.

4 *Brunner, Ursula/Pfeiffer, Rudi*: Zum Beispiel Bananen, Göttingen 1993. *Grießhammer, Rainer/Burg, Claudia*: Wen macht die Banane krumm. Kolonialwarengeschichten, Hamburg 1989.

Ähnliche Verhältnisse herrschen für den Handel mit anderen landwirtschaftlichen Gütern bzw. Rohstoffen aus dem Süden wie Kaffee, Kakao, Tee, Baumwolle, Eisen, Kupfer, Aluminium, Gold, Diamanten, Erdöl etc.

Die Entwicklungsländer produzieren praktisch zum Null-Tarif, um die Bedürfnisse Europas bzw. des Nordens zu befriedigen. Das westliche Wirtschaftssystem gibt den Ländern des Südens somit keine Möglichkeit Kapital zu bilden. Die Regierungen bekommen nicht die notwendigen Einnahmen, um überhaupt funktionieren zu können, geschweige denn Schulen und Krankenhäuser zu betreiben. Für jedes Alphabetisierungs-, Gesundheits- bzw. Wasserversorgungsprojekt müssen sie beim reichen Norden betteln und Schulden machen, die sie nicht zurückzahlen können und die sie nur tiefer in deren Abhängigkeit treiben. Die Förderung von Projekten richtet sich nicht nach ihren eigenen Prioritäten, sondern nach Vorstellungen in den Geberländern. Auch die Bauern/Arbeiter verdienen so wenig, dass sie die Schule ihrer Kinder nicht bezahlen können. Ein Krankheitsfall kann die Familie für mehrere Jahre verschulden. Die weitere Verarmung der Bevölkerung, die Paralysierung der Wirtschaft, die wachsende Zahl von Arbeitslosen (50-80 %) und die fortschreitende Überschuldung der Staaten sind daher vorprogrammiert. Unter solchen Voraussetzungen enthält die Globalisierung des Handels zweifelsohne immense Vorteile für die Institutionen und die Bevölkerungen des Nordens, vor allem wenn Dritte-Welt-Länder auch die einfachsten Produkte zur Befriedigung ihrer Grundbedürfnisse einführen – anstatt sie selbst zu produzieren. Daher wird die Globalisierung des Handels von allen Institutionen des Nordens stark unterstützt.

Die Kritikerin Susan George stellte 1988 diesbezüglich fest, dass alle sechs Grundprinzipien in der Satzung des IWF im Grunde auf das Wachstum des Welthandels zielen. Diese Anbindung südlicher Gesellschaften an Europa, die Organisation des Ressourcenflusses und die zu Gunsten Europas ständig ‚manipulierten' Austauschmechanismen des Weltmarkts in den letzten 500 Jahren stellen die erste und bedeutendste Phase der jetzt viel diskutierten Globalisierung dar. Sie haben die technologische Entwicklung Europas bzw. des Westens und somit die Verwirklichung der jetzigen Globalisierungsphase ermöglicht.

2.3. Eine provozierte sozio-ökonomische Katastrophe in der Dritten Welt

Die Folgen dieser Politik sind katastrophal für Entwicklungsländer. Seit dem Beginn der 70er Jahre gerieten sie in einen Teufelskreis der Verarmung mit einem exponentiellen Wachstum der Verschuldung – da das geringe Einkommen als Ganzes verzehrt wird und keine Ressourcen für Investitionen übrig bleiben. Nach Weltbankangaben hat sich die Verschuldung der Entwicklungsländer in 11 Jahren (1982-1993) verdoppelt von 850 Milliarden US-Dollar auf 1.700 Milliarden. Parallel dazu konzentrierte sich das Reichtum in den Händen von Wenigen in den europäischen/westlichen Gesellschaften. Der ‚Human Development Report 2002' des United Nation Development Programme (UNDP) bestätigt diese ungerechte Einkommensverteilung, bei welcher die reichsten 5 % der Erdbevölkerung 114-mal soviel verdienen wie die ärmsten 5 %.[5] Seit 1984 zahlen die Entwicklungsländer mehr Geld zurück als sie an Entwicklungshilfe erhalten.[6] Seit 1999 betragen die Zahlungen, die sie jährlich an die reichen Länder leisten, über 370 Milliarden US-Dollar. Seit über 20 Jahren fließen 20-40 % des Budgets der Entwicklungsländer in die Schuldentilgung. Geld, das für Investitionen in der Infrastruktur, dem Erziehungswesen, dem Gesundheitswesen sowie der Unternehmsförderung (zur Ankurbelung der lokalen Produktion) dringend benötigt wird. Folglich sind die Regierungen aller Entwicklungsländer heute in ihrem Jahresbudget von der Entwicklungshilfe abhängig. Außerdem zwingt diese ökonomische Krise praktisch alle Länder der Dritten Welt dazu, die unethischen Bedingungen der Strukturanpassungsmaßnahmen der Weltbank und des Internationalen Währungsfonds (IWF) zu akzeptieren, nach welchen alle sozialen Kosten drastisch reduziert und die Staatsfirmen privatisiert werden sollen, damit Schulden an die reichen Länder zurückgezahlt werden und die Entwicklungsländer Zugang zu weiteren Krediten der Weltbank – ‚Stellvertreter der Reichen' – bekommen. Der Heidelberger Professor Ulrich Duchrow sieht in der von Johann Galtung (1979) beschriebenen ‚strukturellen Gewalt im Weltwirtschaftssystem' einen bewiesenen Fall von ‚Krieg mit kleiner Intensität' gegen die Armen. In seinen Studien belegt er, wie ‚nicht die Armut bekämpft', sondern ‚die Armen ausgegrenzt und diskriminiert werden.' In der Tat geht es nicht nur um wirtschaftliche Aspekte. Mehrere Fälle des Eingriffs der Länder des Nordens in die Politik des Südens sind bekannt, bei denen gewählte progressive Führer wie Salvador Allende (Chile) und Patrice Lumumba (Zaire) mit Hilfe des Nordens eliminiert wurden, um verantwortungslosen, geldhungrigen und blutrünstigen Diktatoren wie Pinochet und Mobutu Platz zu machen. Etliche Diktatoren wurden bekanntlich vom Westen unterstützt, wenn sie billige Rohstofflieferungen und vorteilhafte Verträge für westliche Firmen zusicherten.

In diesem Kontext sind auch viele Kriege und politische Katastrophen des Südens (zum Beispiel der Golfkrieg und viele Kriege in Lateinamerika und Afrika) zu verstehen. Das eigentliche Ziel vieler dieser politischen Dramen besteht in der Sicherung von natürlichen Ressourcen für die westliche Industrie wie Erdöl, Uran, Stahl, Kupfer, Lithium, Gold, Diamanten etc. Auch die Empörung über die Enteignung weißer Farmer von ihren riesigen Landbesitzen in Zimbabwe zugunsten Hunderter armer afrikanischer Bauern sollte einmal aus dieser Perspektive gesehen werden. Rufen wir uns in Erinnerung, dass dieses Land zu Beginn des letzten Jahrhunderts von britischen Einwanderern mit Gewalt der einheimischen Bevölkerung entrissen wurde, in vielen Fällen durch Lynchen aller Widerstand Leistenden. Obwohl die Kritik vordergründig die Verurteilung der Diktatur von Zimbabwes Präsident Mugabe betrifft, geht es in Wirklichkeit um die Sicherung des Besitzes von Europäern in Afrika. Denn es ist nämlich bekannt, dass viele Diktatoren in Lateinamerika und Afrika sogar militärische Hilfe von Europa bekommen haben.

Auch wird in den letzten fünf Jahren das sogenannte ‚water pricing' von der Weltbank und der westlichen Wasserindustrie immer lauter gefordert. Die Forderung, dass die auszubauende Wasserver- und -entsorgung der Menschen in der Dritten Welt, trotz der bereits jetzt bestehenden wirtschaftlichen Überforderung der Mehrheit der Fami-

5 *Human Development (UNPD)*: Deepening democracy in a fragmenting world, London 2002.

6 *Strahm, Rudolf*: Warum sie so arm sind, Wuppertal 1985.

lien, allein von ihnen zu tragen sind, soll im Klartext die Grundlage für die rücksichtslose Expansion der Märkte für europäische/westliche Firmen in die Länder des Südens schaffen. Die sogenannte ‚Entwicklungshilfe' trägt wesentlich zum Debakel der Entwicklungsländer bei, wie die Regierungsbeauftragten Erler und Klemp es mit Bitterkeit feststellten. Nach Meinung vieler Kritiker ist sie eine verdeckte europäische Subvention des eigenen Exports (Schaffung von Aufträgen für nördliche Firmen, Absatz nördlicher Produkte etc.), wobei noch eine Großzügigkeit der europäischen/nördlichen Länder vorgetäuscht wird. Viele Ökonomen aus Nord und Süd sind sich jedoch einig, dass eine finanzielle Entwicklungshilfe nicht nötig wäre, wenn die südlichen Länder eine gerechte Bezahlung ihrer Güter erhalten würden.

Das Treffen der G8 in Kanada 2002 bekundete, wo die Prioritäten und Absichten Europas und des Norden liegen. Während 20 Milliarden US-Dollar zum Aufbau Russlands zur Verfügung gestellt wurden, konnten lediglich 6 Milliarden frei gemacht werden, um den 56 Ländern des afrikanischen Kontinents zu helfen. Dies unter der Bedingung, dass die Regierungen sich bedingungslos zum freien Handel bekennen und den freien Zugang zu Landbesitz und lokalen Unternehmungen durch Auswärtige (Euro-Amerikaner) ermöglichen – während Europa und Amerika selbst eine protektionistische Politik betreiben. Damit würde der ganze Kontinent innerhalb weniger Jahre von westlichen Firmen kontrolliert werden, was katastrophale Folgen für die afrikanische Bevölkerung, Staaten und deren Wirtschaft hätte.

Ein anderer wunder Punkt ist die sowohl von südlichen Regierungen wie auch von progressiven Politikern und anderen aus dem Norden gestellte Forderung nach Schuldenerlass für arme Länder, vor allem in Fällen der Geldvergabe an bekanntlich korrupte Regimes, sogenannte ‚odious debts'. Dabei wollen die reichen Länder ungern das Druckmittel weggeben, das sie sich in langer taktischer Anstrengung erarbeitet haben.

2.4. Ökologische Folgen in den tropischen Ländern

Im Laufe des letzten Jahrhunderts ging die Zerstörung der Regenwälder und die Verarbeitung ihrer Hölzer in europäischen Luxusmöbeln stetig voran, trotz Warnungen der Ökologen. Mit den Wäldern verschwinden aber die Lebensgrundlagen und sterben die Kulturen von Millionen von Bewohnern der brasialianischen, südostasiatischen und afrikanischen Wälder. Andererseits berauben die von der Klimakatastrophe verursachten häufigen Dürren die Bauern aus ariden und semiariden Zonen ihrer Lebensgrundlage sowie der Basis für die landwirtschaftliche Exportproduktion, die Haupteinnahmequelle der meisten Entwicklungsländer. Besorgniserregend ist ferner die Kontaminierung der Böden durch massive Verwendung von Pestiziden in Großplantagen. Besonders unverantwortlich jedoch ist der Export von toxischem Abfall sowie von Medikamenten, deren Haltbarkeitsdatum abgelaufen ist, in die Dritte Welt, wo sie bereits Auswirkungen auf eine nichtsahnende Bevölkerung und die Umwelt haben. Auch das unethische Experimentieren mit neuen Medikamenten an armen Menschen in südlichen Gesellschaften mit bzw. ohne Wissen der dortigen Behörden ist schon häufig festgestellt worden. Außerdem lassen neue Epidemien (wie AIDS und Ebola), welche Menschen im Süden in besonderem Maße treffen, aus verschiedenen Gründen Zweifel an ihrer natürlichen Herkunft aufkommen.

Ferner boten am Ende der 80er Jahren mehrere west- und -osteuropäische Länder Entwicklungshilfe – ‚debt-for-Nature-swaps', durch welche sie einen Teil der Schulden der letzteren für den Schutz wertvoller Ökosysteme bzw. die Durchführung von Maßnahmen gegen industrielle Umweltverschmutzung abschreiben würden. Entwicklungsländer jedoch, die sich jetzt bewusster über die Mentalität und die wirtschaftliche Kraft Europas sind, haben Angst ihre Souveränität und die Kontrolle über ihre Ressourcen an westliche Staaten, transnationale Firmen und Nicht-Regierungs-Organisationen zu verlieren. Ein Beispiel ist der 1994 zwischen Frankreich und Kamerun geschlossene Pakt, von dem der indische Ökologe Agarwal berichtet. Bei diesem wurden die 30 Milliarden Franc Schulden des afrikanischen Staates unter der Bedingung halbiert, dass ein neues Gesetz verabschiedet werden würde, welches die abzuholzende Waldfläche – die quasi ausschließlich von französischen Firmen bewirtschaftet werden würde – mehr als verdoppeln würde – Beispiele wie dieses scheinen das Misstrauen zu bestätigen.

3. Geld und Profit: Die neuen Götter Europas

Seit der Kolonialisierung fremder Völker und der Nutzung ihrer natürlichen und menschlichen Ressourcen durch die Europäer, steigerte sich die Bildung von Wohlstand in Europa in der ‚modernen' Zeit ununterbrochen. Vom Standpunkt der Völker, die die Europäer unterwarfen, ist jedoch die moderne sozio-ökonomische Entwicklung in großem Maße eine Katastrophe. Mit der Kolonialisierung verloren sie ihre Eigenständigkeit und sie verlieren bis heute weitere Teile ihrer kulturellen Identität. Die gesellschaftlichen Ansichten und Lebensweisen der Herrscher wurden ihnen aufoktroyiert. Sie wurden zu ihrem Nachteil gezwungen an einem zum Nutzen des Westen aufgebauten globalen Handel teilzunehmen. Als Folge einer ständig wachsenden industriellen Produktion und zur Befriedigung des übertriebenen Konsums im Westen hat die Zerstörung der Umwelt unglaubliche Ausmaße angenommen.

Nach Meinung von Ditfurth, der das moderne, wachstumsorientierte Wirtschaftsmodell charakterisiert, sind ein wesentlicher Aspekt dieses Modells seine „Widersprüche hinsichtlich kurzfristiger Rationalität und langfristiger Irrationalität, parallel zur Rationalität der Mittel und der Irrationalität der Ziele".[7] In dieser Hinsicht warnen Studien von Meadows vor ‚Grenzen des Wachstums' angesichts der Begrenztheit der Lebensgrundlagen und der alarmierenden Umweltverschmutzung.

In diesem Kontext stellt die rasante Uniformisierung bzw. Verwestlichung der gesellschaftlichen Lebensformen mit der ‚Profit-Fixierung' des Westens eine Bedrohung der kulturellen Diversität in der Welt dar. Der Verlust dieser Vielfalt bedeutet nicht nur das Vergeben von Chancen zur Verbesserung des Lebens auf dem Planeten, sondern vielmehr auch eine tödliche Bedrohung für das Überleben der Menschen, insbesondere wenn wir verstehen, dass die Diversität immer als Anpassung an spezifische schwierige

7 *Ditfurth, Hoimar von*: So laßt uns denn ein Apfelbäumchen pflanzen, Hamburg/Zürich 1985.

ökologische Bedingungen zustande kommt. Vor dem Hintergrund der ausbrechenden globalen Krise könnte sich die Kultur und Praxis des Lebens und Wirtschaftens mit einem Minimum, die in den meisten südlichen Gesellschaften herrscht und der Ursprung ihrer Diversität ist, als besonders wertvoll herausstellen – im Gegensatz zu dem des verschwenderischen und unnachhaltigen westlichen Umgangs mit Ressourcen, der diese Krise heraufbeschwor.

Die Rechtfertigung der Entwicklung der Gentechnologie sowie der Aneignung bzw. Patentierung der Lebensinformation aus südlichen Lebensräumen durch multinationale Konzerne, zum Beispiel bei Neem, Basmati Reis, Mais, Kartoffel, Weizen, inklusive der Genen einheimischer Völker, zum Beispiel der 108.000 Bewohner von Tonga im Süd-Pazifik oder des Volkes von Island, mit dem Argument, dass dies zur Bekämpfung des Hungers beitragen solle, ist eine allgemein tolerierte Lüge, die entschieden verurteilt werden sollte. Denn das Motiv ist bekanntlich Profit und nicht humanitäre Hilfe. Den armen Menschen im Süden wird nichts erlassen. Dies wird durch die Tatsache illustriert, dass immer mehr Menschen durch Armut und Hunger sterben, während Lebensmittel in Europa massiv vernichtet werden, um Preise hochzuhalten.

Eine wesentliche Komponente der Problematik besteht darin, dass der Motor gesellschaftlicher Aktivität in der modernen Welt Geld ist. Es ist Maßstab für berufliche Anerkennung, Ziel des unternehmerischen Erfolgs, Ausdruck der wirtschaftlichen Stärke, Mittel zu Macht etc. Diejenigen, die es besitzen, scheinen nie genug davon zu haben, es muss immer mehr werden, um jeden Preis. Auf Kosten der Umwelt, der Lebensgrundlage aller, auf Kosten der eigenen Lebensqualität, auf Kosten moralischer Werte, des Zements von Gesellschaften, auf Kosten von Milliarden von Menschen in der Dritten Welt. Der Kapitalismus ist zur Religion geworden, mit Finanzleuten, Managern und Ingenieuren als Hohepriester. Nach Meinung von Heiner Geißler sei das Kapital jedoch nicht das Problem, sondern die ‚Gier nach Geld im Turbokapitalismus'. Die Frage ist nur: Wie kontrolliert man die Gier der Mächtigen nach Geld und Macht, die sie antreibt?

4. Die Verantwortung Europas

Die Enttäuschung und die Empörung im Süden konzentriert sich im Wesentlichen auf die folgende Tatsache: Europa bzw. der Westen reißt mit allen Mitteln Reichtum und Macht an sich, aber die Europäer empfinden keine Verantwortung gegenüber den Völkern, und auch gegenüber der Natur, die sie für ihre Zwecke benutzten. Während ihre Reichtümer weiter vereinnahmt werden, z. B. die Übernahme ihrer traditionellen Medizin und Patentierung ihrer genetischen Ressourcen, müssen die Menschen in den verarmten Gesellschaften sehen, wie sie sonst im kulturellen und wirtschaftlichen Schatten Europas bzw. des Westen überleben. Generell werden negative Folgen und Fehlentwicklungen als unvermeidliche natürliche Erscheinungen verkauft, wenn sie nicht sogar unfairerweise als Fehler der Opfer dargestellt werden.

Zur Durchführung des Kampfes um Macht und Geld werden Informationen zurückgehalten und manipuliert, um das Bild der Welt, der Politik, der Wirtschaft bei den Menschen im Süden sowie in Europa selbst zu verschönern, und ihre Einstellungen und Entscheidungen zu beeinflussen. Vor allem die Geschichte der Völker wird manipuliert; dabei wird der Beitrag Europas überbetont und derjenige anderer Völker geschmälert. In dieser Hinsicht verdankt der Süden der Alternativbewegung der 70er und 80er Jahre sowie einigen kritischen Nicht-Regierungs-Organisationen sehr viel für die Offenlegung wichtiger Informationen und für offene Diskussionen zur Entwicklungspolitik Europas, zum Nord-Süd Handel, zu den Aktivitäten der Weltbank und des IWF etc.

Auch der ‚Dialog' wird in diesem Kontext oft missbraucht. Es findet in vielen Fällen eigentlich kein Dialog statt, sondern ein Monolog, der zur Bekanntmachung und Akzeptanz vollendeter Tatsachen, des ‚fait accompli', dienen soll. Denn es gibt sehr oft keine Bereitschaft der Machthabenden, ihre voreingenommenen Positionen zu revidieren. Der Dialog wird zum Teil einer geplanten Taktik. Als solcher ist er ein Teil der Expansions- und Kontrollstrategie Europas bzw. des Westens. Dieser Mangel an Bereitschaft des Nordens (der 80 % der Weltressourcen nutzt) Verantwortung für die resultierende Umweltverschmutzung zu tragen, wird am Misserfolg der Weltumweltkonferenzen in Rio de Janeiro und Kyoto 1992/2000 sichtbar. Denn konsequenterweise wäre eine starke Einschränkung ihrer industriellen und somit ihrer wirtschaftlichen Aktivität erforderlich, was selbstverständlich nicht in der Absicht von Wirtschaft und Politik des Nordens liegt. Da jedoch prognostiziert wird, dass die negativen ökologischen Folgen des Klimawandels eher zu Lasten der tropischen Gebiete gehen werden, während im Norden eine Milderung des gemäßigten Klimas erwartet wird, ist eine substantielle Änderung des eigenen Ressourcenverbrauchs aus nördlicher Sicht ökonomisch nicht erforderlich und unterbleibt infolge dessen auch. Die USA als das Land welches die Weltressourcen am meisten verbraucht (absolut und pro Person), weigerten sich sogar das Kyoto-Protokoll zur Reduzierung der Emissionen, die das Ozonloch und die globale Erwärmung verursachen, zu ratifizieren.

Daher hinterfragt Jim Wallis, der Gründer der Washingtoner sozialen Organisation ‚Sojourners', in seinem Buch ‚The Soul of Politics' den moralischen Anspruch der USA auf die ausgeübte Weltführung. Er stellt fest, dass der Staat und der Reichtum der USA auf den Völkermord der Rasse der ursprünglichen Bewohner Amerikas und die Versklavung einer anderen Rasse, der Afrikaner, aufgebaut wurden. Sogar der amerikanische Bürgerkrieg (1861-1865), dem man gern einen moralischen Wert zuschreibt, wurde nicht vorwiegend aus Gründen der Gerechtigkeit geführt, sondern hauptsächlich weil der Norden des Landes die billige Arbeitskraft der Schwarzen für seine neuen Industrien brauchte. Hundert Jahre nach dem Sezessionskrieg mussten diese ihre Wahlrechte in den ‚Civil Rights Movements' unter der Leitung von Dr. Martin Luther King bitter erkämpfen. Bis jetzt noch sind die Nachkommen der afrikanischen Sklaven Objekte unglaublicher Diskriminierung in Schulen, in der Arbeitswelt und auf der Straße. Während die Arbeitslosigkeit allgemein bei 8 % in den USA liegt, wird sie unter der afrikanisch-amerikanischen Bevölkerung auf ca. 50-70 % geschätzt. Besonders betroffen sind die männlichen Jugendlichen und Erwachsenen.

In diesem Kontext ist der Misserfolg der ,Weltkonferenz von Durban über Rassismus und Diskriminierung' in Dezember 2001 nicht verwunderlich. Die Nachkommen afrikanischer Sklaven wollten insbesondere über Entschädigungszahlungen diskutieren, wie sie für die jüdische Gemeinschaft und die Zwangsarbeiter des Dritten Reiches geleistet wurden. Die USA erschienen nicht. Das Vereinigte Königreich ließ durch Baroness Amos, selbst ein Nachkomme versklavter Afrikaner, erklären, dass es nicht beabsichtigt, sich für die jahrhundertlange Versklavung der Afrikaner in englischen Kolonien und die Diskriminierung ihrer Nachkommen zu entschuldigen.

5. Abschließende Bemerkungen

Offensichtlich ist das unnachhaltige Produktions- und Handelsmodell Europas bzw. des Westens auf die Mehrheit der Weltbevölkerung nicht übertragbar. Den Entwicklungsländern steht keine ,Vierte' bzw. ,Fünfte Welt' zur Verfügung, aus deren unterbezahlter Arbeit sie Kapital ,akkumulieren' könnten. Erstaunlicherweise stellt man jedoch fest, dass ein Großteil der Europäer trotz allem nicht glücklich ist, trotz eines verlängerten Lebens, trotz Fernsehen und schneller Autobahnen, trotz billiger Bananen, trotz Computer und trotz Handy. Die Menschen in Europa vereinsamen immer mehr, die alten Menschen werden marginalisiert, ein Drittel der Ehen scheitern, Schüler veranstalten Blutbäder unter ihren Mitschülern und Lehrern, der Drogen- und Alkoholkonsum nimmt erschreckende Dimensionen an, psychische Krankheiten nehmen zu. Die Menschen werden durch Werbung erbarmungslos zum Konsum getrieben. Kaufen wird zur Kultur.

Mehr und mehr durchschauen die Menschen aus dem Süden, dass der Westen eine heile Welt nur vortäuscht. Wir leben in einer großen Lügenblase. Die Europäer handeln, als würden die Richtung, die Prinzipien und der Rahmen stimmen. Doch die Welt ist nicht in Ordnung, so wie sie ist. Wir steuern auf eine Katastrophe mit gewaltigen Ausmaßen zu. Das herrschende politisch-wirtschaftliche System untergräbt die Würde der Menschen der Dritten Welt. Es hat die Mehrheit der Weltbevölkerung in eine Falle manövriert, die ihre gesamten Gesellschaften praktisch zu ,Sklaven des Westens' macht. Und die Almosen aus ihren karitativen Organisationen dienen den nördlichen Gesellschaften nicht nur zur Erleichterung ihres Gewissens und ihrer psychologischen Aufwertung. Die Industrieländer erkaufen sich dadurch sogar Ansehen bei den Opfern, während die Grundlagen zum wirtschaftlichen Wachstum des Norden konsolidiert werden und die Armen noch stärker in die Abhängigkeit und Handlungsunfähigkeit getrieben werden. Es ist eine Schande!

Die Welt braucht Gerechtigkeit! Keine sinnvollen Pläne für die Zukunft können ohne die Anerkennung an das der sogenannten ,Dritten Welt' zugefügte Unrecht und Leid und ohne eine Strategie zur gerechten Integration der marginalisierten und verarmten Völker gemacht werden. Als Erstes brauchen die Menschen in den verarmten Ländern gerechte Handelsmechanismen und die Abschaffung von destruktiven IWF- und Weltbank-Bestimmungen. Im Namen dieser Gerechtigkeit fordert auch Heiner Geißler einen ,Marshall Plan' zum Aufbau der Länder des Südens. Dies ist ein edler und angesichts des enormen Beitrags des Südens zur Entwicklung und zum Reichtum Europas sicherlich gerechter Vorschlag. Die Welt braucht ein neues Paradigma, eine neue Ordnung, an der alle in gerechter Weise teilhaben und in Würde leben. In einer Zeit, in der alles durch die neuen Kommunikationstechnologien (Airbus, Auto, Computer, Internet, mobiles Telefon etc.) viel näher rückt, bedarf es, anstatt der Schürung von Kriegen und der Schaffung von Differenzen, einer Kultur des friedlichen und nachhaltigen Zusammenlebens. Europa hat dabei eine große Verantwortung, da es Hauptverursacher der jetzigen Situation ist. Wird Europa seinen Egoismus überwinden? Kann es ein Vorbild der Vernunft werden? Vielleicht liegen manche soziale Modelle für die Zukunft gerade in den alten, teilweise zerstörten ‚primitiven' Lebens- und Wirtschaftskulturen des Südens?

6. Literaturverzeichnis

Amin, Samir: L'Accumulation à l'échelle mondiale. Editions Antropos, Paris 1970

Brunner, Ursula/Pfeifer, Rudi: Zum Beispiel Bananen, Göttingen 1993

Datta, Asit: Welthandel und Welthunger, München 1984

Ditfurth, Hoimar von: So laßt uns denn ein Apfelbäumchen pflanzen, Hamburg/Zürich 1985

Duchrow, Ulrich/Eisenbürger, Gert/Hippler, Jochen: Totaler Krieg gegen die Armen, München 1989

Duchrow, Ulrich: Alternatives to global capitalism, Utrecht/Heidelberg 1995

Erler, Brigitte: Tödliche Hilfe. Bericht von meiner letzten Dienstreise in Sachen Entwicklungspolitik, Freiburg 1985

Galtung, Johan: Technology, development and environment. Towards a technology for self-reliance, New York 1979

Gandhi, Mahatma: An autobiography or the story of my experiments with Truth, Ahmedabad 1994

Geißler, Heiner: Intoleranz. Vom Unglück unserer Zeit, Köln 2002

George, Susan: How the other half dies: A fate worse than debt, London 1988

Goldsmith, Edward/Khor, Martin/Norberg-Hodge, Helena/Shiva, Vandana: The future of progress. Reflections on environment and development, Bristol/Berkeley 1992

Grießhammer, Rainer/Burg, Claudia: Wen macht die Banane krumm. Kolonialwarengeschichten, Hamburg 1989

Human Development: Deepening democracy in a fragmenting world, London 2002

Klemp, Ludgera: Entwicklungshilfekritik. Analyse und Dokumentation, Bonn 1988

Lamour, Yves M.: Which Technology for ‚Development'? Appropriate resources management in Developing Countries, Oktober 2002

Meadows, Donella H./Meadows, Dennis L./Randers, Jorgen: Beyond the limits, Vermont 1992

Paczensky, Gert von: Die Weißen kommen. Die wahre Geschichte des Kolonialismus, Hamburg 1970

Paczensky, Gert von: Verbrechen im Namen Christi. Mission und Kolonialismus, München 2000

Strahm, Rudolf: Warum sie so arm sind, Wuppertal 1985

Chief Tuiavii: Der Papalagi. Reden des Südsee-Häuptlings, Zürich 1981

Wagner, Helmut: Einführung in die Weltwirtschaftspolitik, München/Wien 2000

Wallis, Jim: The soul of Politics. A practical and prophetic vision for change, New York 1994

Die Balkankriege: friedenspolitische Lehren für Europa

Bruno Schoch

Was ich Ihnen im Folgenden ausführen werde, stammt aus der Perspektive eines Friedensforschers, zu dessen Aufgaben es unter anderem gehört, im Friedensgutachten Jahr für Jahr die Entwicklungen auf dem Balkan zu analysieren und zu bewerten. Diese stellen seit dem Zerfall Jugoslawiens und den jüngsten Balkankriegen eine immense Herausforderung nicht nur für die Außen- und Sicherheitspolitik der Europäer dar. Vielmehr haben sie auch manche friedenspolitische Gewissheit von ehedem gründlich erschüttert. Das gilt für die ehemalige Friedensbewegung, aber auch für die wissenschaftliche Beschäftigung mit dem Frieden. Die unverrückbar erscheinenden Koordinaten des Ost-West-Konflikts haben unseren Denkhorizont jahrzehntelang geprägt; das wirkt in vieler Hinsicht noch nach.

Wenn ich das recht sehe, haben die Europäer aus den jüngsten Balkankriegen drei zentrale Lehren zu ziehen – respektive sind noch immer dabei, sie zu ziehen:

1. Die Kriege und Bürgerkriege im ehemaligen Jugoslawien haben die Europäer genötigt, ihre *Gemeinsame Außen- und Sicherheitspolitik* (GASP) voranzutreiben. Von ihr war zwar seit langem die Rede, doch wollte ihre praktische Umsetzung nicht recht vorankommen. Die Erfahrungen mit den Balkankriegen, vor allem der Kosovo-Intervention, haben der GASP einen Schub verpasst.

2. Die Kriege und Bürgerkriege auf dem Balkan haben den Stellenwert militärischer Gewalt in der Außenpolitik der europäischen Staaten verändert. Und zwar auf eine Weise, wie sich das noch vor zehn Jahren hierzulande kaum jemand vorzustellen vermochte. Wer hätte 1990 vorauszusagen gewagt, dass sich die Bundeswehr binnen weniger Jahre auf dem Balkan engagieren würde? Die Vorschläge und Spekulationen über eine deutsche Beteiligung an einer UN-Truppe auch im Nahostkonflikt – wirklich ein Tabubruch – wären ohne die Balkan-Erfahrungen gar nicht vorstellbar.

3. Schließlich haben die Balkankriege der Europäischen Union die Notwendigkeit unsanft vor Augen geführt, ihren eigenen Einfluss stärker nach außen geltend zu machen. Gleichsam im Windschatten des Ost-West-Konflikts lange vorab mit Binnenproblemen der eigenen Integration beschäftigt, sehen sich die Mitglieder der EU nun zu eigenen ordnungspolitischen Initiativen veranlasst, um nicht von Machtprojektion zu reden. Der Stabilitätspakt für Südosteuropa, im Sommer 1999 beschlossen, scheint mir die erste wirklich außenpolitische Aktion der EU zu sein und sie ist deshalb von exemplarischer Bedeutung.

Ich möchte im Folgenden den Versuch unternehmen, diese drei Faktoren etwas auszuführen.

1. Ein Schub für die Entwicklung der Gemeinsamen Außen- und Sicherheitspolitik (GASP) der EU

Man muss sich an die langen und heftigen Kontroversen seit 1991 über das zerfallende Jugoslawien erinnern, um zu ermessen, was sich in Sachen gemeinsamer Außen- und Sicherheitspolitik der Europäischen Union seither verändert hat und wie schnell das ging.

Die seinerzeit viel beschworene *multilaterale Sicherheitsarchitektur* in Europa hat schwer darunter gelitten, dass alle im Rahmen von OSZE, EU oder UNO unternommenen Anstrengungen gescheitert sind, das anhaltende Morden und Vertreiben im ehemaligen Jugoslawien durch Vermittlungen zu beenden. Nicht nur waren die internationalen Institutionen Europas überfordert und zur Ohnmacht verdammt. Auch besaß von den europäischen Staaten keiner für diesen unvorhergesehenen ‚casus belli' ausgearbeitete, geschweige denn erprobte Strategien zum erfolgreichen Krisenmanagement und zur Beendigung dieser – nach Jahrzehnten relativer Stabilität während des Ost-West-Konflikts – überraschenden Art von Krieg.

Im gleichen Maße wie das Blutvergießen im zerfallenden Jugoslawien eskalierte, verstärkten sich die Meinungsverschiedenheiten in den westlichen Staaten über die einzuschlagende Politik. Dabei konstituierten unterschiedliche geschichtliche Erinnerungen, Muster, Metaphern und Symbole mehr oder weniger bewusste geschichtliche Bezüge – eine Art ‚invisible hand' hinter dem Rücken der national unterschiedlich ausfallenden Stimmungen und politischen Vorstellungen. Großbritannien und Frankreich, die nach dem Ersten Weltkrieg den Staat der Südslawen aus der Taufe gehoben hatten, beharrten lange auf der staatlichen Existenz Jugoslawiens, was jedoch unter den gegebenen Umständen mehr und mehr der aggressiven serbischen Hegemonial- und Repressionspolitik zugute kommen musste.

Ebenfalls in wenig bewusster nationalgeschichtlicher Fluchtlinie ergriffen auf der anderen Seite öffentliche Meinung und Politik in Österreich und Deutschland nachdrücklich Partei für Slowenen und Kroaten, für deren nationale Sezession und gegen den multinationalen Staat, den viele ohnehin für ein widernatürliches Kunstprodukt hielten. Empörung und Fassungslosigkeit darüber, dass das Undenkbare plötzlich eingetreten und Krieg mitten in Europa wieder zum Mittel der Politik geworden war, schlugen hierzulande besonders hohe Wellen.

Das parallel zum Ost-West-Konflikt zerfallende Jugoslawien wurde damit auch zum Schauplatz der Wiederkehr älterer historischer Mächtekonstellationen und nationaler Kontinuitäten. Jugoslawien stand, wie andere nach dem Ersten Weltkrieg neu geschaffene Staaten in Mittelosteuropa, man denke an die ehemalige Tschechoslowakei und an Polen, unter dem Schutz der westlichen Alliierten. Sie hatten versucht, die 1918 aus dem Zerfall der drei großen europäischen Dynastien neu entstandenen Nationalstaaten zu einer stabilen Nachkriegsordnung zu fügen, wobei sie das Recht auf Selbstbestimmung mit den Erfordernissen realpolitischer Stabilität zu versöhnen trachteten. Die neuen Nationalstaaten sollten auch als ‚cordon sanitaire' gegen die Oktoberrevolution und gegen befürchtete neuerliche Expansionsgelüste Deutschlands dienen. Daraus ergab sich mancher Widerspruch. Erwähnt sei nur das Anschlussverbot für Österreich. Solche historischen Gründe trugen auch in den neunziger Jahren dazu bei, dass Frankreich und Großbritannien, aber auch die USA, lange auf der Existenz des jugoslawischen Staates beharrten. Er erschien ihnen als ein Stabilitätsfaktor auf dem Balkan, Garant gegen die seit den Balkankriegen von 1912/1913 sprichwörtliche *Balkanisierung*, d. h. den anhaltenden Staatszerfall in immer kleinere ethnische Einheiten.

Zugleich belebte der Streit um Jugoslawien in unerwarteter Wiederkehr nationalgeschichtlicher Fluchtlinien auch alte Gegensätze zwischen Deutschland und dem Westen wieder neu. Manche Artikel und Kommentare besonders, aber nicht nur, in der Frankfurter Allgemeinen Zeitung waren dafür ein beredtes Zeugnis. Oft polemisierten sie gegen die Jugoslawienpolitik des Westens, ohne sich dessen richtig gewahr zu werden, dass auf diese Weise Deutschland und Österreich mit einem Male aus dem Westen herausdefiniert waren, zu dem sie sich in den Jahren des Kalten Krieges doch nach und nach geöffnet hatten. Erinnert sei ‚pars pro toto' an einen Leitartikel von FAZ-Herausgeber Johann Georg Reißmüller vom 26. Januar 1993. Die Sympathie Frankreichs für Restjugoslawien, hieß es dort, sei zwar aus der ‚Waffenbrüderschaft' mit den Serben im Ersten Weltkrieg verständlich, „doch von der zugehörigen falschen Humanitätslyrik könnte man in Paris – wie auch in anderen Hauptstädten – allmählich lassen." Wie sie heute die Aggression der Serben billigten, so hätten sich Frankreich und England schon in der Zwischenkriegszeit gegenüber dem königlichen Jugoslawien verhalten: „Dass es ein Völkerkerker war, störte sie nicht bei einem Freund." Dass die Prinzipien westlichen politischen Denkens und des individualistischen Universalismus sich niemals außerhalb von Interessen, Politik und Macht bewegen, ist das eine. Sie deswegen insgesamt bloß als ‚Verbrämung' nationaler Interessen und ‚Humanitätslyrik' abzutun, das andere – ein klassischer Topos deutscher Ideologie, um nicht zu sagen: ein antiwestliches Ressentiment.

Mithin waren die maßgeblichen Akteure der westlichen Jugoslawienpolitik anfangs weniger die EU als vielmehr die europäischen Mächte. Und deren Ziele widersprachen sich je nach nationalen historischen Traditionen. Die Nationalisten auf dem Balkan wussten diese Gegensätze weidlich für ihre Kriegspolitik auszunutzen. Daran vor allem scheiterte das Krisenmanagement auf dem Balkan, das die USA, wie sie immer wieder erklärten, diesmal nur allzu gern den Europäern überlassen hätten. Die schrecklichsten Folgen zeitigte dieses Scheitern in Bosnien-Herzegovina: Mehr als 200.000 Tote sind Krieg, Bürgerkrieg und Massakern zum Opfer gefallen und rund die Hälfte der gesamten Landesbevölkerung wurde von Haus und Hof vertrieben. Die Europäer hatten sich als unfähig zum Krisenmanagement erwiesen. Das gründete in ihrer Uneinigkeit ebenso wie im prinzipiellen Verzicht auf militärische Mittel und Drohungen. Schließlich nahmen die USA die Dinge in die Hand. Und sie taten es auf ihre Weise. Ein Mix aus Militärschlägen aus der Luft und Anerkennung der im Krieg erfolgten ethnischen Verschiebungen bereitete dem Abkommen von Dayton den Boden.

Nicht das Gleiche, aber Ähnliches wiederholte sich 1999. Vor allem in Washington deutete man die Kämpfe zwischen UCK und serbischen Polizei- und Sicherheitstruppen im Kosovo bald als Wiederkehr der traumatischen Erfahrungen in Bosnien-Herzegovina. Und Washington drängte die NATO zum militärischen Eingreifen, um die Wiederholung der Tragödie im Keim zu ersticken. Das brachte schließlich die lange im Krebsgang sich entwickelnde GASP der EU in Bewegung. Das Auswärtige Amt entwarf den Stabilitätspakt für Südosteuropa, der zeitgleich mit dem Ende des Bombenkriegs der NATO gegen Jugoslawien Anfang Juni 1999 in Köln aus der Taufe gehoben wurde. Auf demselben EU-Gipfel ernannten die Staats- und Regierungschefs der EU Javier Solana, damals noch amtierender Generalsekretär der NATO, zum Hohen Repräsentanten der Gemeinsamen Außen- und Sicherheitspolitik der EU, zum ‚Mister GASP'. Das Debakel jahrelanger erfolgloser EU-Vermittlungspolitik auf dem Balkan und die beiden militärischen Interventionen der USA 1995 und 1999 hatten den europäischen Dingen einen kräftigen Schub verpasst.

Im vergangenen Jahr, als die Konflikte zwischen der albanischen Minderheit und der Mehrheit in Mazedonien eskalierten, handelte die EU in Mazedonien erstmals mit Erfolg eigenständig. Die hartnäckigen Bemühungen Javier Solanas zwischen beiden Seiten zu vermitteln, auch unter Rückgriff auf militärische Mittel, fruchteten schließlich – eine Premiere für die EU. Seither ist sie dabei, mehr Verantwortung auf dem Balkan zu übernehmen. Seit dem 11. September auch, um die USA zu entlasten.

Gewiss darf man diesen Fortschritt nicht überschätzen. Mir ist bewusst, dass in Sachen Außenpolitik in Europa noch immer vieles altem nationalstaatlichen Denken verhaftet bleibt. Gleichwohl haben die Bürgerkriege und Kriege im zerfallenden Jugoslawien für die Gemeinsame europäische Außen- und Sicherheitspolitik der EU katalysatorisch gewirkt. Das gilt auch für die bezeichnenderweise am Ende des Jahres 1999 beschlossene Aufstellung europäischer Krisenreaktionsverbände in der Höhe von 60.000 Mann.

2. Zum veränderten Stellenwert militärischer Gewalt

Die Kriege auf dem Balkan haben das außenpolitische Denken der Europäer verändert. Nicht zuletzt die Deutschen wurden zu dem mühsamen Lernprozess genötigt, dass man manchen Entwicklungen des Bösen nicht ausschließlich mit Diplomatie und ökonomischen Anreizen Einhalt gebieten kann, sondern dass es dazu ‚nolens volens' auch militärische Mittel braucht.

Am segensreichen Wirken, sei es von SFOR in Bosnien, von KFOR im Kosovo oder von ‚Amber Fox' in Mazedonien, zweifelt heute kaum mehr jemand ernsthaft. Und die Bundeswehr ist an allen drei Truppenkontingenten maßgeblich beteiligt. Beides wäre vor einigen Jahren, zu Beginn der Gewalteskalation auf dem Balkan, ganz und gar undenkbar gewesen. Allenfalls das in meinen Augen irritierend geringe Interesse der Öffentlichkeit für die in den Friedensmissionen gemachten Erfahrungen von Soldaten und Offizieren weist darauf hin, wie neu das alles noch ist.

Auslöser für den Meinungsumschwung waren die schrecklichen Ereignisse von Srebrenica 1995. Sie waren nicht nur ein Debakel der holländischen Blauhelme, wofür die Regierung schließlich doch noch die Verantwortung übernahm und zurücktrat. Bosnisch-muslimische Flüchtlinge, denen die UNO in speziellen Zonen Sicherheit versprochen hatte, wurden dort bekanntlich regelrecht selektioniert. Ohnmächtige UN-Soldaten wurden zu hilflosen Zeugen, als rund 7000 Männer von Frauen und Kindern getrennt und abtransportiert wurden. Es kam zu Massenexekutionen; noch sind längst nicht alle Massengräber gefunden. Schon zuvor hatten die Bürgerkriege im zerfallenden Jugoslawien, die Hand in Hand gingen mit gezielten ethnischen Vertreibungen, Massenexekutionen, Internierungslagern und Massenvergewaltigungen, die Frage aufgeworfen, ob man derlei, wenn man könne, nicht ‚manu militari' unterbinden müsse. Die zu den hohen Zeiten der Friedensbewegung einst populäre Parole „Stell Dir vor, es ist Krieg und keiner geht hin" bekam einen ungeahnt neuen Bedeutungsgehalt: Auf dem Balkan war Krieg – konnte und wollte keiner etwas dagegen tun?

Am Ende des 20. Jahrhunderts wiederholte sich, was bereits an seinem Anfang gestanden hatte: Der Zerfall vordemokratisch verfasster multinationaler Staaten erzeugte die Bildung moderner Nationen, die mit aller Gewalt nach ethnischer Homogenität trachten. Nationale Minderheiten wurden dabei zwangsassimiliert, ausgerottet oder vertrieben. Das Menetekel für die kommenden Schrecken war zu Beginn des 20. Jahrhunderts nicht nur Sarajevo 1914, sondern waren auch die Balkankriege von 1912/13 und der Genozid an den Armeniern. Neben den Weltkriegen bildet entfesselte ethnonationalistische Gewalt, die Menschen einzig und allein deshalb verfolgt, vertreibt oder vernichtet, weil sie ‚anders' sind, das Signum des vergangenen Säkulums.

Die Befürworter einer Intervention im zerfallenden Jugoslawien gewannen nach und nach Anhänger seit der Belagerung Vukovars und der Zerstörung Dubrovniks, seit dem monatelangen Beschuss Sarajevos und den Berichten über Konzentrationslager, Massaker und Massenvergewaltigungen – gezielte Terrormaßnahmen zum Zweck der ethnischen Homogenisierung. Die Kritiker diplomatischer Vermittlungsversuche brandmarkten diese angesichts des anhaltenden Mordens als Politik des Zusehens. Sie beriefen sich auf die am wenigsten fassbare Erfahrung des 20. Jahrhunderts. Hitler habe den Menschen „einen neuen kategorischen Imperativ aufgezwungen", schrieb der Frankfurter Philosoph Theodor W. Adorno 1966 in seinem Spätwerk ‚Negative Dialektik', „ihr Denken und Handeln so einzurichten, dass Auschwitz sich nicht wiederhole, nichts Ähnliches geschehe." Und: „Seit Auschwitz heißt den Tod fürchten, Schlimmeres fürchten als den Tod."

Lässt man die öffentlichen Debatten aus den achtziger Jahren Revue passieren, so muten sie einem heute in manchem an wie aus einem anderen, fernen Zeitalter. Damals klagte beispielsweise die kleinere Regierungspartei beim Bundesverfassungsgericht mit dem Ziel, aus Karlsruhe Gewissheit darüber zu erlangen, ob es mit dem Grundgesetz zu vereinbaren sei, dass sich die Bundeswehr an militärischen Aktionen außerhalb des NATO-Territoriums beteilige. Das war strittig – von der Friedensbewegung bis in die Regierung hinein. Und es gab massive Einwände sogar gegen eine Beteiligung an UN-Blauhelmen. Ich erinnere mich an Podiumsdiskussionen, auf denen eine Beteiligung an UN-Blauhelmen unter dem Slogan abgelehnt wurden: „Nie wieder Kanonenbootpolitik!"

Die Konfusion war groß. Sie hatte ebenso wie die mühsame und langwierige Debatte seither viel mit der besonderen Situation der alten BRD zu tun. Fest im westlichen Bündnis verankert und mit eingeschränkter Souveränität gab es hierzulande keine Erfahrungen mit den *Pflichten* der Vereinten Nationen und mit *peace keeping.* Hinzu kommt ein geringes Wissen der politischen Öffentlichkeit über die UNO – trotz Immanuel Kants berühmter Schrift ‚Zum ewigen Frieden', die im Kern Programm und Charta der UNO antizipiert.

Vielleicht liegen die Ursachen für dieses Unwissen tiefer: Völkerbund und UNO entstammen dem westlichen, angelsächsischen Vertragsdenken. Und beide waren in ihrer Entstehungsphase gegen Deutschland gerichtet. Das hat ihnen lange den Verdacht eingetragen, sie dienten in erster Linie der Verbrämung westlicher Sieger- und Machtinteressen. Das wirkt nach. Es ist erst wenige Jahre her, seit keine geringere Instanz als das Bundesverfassungsgericht in der Begründung zu seinem Urteil über ‚out of area'-Einsätze schreiben konnte, der Unterschied zwischen kollektiver Verteidigung und kollektiver Sicherheit sei ‚unerheblich'. Ein Student der Politikwissenschaften bekäme dafür keinen Proseminarschein.

Die Bundesrepublik ist, ob sie will oder nicht, für die internationale Ordnung mit verantwortlich. In dem Maße, wie man sich dessen gewahr wurde, ist der alte bundesdeutsche Konsens in den neunziger Jahren nach und nach einem neuen gewichen. Völkerrechtlich legitimierte Gewaltmaßnahmen jedenfalls stellt heute kaum noch jemand in Frage. Um so unverständlicher, dass sich ein Teil der Grünen noch im Sommer des letzten Jahres bei der Entscheidung schwer tat, mit der NATO in Mazedonien Waffen einzusammeln, nachdem sich beide Konfliktparteien auf eine Deeskalation geeinigt hatten. Gerade aus pazifistischer Sicht lässt sich doch für die Bundeswehr, so lange es sie denn gibt, schwerlich eine sinnvollere Aufgabe finden.

Lassen Sie mich noch ein Wort zum völkerrechtlichen Sündenfall der NATO im Kosovo verlieren. Der Westen befand sich in einem politischen Dilemma: Die Protagonisten des Kosovo-Konflikts sind weder willens noch imstande ihn beizulegen. Während die einen ihren bedingungslosen Anspruch auf das Amselfeld als Wiege der serbischen Nation historisch begründen, berufen sich die anderen auf ihre Mehrheit und auf das nationale Selbstbestimmungsrecht. Beide Ansprüche schließen sich – wie fast immer in solchen nationalen Konfliktkonstellationen – wechselseitig aus. Wenn der Wille zu friedlich-schiedlichen Verfahren fehlt, entscheidet – jedenfalls in der bisherigen Geschichte – die Gewalt. Doch zu einer gewaltsamen Lösung durfte es partout nicht kommen; sie barg das Risiko einer weiteren Destabilisierung des gesamten Balkans, seit dem 19. Jahrhundert geradezu sprichwörtlich für vielfach ineinandergreifende Nationalitätenkonflikte.

Auch warfen Teile der Öffentlichkeit den westlichen Regierungen seit Jahren vor, im Fall Bosniens – wie so oft im 20. Jahrhundert – Kriegsverbrechern nicht in den Arm gefallen zu sein. Das genannte moralisch-politische Dilemma zwischen dem kategorischen Imperativ zu verhindern, dass Menschen massakriert und vertrieben werden, nur weil sie irgendwie ‚anders' sind, einerseits, und der nicht vorhandenen völkerrechtlichen Legitimation einer Militärintervention andererseits, lässt sich nicht auflösen.

Wahrscheinlich hängt die Frage, wie man den Bombenkrieg der NATO vom 24. März bis zum 6. Juni 1999 politisch und moralisch beurteilt, davon ab, welchen Rückfall man schwerer gewichtet: die Wiederkehr des Kriegs – oder die Wiederkehr des aggressiven Vernichtungsnationalismus. Das wiederum hängt letztlich wohl von individuellen, je unterschiedlichen Erfahrungen, Bildern und normativen Grundierungen ab. Sie werden meine Position herausgehört haben.

Mit der Auflösung jeglicher staatlichen Autorität entfällt die Schutzfunktion, die das staatliche Gewaltmonopol gewöhnlich für seine Bürger wahrnimmt. Damit droht der Rückfall in den von Hobbes als ‚Naturzustand' beschriebenen Kampf aller gegen alle. Dieser Zusammenhang erleichtert die Politisierung ethnischer Differenz und die Mobilisierung des Wahns ethnischer Homogenität mit all ihren blutigen Konsequenzen, wie Michael Ignatieff und andere überzeugend nachgewiesen haben. ‚Natürlich' ist jedenfalls beides nicht. Entgegen der beliebten Formel vom ‚ethnischen Konflikt' erzeugt ethnische Heterogenität nicht als solche Gewalt und Krieg – vielleicht sieht man das aufgrund der deutschen Tradition eines ethnischen Nationsverständnisses nicht immer mit der nötigen Schärfe.

Seit dem 11. September sind zerfallende Staaten und die Auflösung des staatlichen Gewaltmonopols als Nährboden für die Privatisierung der Gewalt weltweit in den Mittelpunkt gerückt. Wer es wissen wollte, konnte am Zerfall Jugoslawiens schon vorher studieren, dass die totalitäre und tödliche Ethnisierung sozialer Konflikte keineswegs, wie eine verbreitete Vorstellung meint, ‚uraltem nationalem Hass' entspringt, sondern viel mit dem Zerfall des staatlichen Gewaltmonopols und seiner Schutzfunktion zu tun hat.

3. Der Stabilitätspakt für Südosteuropa als zukunftsweisendes Beispiel

Der Stabilitätspakt für Südosteuropa kam auf deutsche Initiative zustande. Er wurde am 10. Juni 1999 in Köln verabschiedet, am Tag zuvor hatte die NATO ihre Bombardierung Jugoslawiens eingestellt. Damit legte die EU als Hauptverantwortliche ein Gesamtkonzept für die vom realsozialistischen Erbe und von der Mühsal der Transformation gebeutelten, von Krieg und Bürgerkrieg geschundenen Ländern Südosteuropas vor. So lockt seitdem das reiche Westeuropa mit der Aussicht auf Annäherung, Assoziation und schließlich Integration in die EU als Alternative zu ethnonationalistischer Mobilisierung und Gewalt, sofern sie sich auf den Weg der Transformation, Demokratisierung und Verständigung mit den Nachbarn machen.

Gewiss hat der Stabilitätspakt einen Kardinalfehler: Er kommt zehn Jahre zu spät. Gernot Erler, außenpolitischer Sprecher der SPD-Fraktion, hat von ‚nachholender Prävention' gesprochen. Die ‚contradictio in adiecto' ist bitter. Wie viele Morde, Massaker, Vergewaltigungen und Vertreibungen wären der Region erspart geblieben, wenn sich die EU vor zehn Jahren mit einem solchen Projekt und mit denselben Mitteln ins Zeug gelegt hätte? Trotzdem – späte Lernprozesse sind wohl besser als gar keine. Denn vergleicht man den Stabilitätspakt mit der hilflosen, widersprüchlichen Reaktion der europäischen Staaten auf den Zusammenbruch Jugoslawiens und auf die damit einhergehende Eskalation der Gewalt, so stellt er in mancher Hinsicht ein Novum dar, das in die Zukunft weist. Fünf Aspekte möchte ich hervorheben:

1. Trotz aller Bemühungen der EU um Gemeinsamkeiten scherte Bonn Ende 1991 aus dem von der EU festgelegten Fahrplan aus und nahm die diplomatische Anerkennung Sloweniens und Kroatiens vorweg. Aus dem Wunsch gegen die eskalierende Gewalt irgend etwas unternehmen zu wollen, unternahm man mit dieser Ersatzhandlung das Falsche: Sie legte die Lunte an das Pulverfass Bosnien. Ich habe das schon 1993 kritisiert. Auch danach hinkten die europäischen Staaten den Ereignissen hinterher und handelten immer erst dann, wenn es bereits brannte. Die verschiedenen Vermittlungs-, Teilungs- und Kantonalisierungspläne mehrerer EU-Troikas waren auch deshalb zum Scheitern verurteilt, weil die intervenierenden Staaten nicht an einem Strang zogen.
   Anders der Stabilitätspakt. Diesmal handelt die EU – das erste Mal bei einer außenpolitischen Aufgabe dieser Größenordnung – als *einheitlicher Akteur*. Sie übernimmt mit ihrer Heranführungsstrategie politische Verantwortung für die gesamte Region, eine Selbstverpflichtung, hinter die sie nicht mehr zurück kann. Vielleicht wird sich deshalb der Stabilitätspakt eines Tages als die Geburtsstunde einer EU-Außenpolitik herausstellen. An die Stelle national gefärbter machtpolitischer Interessen und historischer Gedächtnisse tritt das Engagement Europas für die gleichen politischen Werte und seine Verantwortung für die Entwicklung von Stabilität in Südosteuropa. Das ist fraglos eine Zäsur.

2. Statt des isolierten Vorgehens von Fall zu Fall dort, wo es gerade brennt, ist der Stabilitätspakt charakterisiert durch seinen umfassenden Regionalansatz und Multilateralismus. Man verlor wenig Zeit mit feinsinnigen Diskussionen darüber, wer von den betroffenen Ländern zum Balkan und zu Südosteuropa gehöre und wessen ‚Identität' anders bestimmt sei. Der Stabilitätspakt hat 29, seit der demokratischen Revolution in Belgrad im Oktober 2000 nun 30 Teilnehmer: Neben den EU-Mitgliedern und den neun Staaten Südosteuropas wirken an ihm auch Russland, die Türkei und die USA mit, ferner die EU-Kommission, der OSZE-Vorsitzende und der Europarat. Nicht als Mitglied, aber mit unterstützender Funktion, beteiligen sich auch Japan, Kanada, die UNO, die NATO, der IWF, die Weltbank und andere Akteure.
   Damit werden die Lehren des Multilateralismus aus der zweiten Hälfte des letzten Jahrhunderts, insbesondere die Erfahrungen mit der KSZE respektive OSZE, beherzigt: Vertragsrechtliche Regelungen zwischen den Staaten und grenzüberschreitende Kooperation sind imstande, Stabilität und Vertrauen zu schaffen. Alle Staaten sind dabei gleichberechtigt, zwischenstaatliche Kooperation wird von der EU unterstützt und gezielt gefördert. Die Kehrseite dieses umfassenden Multilateralismus besteht darin, dass aus der Vielzahl von Akteuren und Organisationen die Gefahr eines Nebeneinanders erwächst. Im Stabilitätspakt heißt es, die EU spiele die ‚führende Rolle', die UNO eine wichtige, die OSZE eine unentbehrliche, die NATO eine wichtige, die USA eine Schlüsselrolle und Russland eine ‚unerlässli-

che‘ Rolle. Daraus erwächst das Problem eindeutiger Verantwortung: Die zahlreichen Akteure könnten sich auf den Füßen herumtreten, das Geflecht von ‚interlocking organisations‘ sich verwandeln in ein Chaos von ‘interblocking organisations‘.

3. Abgesehen davon, dass der Stabilitätspakt viel zu spät kam, verfolgt er einen präventiven Ansatz. Seine Zielsetzung lautet: umfassende Demokratisierung einschließlich eines umfassenden Minderheitenschutzes zum einen, regionale Kooperation, Vertrauensbildung und schließlich supranationale Integration zum anderen. Hinzu kommt der Input für eine ökonomische und gesellschaftliche Entwicklung, die, analog zu den Erfahrungen mit dem Marshall-Plan, von außen angestoßen werden muss. Dem entsprechen die drei Arbeitstische des Stabilitätspaktes. Und militärische Instrumente werden nicht mehr a priori ausgeschlossen, wie ich ausgeführt habe.

4. Eines der herausragenden Ziele besteht darin, „entwickelte demokratische Prozesse voranzubringen [..], einschließlich der Rechte von Personen, die zu nationalen Minderheiten gehören.“ Dann heißt es konkreter: Die Teilnehmer sollen zusammenarbeiten, um „die multinationale und multiethnische Verschiedenheit der Länder in der Region zu erhalten und Minderheiten zu beschützen.“ Dass alle sich auf dieses Ziel verpflichtet haben, ist nach den Blutbädern und Gräueln keine Selbstverständlichkeit. Diese Zielsetzung weist die auch von manchen westlichen Politikern und Wissenschaftlern geteilte Vorstellung zurück, dass es im gesamten postkommunistischen Raum in einer Art nachholendem ‚nation-building‘ darum gehe, ethnisch homogene Nationen zu schaffen. Der Stabilitätspakt verwirft – in Übereinstimmung mit dem Dayton-Abkommen, aber auch mit der politischen Zielsetzung des NATO-Luftkrieges im Kosovo – solche Vorstellungen eindeutig. Die Kehrseite besteht, ähnlich wie einst bei den Pariser Vorortverträgen nach dem Ersten Weltkrieg, in der Notwendigkeit eines starken Minderheitenschutzes. Es fehlt nicht an sozialwissenschaftlichen Analysen, die alle Modelle der Zivilisierung und des Managements von Konflikten um nationale Minderheiten systematisch erfasst haben: Gleiche Rechte aller Staatsbürger und spezielle kulturelle Minderheitenrechte, innerstaatlicher, bilateraler und multinationaler Minderheitenschutz, territoriale Autonomie und Föderalisierung, personale Autonomie, ‚power sharing‘ und Konkordanzdemokratie.

5. Im Stabilitätspakt nutzt die EU zum ersten Mal die extreme Asymmetrie zwischen ihrer starken ökonomischen Position und armen Ländern als Hebel, um die politische Entwicklung an der Peripherie gezielt zu beeinflussen. Indem sie den südosteuropäischen Staaten mit der nun festgeschriebenen Aussicht auf einen Beitritt zum reichen Westeuropa winkt, will sie dort die politischen Kräfte der Demokratisierung und Transformation stärken und die der ethnonationalistischen Mobilisierung schwächen. Das soll als ‚langfristige Vision‘ wirken, wie es der erste Sonderbeauftragte für den Stabilitätspakt, Bodo Hombach, formuliert hat:

„Solche konkreten Projekte zeigen jenen, die auf ein besseres Leben für sich und ihre Kinder hinarbeiten, dass der Weg in die EU das Licht am Ende des Tunnels darstellt, das Richtung gibt und Hoffnung nicht erlöschen lässt.“ [1]

Weil Kant der politischen und moralischen Aktion der Staaten allein nicht recht traute, suchte er darüber hinaus nach objektiven Garantien für die Verwirklichung des Friedens. In seiner Schrift ‚Zum ewigen Frieden‘, aber auch in früheren Aufsätzen, greift er zurück auf Autoritäten wie ‚die Natur‘, ‚die Vorsehung‘ oder ‚das Schicksal‘, die den historischen Fortschritt und den Frieden verbürgen sollen. Es liegt auf der Hand, dass die EU mit der Anziehungskraft ihres Reichtums für arme, von Kriegen schwer in Mitleidenschaft gezogene Länder eine handfestere Größe darstellt.

Gewiss sind die Mittel, welche die EU für den Stabilitätspakt in den nächsten Jahren ausgibt, eine bescheidene Summe, wenn man sie mit den Kriegskosten allein der NATO von schätzungsweise 10 Mrd. Dollar vergleicht, von allen anderen Kosten des Kriegs ganz zu schweigen. Das kann es noch nicht sein, das generelle friedenspolitische Umsteuern auf Prävention! Gleichwohl weist der Stabilitätspakt in die richtige Richtung. Obwohl reflektiert werden muss, dass ihm mehrere Kriege vorausgegangen sind, und obwohl sich die Anreizperspektive des EU-Beitritts nicht uferlos ausweiten lässt, dürfte sich an den Erfahrungen mit dem Stabilitätspakt doch auch der künftige Willen der EU entscheiden, ihre ökonomische Macht in den Export von Stabilität umzumünzen. Also ihre Bereitschaft, in Sachen internationaler Verantwortung und Friedensstrategien neue Wege zu beschreiten. Das erscheint mir jedenfalls ein überzeugenderes und realistischeres Ziel als die nach den Erfahrungen im Kosovo- und Afghanistankrieg bizarr anmutende Forderung, die Nikolas Busse unlängst in der FAZ erhoben hat, Europa müsse, wenn es „mit seinem wichtigsten Verbündeten wieder auf Augenhöhe kommen will“, entsprechend aufrüsten.

1 Hombach, Bodo: Das Schicksal Mazedoniens steht auf Messers Schneide. In: Welt am Sonntag, 3.06.2001. http://www.welt.de/daten/2001/06/03/0603fo258130.htx.

Europas Verantwortung im Zeitalter der Globalisierung

Franz Nuscheler

Das mir von den Organisatorinnen dieser Europäischen Kulturtage zugedachte Thema verlangt mir drei nahezu unlösbare Aufgaben ab:

- Ich soll erstens in knapper Zeit über das Zeitalter der Globalisierung reflektieren, über das sich Wissenschaftler vieler Disziplinen in aller Welt und seit zwei Jahren auch eine Enquete-Kommission des Deutschen Bundestages den Kopf zerbrechen – und zu ganz unterschiedlichen Bewertungen kommen. Um gleich vorweg meine Position in diesem Streit zwischen Befürwortern und Kritikern der Globalisierung etwas plakativ zu umreißen: Ich halte die Globalisierung weder für eine Heilsgeschichte, die aller Welt – auch den 1,3 Milliarden absolut Armen – Wohlstand und Frieden bringen wird, noch für ein Teufelswerk, dem alles Unheil in der Welt angelastet werden kann. Sie ist ein ambivalentes Phänomen mit vielen Chancen und Risiken, das dringend der politischen Gestaltung bedarf. Deshalb beteilige ich mich – auch in dieser Enquete-Kommission – am Nachdenken über eine noch zu schaffende Global Governance-Architektur.
- Ich soll zweitens über Europas Verantwortung in diesem welthistorischen Megatrend reflektieren. Dabei wird mir der normative Begriff der Verantwortung auch ethische Werturteile abverlangen, die nicht unumstritten bleiben können. Verantwortung hat mit Sollen, mit den ‚res gerendae', auch mit Visionen zu tun, die sich allerdings nicht allzu weit von der Wirklichkeit entfernen dürfen, um nicht Illusionen zu nähren. Beim Nachdenken über Europa ist die Gefahr groß, dass sich Idee und Wirklichkeit vermischen und verwischen.
- Außerdem soll ich auf die Entwicklung der Nord-Süd-Beziehungen unter den Bedingungen der Globalisierung und auf die Verantwortung des alten Kontinents, der fast die ganze Welt kolonisiert hatte, eingehen. Allein dieses Thema hätte einen Schwerpunkt verdient.

Ich werde in diesem Dilemma tun, was ein Politologe am besten kann: Ich werde das Rahmenthema dieses Kongresses und das mir zugedachte Thema auf die Frage zuspitzen, welche Rolle das in der EU organisierte Europa unter den Bedingungen der Globalisierung in der Weltpolitik spielen kann und aus meiner Sicht spielen soll. Denn dies ist meine Prämisse, dieses sich nach Osten erweiternde EU-Europa könnte und sollte mehr weltpolitische Verantwortung übernehmen. Dazu einige Thesen:

1. These

Wenn sich die Probleme in der ‚globalen Risikogesellschaft' globalisieren, muss sich auch die Politik globalisieren.

Die Globalisierung schafft eine Neue Welt, die durch vielfältige Interdependenzen, wechselseitige Verwundbarkeiten und grenzüberschreitende Problemlagen geprägt ist. Zu Beginn des 21. Jahrhunderts, das schon als ‚Jahrhundert des Globalismus' gekennzeichnet wurde, besitzt nahezu jedes Politikfeld, nicht nur die jedem einsichtige Umweltpolitik, transnationale oder gar globale Dimensionen. Die Reichweite nationaler Wirtschafts-, Sozial-, Umwelt-, Energie- und Sicherheitspolitik wird immer kürzer. Die Souveränität der Nationalstaaten erodiert, nicht in legaler, sondern in operativer Hinsicht und politische Handlungsfähigkeit wird immer stärker von regionaler und globaler Kooperation abhängig. Die Globalisierung findet nicht ‚draußen in der Welt' statt, sondern greift tief in das wirtschaftliche und gesellschaftliche Innenleben des EU-Raumes ein.

Seit kurzem liegt das Buch des amerikanischen Literaturwissenschaftlers Michael Hardt und des italienischen Philosophen Antonio Negri, der ein Ideologielieferant der Roten Brigaden war, mit dem Titel ‚Empire' vor. ‚Empire' meint eine neue Weltordnung (so der Untertitel), ein neues Weltreich, das nicht mehr – wie der alte Imperialismus – von Staaten, sondern vom Weltmarkt und Unternehmenskapital beherrscht wird. Dieses imperiale Gebilde kennt keine Grenzen mehr, durchdringt nicht nur Wirtschaft und Politik, sondern mittels seiner Kommunikationsindustrie alle Lebenswelten überall auf der Welt. Vieles, was heute über Globalisierung geschrieben wird, konnte man schon bei Karl Marx nachlesen – so auch die Kernthese dieses Buches, die auch heute wieder die Frage aufwirft, ob die Politik wirklich so ohnmächtig ist, in das Mahlwerk der Globalisierung einzugreifen.

Die Weltpolitik des 21. Jahrhunderts wird weiterhin auf Militärpotentialen beruhende Sicherheitspolitik, durch ökonomische Interessen determinierte Handelspolitik und von der Konkurrenz um Märkte und Ressourcen angetriebene Geopolitik sein. Aber sie wird ihre Bewährungsprobe nur dann bestehen und den von manchen Katastrophenauguren prophezeiten ‚globalen Kampf aller gegen alle' verhindern können, wenn sie:

- erstens die unbändige Eigendynamik der janusköpfigen Globalisierung durch globale Regelwerke zu bändigen versucht;
- zweitens die in der ‚globalen Risikogesellschaft' (Ulrich Beck) erwachsenden Stressfaktoren und Verwundbarkeiten durch kooperatives Handeln zu entschärfen versucht.

Schon vor zwei Jahrzehnten, als Globalisierung noch kein Schlagwort in aller Munde war, hatte Willy Brandt als Antwort auf die sich abzeichnenden Weltprobleme, zu denen er an erster Stelle die wachsende Weltarmut, den daraus resultierenden Unfrieden und die schleichende Umweltkatastrophe zählte, eine Art von ‚Weltinnenpolitik' gefordert. Heute sprechen wir, wenn wir dasselbe meinen, etwas verklausulierter von ‚Global Governance', die man als multilaterale Kooperationskultur übersetzen könnte. Die deutsche Ausgabe des Berichts der ‚Commission on Global Governance' (von 1955) übersetzte den Begriff, der inzwischen weltweit Konjunktur hat, mit Weltordnungspolitik (als sei da ein hegelianischer Weltgeist am Werk).

Die Fähigkeit, Kooperation zu organisieren, ist nicht nur eine bare Voraussetzung für das aktuelle Krisenmanagement und für die längerfristige Problemlösungsfähigkeit, sondern auch eine Ressource der Macht – vor allem für solche Staatengruppen, die sich nicht wie die einzig verbliebene Supermacht auf eine militärische, ökonomische und politische Überlegenheit stützen können. Dies gilt auch und im Besonderen für die sich nach Osten erweiternde EU.

2. These

> Wenn sich Europa nicht zum Objekt der Weltpolitik degradieren lassen möchte, muss es die Fähigkeit aufbauen und den Willen aufbringen, die Rolle einer ‚kooperativen Weltmacht' zu spielen.

‚Weltmacht' klingt nach der aus dem 19. Jahrhundert überlieferten Diktion nach weltweiter Militärpräsenz, nach Hegemoniestreben und rücksichtsloser Durchsetzung eigener Interessen zur Mehrung des eigenen Vorteils und Wohlstands. Doch Weltmacht kann auch die Fähigkeit und den Willen bedeuten, Verantwortung für die Gestaltung der Weltpolitik zu übernehmen. Macht ist eine Energiequelle, um etwas bewegen zu können.

Europa-Politiker beklagen häufig, dass die EU zwar eine Weltwirtschaftsmacht und inzwischen auch eine Weltwährungsmacht sei, aber weit davon entfernt sei, die Rolle einer politischen oder gar militärischen Weltmacht spielen zu können. Ihre militärische Impotenz, außenpolitische Rivalitäten, konkurrierende Führungsansprüche und langatmige Entscheidungsprozesse nähren Selbstzweifel und gelegentlich höhnische Kommentare in den USA, aber auch hier zu Lande. Egon Bahr mokierte sich über Europa als ‚luxuriöses Protektorat' der USA. Und nun steht zu befürchten, dass die Erweiterungsrunden gen Osten viel Kraft und Geld kosten werden und die EU sich weiterhin mit sich selbst und ihrem komplexeren Innenleben beschäftigen wird, statt über ihre Rolle in der Weltpolitik nachzudenken.

Zwar begann die EU in den 90er Jahren, sich mittels der GASP als außenpolitischer Akteur zu konstituieren und gelegentlich auch zu profilieren, wie beispielsweise durch den Stabilitätspakt für die Krisenregion des Balkans. Alleingänge der Supermacht USA in weltpolitischen Fragen, wie jüngst in der Handels- und Umweltpolitik, schärften die Einsicht, dass nur eine Bündelung der Kräfte außenpolitisches Gewicht verspricht. War im Kalten Krieg die Bedrohung aus dem Osten eine Schubkraft für den Integrationsprozess, so mobilisiert nun die ‚amerikanische Herausforderung' ein Aufbäumen gegen die Degradierung zum ‚luxuriösen Protektorat'. Ein solcher Außendruck ist erfahrungsgemäß notwendig, damit Gemeinsamkeiten über vielfältige Interessendivergenzen obsiegen können.

Aber noch hat die EU kein kollektives Selbstverständnis von der eigenen Rolle in der Welt des 21. Jahrhunderts. Sie hat keine Vision für eine politische Weltordnung und für die Rolle, die Europa in ihr spielen könnte und sollte. Ihr außenpolitisches Handeln entsteht eher aus Reaktionen auf aktuelle Krisen, gestern auf dem Balkan, heute in Afghanistan und morgen vielleicht irgendwo in Afrika – aber ohne Langzeitperspektive. Sie wird in eine Rolle hineingedrängt, die sie nur widerwillig und im Schlepptau der USA spielt. Auf diese Weise läuft die EU Gefahr, zu einem Objekt der Weltpolitik und zu einem Mitspieler statt einem ‚global player' mit gestaltendem Einfluss auf die Dynamik der Globalisierung zu werden.

Die Gretchenfrage lautet also: Will die EU Verantwortung übernehmen und als ‚kooperative Weltmacht' eine aktive und konstruktive Rolle in einer globalisierten Welt spielen oder sich in einer reaktiven ‚Festung Europa' verschanzen, die sich um eine weltpolitische Verantwortung zu drücken versucht? Ist sie fähig und willens, eine solche Rolle zu spielen? Die EU muss in den kommenden Jahren einen Quantensprung vollbringen, der einen großen politischen Willen und Reformfähigkeit voraussetzt. Sie muss die Osterweiterung bewältigen, die Vertiefung der Integration und innere Reformen in Richtung politischer Union vorantreiben und zugleich Handlungsfähigkeit als ‚global player' aufbauen. Dieser Quantensprung scheint auch eine größere EU zu überfordern. Sollte sie sich jedoch den Herausforderungen nicht stellen, bliebe sie ein weltpolitisches Leichtgewicht.

3. These

> Macht in der globalisierten Welt beruht nicht mehr allein auf militärischer Stärke, sondern auf technologischer Innovationsfähigkeit, Wissen und auf der Fähigkeit, Konsens und Kooperation für gemeinsame Problemlösungen zu organisieren.

Angesichts der aktuellen Machtverteilung in der Weltpolitik mag diese These überraschen. Aber man täusche sich nicht: Die Überlegenheit der USA beruht nicht allein auf ihrem überlegenen Militärpotential. Die besten Universitäten, die Zukunftswissen produzieren und intellektuelle Eliten aus der ganzen Welt anziehen, liegen in den USA. Die amerikanischen Denkfabriken und Zeitschriften wie ‚Foreign Affairs' oder ‚Foreign Policy' liefern Orientierungsmarken für die künftige Weltpolitik. Die Lehrbücher, nach denen das künftige Leitungspersonal von IWF, Weltbank und Manager von Weltunternehmen studieren, stammen größtenteils aus den amerikanischen Eliteuniversitäten. Hier wird Wissensmacht produziert, die eine entscheidende Ressource der wissensbasierten Weltentwicklung bildet.

Deshalb ist es gar nicht mehr so überraschend, wenn Ernst-Otto Czempiel in seinen Überlegungen über die ‚kluge Macht' in der internationalen Politik zum Schluss kommt, dass Wissen und die Fähigkeit, Konsens und Kooperation für Problemlösungen zu organisieren, eine klügere Macht hervorbringen kann als eine militärische Hochrüstung. Der Harvard-Politologe Samuel Huntington, wahrlich kein idealistischer Träumer, hat die außenpolitischen Denker und Lenker seines Landes davor gewarnt, durch eine hegemoniale Kooperationsverweigerung von der ‚only superpower' zur ‚lonely superpower' zu werden, die überall auf der Welt Widerstände provoziert.

Multilaterale Kooperation ist gefordert, wenn in den nächsten Jahren die Weichen zur Gestaltung der Globalisierung gestellt werden müssen: Wenn die Reform der Bretton Woods-Institutionen (also IWF und Weltbank), der Aufbau einer neuen internationalen Finanzarchitektur zur Regulierung der internationalen Finanzmärkte, die Weiterentwicklung des WTO-Handelsregimes sowie der dringlich erforderliche Aufbau eines globalen Klima-, Wasser- und Waldregimes anstehen. Hier hätte die EU als Weltwirtschaftsmacht mit mehr Welthandelsanteilen und mehr Stimmrechten in den Entscheidungsgremien von IWF und Weltbank als die USA ein gewichtiges Wort mitzureden – falls sie sich zu einem gemeinsamen Handeln durchringt und ihr Kooperationsgeflecht mit anderen Weltregionen zu nutzen versteht.

4. These

Eine neue Weltordnung kann zwar nicht ohne oder gar gegen die USA, aber auch nicht ohne die EU und andere Weltregionen entstehen.

Die USA setzen nicht erst seit dem Amtsantritt des derzeitigen Präsidenten auf den ‚Unilateralismus', der nur soviel Multilateralismus akzeptiert, wie im Eigeninteresse ratsam erscheint. Imperien suchen nicht die Kooperation, sondern die Gefolgschaft. Sie beanspruchen ‚global leadership'. Dagegen favorisiert die EU aus der eigenen Erfahrung erfolgreicher Kooperation einen Multilateralismus, der gemeinsame Interessen, Machtteilung und die Suche nach gemeinsamen Spielregeln betont.

In der globalisierten Welt, in der zunehmend die Regionen zu wichtigen Akteuren der Weltpolitik werden, kann nur der Multilateralismus globale Regelwerke als Grundlage internationaler Kooperation hervorbringen. Die EU hat im Ringen um neue Strukturen der Weltpolitik und Weltwirtschaft strategische Vorteile, wenn sie dem Verlangen anderer Regionen nach Machtteilung, Mitsprache und Kooperation entgegenkommt. Man könnte es auch so formulieren, dass die EU von den Widerständen profitiert, die die ‚lonely superpower' überall auf der Welt provoziert.

Allerdings sollten sich auch Euro-Nationalisten vor dem Irrglauben hüten, dass eine neue Weltordnung – wie sie auch immer aussehen mag – ohne oder gar gegen die USA entstehen könnte. Aber es geht darum, dass aus den europäischen Juniorpartnern der Vergangenheit, für die Zbigniew Brzezinski nur den abwertenden Begriff des Protektorats übrig hatte, ein ‚Partner EU' wird. Die USA sind nach den Worten von Samuel Huntington eine ‚indispensable nation', ohne deren Mitwirkung wichtige globale Probleme nicht gelöst werden können. Aber er fügte sogleich hinzu, dass auf Seiten der USA die Annahme falsch wäre, dass andere Nationen ‚dispensable' seien. Es ist die Aufgabe des transatlantischen Dialogs, auf beiden Seiten diese Einsicht zu fördern.

5. These

EU-Europa hätte das Potenzial und die Chance, eine eigenständige aktive und kreative Rolle in der neuen Weltpolitik des 21. Jahrhunderts zu spielen.

Das Denken in traditionellen Kategorien der Machtpolitik hat eine einfache Formel parat: Wenn Europa Weltmacht werden möchte, muss es aufrüsten und seine militärischen Kräfte in der ‚Europäischen Sicherheits- und Verteidigungspolitik' (ESVP) bündeln. Europa muss sicherlich auch größere militärische Beiträge zur weltweiten Friedenssicherung leisten, aber es sollte der Versuchung widerstehen, eine Hegemonialmacht zu werden und militärisch mit den USA gleichziehen zu wollen. Die Kosten wären zu hoch und würden von den europäischen Gesellschaften nicht akzeptiert werden, zumal der politische Gewinn höchst fragwürdig bliebe. Hegemonialmacht zu sein und zu bleiben ist sehr teuer und beschwört die Gefahren herauf, die Paul Kennedy in seinem Bestseller über den Auf- und Abstieg von Imperien beschrieb: nämlich die Gefahr der Überforderung auf Kosten innergesellschaftlicher Entwicklungen.

Europas kreative Beiträge zur Gestaltung der internationalen Beziehungen und der Globalisierung liegen woanders – und zwar dort, wo die EU bereits kooperative Stärken vorweisen kann. Die große historische Leistung der EU besteht darin, nach zwei verheerenden Kriegen eine Friedens-, Stabilitäts- und Wohlfahrtszone geschaffen zu haben. Dieses in der Welt bisher einmalige Vorhaben der Verdichtung von Kooperation bis hin zu der mit vielen Stolpersteinen gepflasterten Vergemeinschaftung ganzer Politikfelder vermittelt der Welt die Botschaft, dass sich Kooperation lohnt, auch wenn sie viele Barrieren überwinden muss und am Ende noch keine Idylle der Harmonie zu Stande bringt. Die EU sollte diesen Erfolg einer Kooperationskultur in die Neugestaltung der Weltpolitik einbringen, statt rückwärtsgewandt bei Sicherheit wieder allein in militärischen Kategorien zu denken. Sie kann durch die Stärkung der Vereinten Nationen, die Verteidigung der kollektiven Friedenssicherung nach den Regeln der UN-Charta und durch eine als globale Strukturpolitik konzipierte Friedens- und Entwicklungspolitik einen substantiellen Beitrag zur Zivilisierung und Humanisierung der internationalen Beziehungen leisten. Heute steht die ‚erweiterte Sicherheit' auf der sicherheits- und friedenspolitischen Agenda.

Dies ist die Hoffnung der internationalen Friedensforscher, auch der amerikanischen Friedensforscher, die Europa geradezu bedrängen, im transnationalen Dialog für eine Weltordnung zu streiten, die auf der Kooperation gleichberechtigter Partner beruht. Das ‚Kartell der Reichen und Mächtigen', das sich in der G 8 organisiert hat, ist eine Provokation für die übrige Welt, in der zwei Drittel der Weltbevölkerung leben. Dort entstand längst ein Gefühl der politischen Deklassierung, das die Nord-Süd-Beziehungen schwer belastet.

6. These

> Die EU kann mit der sozialen Marktwirtschaft ein Alternativmodell zum angelsächsischen ‚Turbokapitalismus' anbieten, das auch einen Wegweiser für die Gestaltung der Globalisierung liefern kann.

Es ist schon eine Banalität, dass die Globalisierung Gewinner und Verlierer hervorbringt und die ‚Fußkranken der Weltwirtschaft' noch weiter von der weltwirtschaftlichen Dynamik abkoppelt. Gelegentlich wird schon ein kausaler Zusammenhang zwischen der Globalisierung und dem 11. September hergestellt. Dies ist sicherlich Kaffeesatzleserei. Aber es dürfte unbestritten sein, dass eine ungezügelte Globalisierung die soziale Polarisierung in der Weltgesellschaft verschärft und die internationale Stabilität gefährdet. Bundeskanzler Schröder formulierte auf dem New Yorker Weltwirtschaftsforum vom Februar 2002 den erinnerungswürdigen Satz: „Es gibt keine globale Sicherheit ohne globale Gerechtigkeit."

Hier ist Europa gefordert. Die EU kann das Modell einer sozialen Marktwirtschaft anbieten, das die Grausamkeiten der Marktkräfte sozialstaatlich abzufedern versucht. Die Enquete-Kommission des Deutschen Bundestages zur ‚Globalisierung der Weltwirtschaft' war sich über alle Parteigrenzen hinweg darin einig, dass dieses Modell der sozialökologischen Marktwirtschaft auch eine Orientierung für die Gestaltung der Globalisierung liefern kann. Nur so könnte sich entwickeln, was UN-Organisationen ‚Globalisierung mit menschlichem Gesicht' bezeichnen. Soziale Marktwirtschaft soll die dynamischen Kräfte des Marktes nutzen und dessen destruktive Kräfte im sozialen und ökologischen Bereich bändigen.

Die beiden Autoren des Bestsellers ‚Die Globalisierungsfalle' [1] sehen in einer demokratisch und sozialstaatlich verfassten EU eine derzeit noch utopisch erscheinende, dennoch einzig mögliche Alternative zum angelsächsischen ‚Turbo-Kapitalismus' und damit auch zum neoliberalen Globalisierungsprojekt:

> „Eine demokratische Union, die eine neue europäische Souveränität begründet und gemeinsam antritt, die destruktive Kraft zu bändigen – es liegt nahe, dieses Ziel als utopische Vision abzutun. Aber was geschieht, wenn die Nationen des alten Kontinents nicht diesem Weg folgen? Gegen Konzerne, Kartelle und Kriminelle bedarf es staatlicher Gegenmacht, die sich auf den Willen der Mehrheit ihrer Bürger stützen kann. Im grenzenlosen Markt ist aber jeder europäische Staat dazu allein nicht mehr fähig. Die europäische Alternative zum Laisser-faire-Kapitalismus amerikanisch-britischer Prägung wird entweder in einer demokratisch legitimierten Union stattfinden oder gar nicht." [2]

Dies ist mehr als eine ‚utopische Vision': Es ist eine große Chance für die EU, allerdings auch eine große Herausforderung, ihr Demokratiedefizit zu überwinden und eine Symbiose von Demokratie und sozialer Marktwirtschaft herzustellen.

Gelingt es der EU, ein kooperatives, soziales und ökologisches Globalisierungsprojekt zu entwickeln, das die Notwendigkeit der Wettbewerbsfähigkeit mit den Geboten der Fairness und Gerechtigkeit verbindet, könnte sie der Globalisierung auch den Schrecken nehmen, den sie für die wachsende Zahl von ‚Globalisierungsgegnern' in aller Welt hat, und zu einem interessanten Partner anderer Weltregionen werden, zu denen sie bereits ein enges Dialog- und Kooperationsnetz aufgebaut hat. Nicht die NAFTA, sondern die EU bildet in Lateinamerika, in der ASEAN-Region und selbst für die Blaupause der neuen ‚African Union' eine Orientierung.

1 *Martin, Hans-Peter/Schuman, Harald*: Die Globalisierungsfalle. Der Angriff auf Wohlstand und Demokratie, 5. Aufl., Hamburg 1996.

2 Ebd., S. 309.

7. These

Europa muss auf- und nachrüsten, aber nicht mit Waffen, sondern mit Wissen, Technologie, gemeinsamem Handeln und Weltoffenheit.

Wenn die EU ‚kooperative Weltmacht' werden möchte, muss sie ihre Kräfte bündeln und sich zu einer ‚Politischen Union' weiterentwickeln, die auch fähig und willens ist, außenpolitisch – in den Vereinten Nationen, in IWF und Weltbank, aber auch in der NATO – mit einer Stimme zu sprechen. Europäische Außenpolitik darf nicht länger die kleinste Schnittmenge nationalstaatlicher Sonderinteressen bleiben. Die EU muss auf- und nachrüsten, nämlich in den Feldern der zunehmend transnational organisierten Wissenschaft, der Spitzenforschung und der Managementkompetenzen.

Die EU muss auch Abschied von der in den 90er Jahren präferierten Option einer Regionalmacht nehmen. In der ‚Epoche des Globalismus' käme eine solche bequeme Selbstbescheidung einer weltpolitischen Kastration gleich. Dann würde sie die Gestaltung der Globalisierung, die zu den wichtigsten Herausforderungen des 21. Jahrhunderts zu zählen ist, anderen überlassen, obwohl sie tief in das eigene Innenleben eingreift. Ich vermute schon den Einwand: Wie soll ein politisches Gebilde, EU genannt, den Quantensprung zu einer Weltmacht schaffen, wenn einige ihrer Mitglieder noch Möchtegern-Weltmächte sind und z. B. gar nicht daran denken, ihren ständigen Sitz im UN-Sicherheitsrat an eine EU-Repräsentanz abzutreten, wenn diesem Gebilde noch der europäische Mythos fehlt, der die Menschen für die europäische Sache begeistert.

Diese Fragen berühren den Nerv einer Vision, die Europa zur Weltmacht küren möchte. Aber es geht hier nicht um Wunschdenken, sondern um die nüchterne Frage, wie die Baustelle EU die globalen Herausforderungen der kommenden Jahrzehnte bestehen will. Wie will sie globale Gestaltungsmacht aufbauen, die sie dazu befähigt, an den ordnungspolitischen Stellschrauben der Globalisierung mitzudrehen? Ich wiederhole: Es geht um die Frage, ob sich die EU – samt ihrer Mitglieder, die noch eigene Weltmachtträume haben – damit abfinden will, zum Objekt der Weltpolitik und zum ‚luxuriösen Protektorat' der USA degradiert zu werden.

Amerikanische Politiker beklagen zwar einen diesseits des Atlantiks wachsenden ‚Euro-Nationalismus', scheuen sich aber nicht, der Hegemonie oder ‚preponderance' der einzigen Supermacht zu huldigen. Ich halte mich an einen Lehrsatz der politischen Philosophie und Erfahrung, dass Macht Gegenmacht provoziert und diese zur eigenen Mäßigung sogar braucht. Warum sollen die ‚checks and balances', die die klugen Gründungsväter der USA zur Kontrolle der Macht in ihre Verfassung eingebaut haben, nicht auch für das Weltgeschehen gelten?

8. These

Europa hat als Kontinent, der fast die ganze Welt kolonisiert hatte, eine besondere Verantwortung für die Gestaltung der Nord-Süd-Beziehungen.

Der Präsident der EU-Kommission, Romano Prodi, erklärte auf einer im Mai 2001 in Brüssel veranstalteten UN-Konferenz über internationale Hilfe an die ärmsten Entwicklungsländer: „Es liegt in unserer Macht, das Krebsgeschwür der Armut zu entfernen, und es ist unsere Pflicht und Verantwortung, dies auch zu tun.“ Ja, Europa hat diese Pflicht und Verantwortung! Die EU rühmt sich, der ‚Entwicklungshilfe-Champion‘ zu sein, weil ihre 25 Mitglieder rund die Hälfte der westlichen Entwicklungsleistungen aufbringen, die dennoch nur gerade die Hälfte der berühmten Zielmarke von 0,7 % des BSP erreicht.

Die EU hat zwar Verantwortung demonstriert, indem sie in den Lomé-Verträgen, die nun vom neuen Cotonou-Vertrag abgelöst wurden, partnerschaftliche Sonderbeziehungen zu inzwischen 71 ehemaligen Kolonien in Afrika, in der Karibik und im Südpazifik, den sogenannten AKP-Staaten, aufgebaut, ihnen Handelspräferenzen eingeräumt und für sie den ‚Europäischen Entwicklungsfonds‘ eingerichtet hat. Am Ende überwogen aber auf beiden Seiten die Enttäuschungen, weil die Partner im Süden weit mehr Hilfe erwarteten, als sie bekamen, und die EU unter massive Kritik geriet, weil die Hilfe größtenteils nicht dort ankam, wohin sie kommen sollte. Der eigentliche Grund für das Scheitern der Lomé-Politik, die in Brüssel als Modell der ‚Nord-Süd-Partnerschaft‘ gefeiert wurde, lag in der Unfähigkeit der meisten AKP-Staaten, die angebotenen Präferenzen zu nutzen.

Es geht aber gar nicht primär um mehr Geld. Die Partner im Süden erwarten von der EU auch, dass sie sich als weltpolitisches und weltwirtschaftliches Schwergewicht entschiedener für eine Weltordnung einsetzt, die ihnen bessere und faire Entwicklungschancen sowie mehr Mitsprache in den internationalen Organisationen einräumt, die über ihr Wohl und Weh entscheiden, und dass sie Konsequenzen aus den vielen feierlichen Bekenntnissen zu Partnerschaft und Kooperation zieht. Die EU definiert neuerdings ihre Entwicklungspolitik als globale Strukturpolitik, die darauf abzielt, die internationalen Rahmenbedingungen für Entwicklung zu verbessern und die Entwicklungsländer fit für die Globalisierung zu machen. Die Idee ist gut, aber wo bleiben die Reforminitiativen der EU? Wirklich gut ist nur ihre Förderung von regionalen Kooperations- und Integrationsprojekten, in die sie ihre eigenen Erfahrungen einbringen kann. Aber Verantwortung ist ein zu großes Wort für das, was Europa für die Verlierer der Globalisierung tut, die größtenteils ehemalige europäische Kolonien waren.

Schlussfolgerungen

‚Europas Verantwortung im Zeitalter der Globalisierung‘ liegt erstens im Auftrag, einen substantiellen Beitrag zum ‚Weltgemeinwohl‘ zu leisten. Diesen Beitrag fordert ihm die ‚planetarische Verantwortungsethik‘ ab, wie sie Hans Jonas lehrte, oder die ‚Weltethik‘, wie sie neuerdings der Theologe Hans Küng predigt. Die Erfüllung dieses Auftrages setzt voraus, dass sich die EU durch institutionelle und kognitive Reformen dazu befähigt, einen wirksamen Einfluss auf die soziale und ökologische Gestaltung der Globalisierung zu nehmen. Es geht um die Einbettung der unbändigen Dynamik des ‚Turbo-Kapitalismus‘ in ordnungspolitische Regelwerke. Dies kann nur in einer multilateralen

Kooperationskultur gelingen. Die EU muss versuchen, in einem selbstbewussten transatlantischen Dialog auch die USA in das gemeinsame Boot des Multilateralismus zurückzuholen.

Wenn der Ruf nach einer ‚kooperativen Weltmacht' Europa unangenehme Erinnerungen an die mit Kriegen gepflasterte Großmachtpolitik der vergangenen Jahrhunderte geweckt haben sollte, dann kann dieser anstößige Begriff auch durch andere Formeln ersetzt werden, z. B. durch den Begriff der Gestaltungsmacht im Kontext der Globalisierung. Es geht in der Tat um den Aufbau von gestaltungsfähiger Macht. Macht bedeutet aber nicht nur das Potenzial, sondern auch den Willen zum weltpolitischen Mitmischen. Das Potenzial hätte eine wirkliche politische Union. Sie muss sich entscheiden, ob der weltwirtschaftliche Riese dem Status des weltpolitischen Zwerges entwachsen möchte.

Europas Verantwortung liegt zweitens in dem Bemühen, im Sinne des Weltgemeinwohls auch den Verlierern der Globalisierung die Chancen für eine ‚Globalisierung mit menschlichem Gesicht' zu eröffnen. Die Norm der Solidarität muss in eine globale Solidarität übersetzt werden. Eine ‚planetarische Ethik' verbietet es Europa, die Hypotheken des Kolonialismus zu ignorieren und sich wie eine Insel der Glückseligen von krisenhaften Entwicklungen in seiner geopolitischen Peripherie abzukoppeln. Hier verbindet sich die Ethik der Verantwortung mit der Rationalität des Eigeninteresses, die in der Erkenntnis begründet liegt, dass in der ‚globalen Risikogesellschaft' auch Risiken und Verwundbarkeiten grenzenlos geworden sind. Zur Verdeutlichung, was mit dieser Rationalität des Eigeninteresses gemeint ist: Im Mittelmeerraum vergrößert sich erstens ein demographisches Gefälle zwischen einer Region (Nordafrika) mit hohem Bevölkerungswachstum und einer Region (EU) mit schrumpfender und alternder Bevölkerung, zweitens ein großes soziales Gefälle zwischen Armut dort und Reichtum hier. Die wachsende Armut und Hoffnungslosigkeit, vor allem unter den arbeitslosen Schulabgängern, bilden nicht nur den Nährboden für religiösen Fundamentalismus und Radikalismus jeglicher Art, sondern erzeugen auch einen wachsenden Migrationsdruck gen Norden, wo schon viele Maghrebiner leben. Die EU müsste also – was sie ansatzweise mit ihrer Mittelmeerpolitik schon tut – so etwas wie eine soziale Vorwärtsverteidigung in Gestalt eines regionalen Marshallplanes versuchen: durch Handelspräferenzen in einer Freihandelszone, Förderung von Privatinvestitionen und größere Hilfsprogramme. Dies alles, wohlgemerkt, im Wohlverstandenen und langfristigen Eigeninteresse.

Ich erinnere abschließend noch einmal an den Schlüsselsatz, den der ehemalige Bundeskanzler Schröder auf dem New Yorker Weltwirtschaftsforum prägte: „Es gibt keine globale Sicherheit ohne globale Gerechtigkeit." Daran muss sich auch Europa messen lassen. Das ist – kurz und bündig – seine Verantwortung im Zeitalter der Globalisierung.

Die Autorinnen und Autoren

Prof. Dr. Dr. Robert Hettlage ist Professor für Soziologie an der Universität Regensburg. Seine Forschungsgebiete liegen u. a. im Bereich der Wirtschafts-, Kultur- und Entwicklungssoziologie und der europäischen Integration. Prof. Hettlage ist Mitglied der ‚Schweizerischen Gesellschaft für Soziologie', der ‚Internationalen Vereinigung für Rechts- und Sozialphilosophie' sowie Mitherausgeber der ‚Schriften zum Genossenschaftswesen und zur Öffentlichen Wirtschaft'.

Publikationen u. a.:

Politik- und Wertwandel sowie Vermittlung der ‚europäischen Dimension', in: *Klaus Schleicher/Peter Weber* (Hrsg.): Zeitgeschichte europäischer Bildung 1970-2000. Bd. 1: Europäische Bildungsdynamik und Trends, Münster/New York/München/Berlin 2000, S. 371-410.

European Identity – Between Inclusion and Exclusion, in: *Hanspeter Kriesi/Klaus Armingeon* u. a. (Hrsg.): Nation and National Identity: The European Experience in Perspective, Zürich 1999. S. 243-262.

zusammen mit *Petra Deger/Suanne Wagner*: Kollektive Identität in Krisen. Ethnizität in Region, Nation, Europa, Opladen 1997.

Prof. Dr. Fuad Kandil ist Professor für Soziologie im Ruhestand und Gründungsmitglied des Instituts für Angewandte Kulturwissenschaft der Universität Karlsruhe. In seinen Publikationen setzt sich Prof. Kandil u. a. mit den Kommunikabilitätsproblemen religiöser Traditionen und den Elementen einer islamischen Naturethik auseinander.

Publikationen u. a:

Zwischen kultureller Stigmatisierung und ideologischer Ausgrenzung: Muslimische Zuwanderer in Deutschland, in: *Caroline Y. Robertson-Wensauer* (Hrsg.): Multikulturalität - Interkulturalität? Probleme und Perspektiven der multikulturellen Gesellschaft, 2. Aufl., Baden-Baden 2000, S. 119-141.

Was heißt Toleranz für die Mitglieder einer Minderheit?, in: *Eckert Gottwald/Folkert Rickers* (Hrsg.): Ehrfurcht vor Gott und Toleranz: Leitbilder interreligiösen Lernens. Grundsätze der Erziehung im Spannungsfeld multikultureller Beziehungen, Neukirchen 1999, S. 61-91.

Dr. Klaus Kinkel ist gegenwärtig Vorsitzender der Deutsche Telekom Stiftung. Er war u. a. persönlicher Referent des Bundesministers und Leiter des Ministerbüros sowie des Leitungsstabes und Planungsstabes im Auswärtigen Amt. Zwischen 1979 und 1982 war er Präsident des Bundesnachrichtendienstes sowie von 1982 bis 1991 Staatssekretär im Bundesministerium der Justiz. Von 1992 bis 1998 hatte Dr. Kinkel das Amt des Bundesaußenministers inne und bis 1999 zudem das des stellvertretenden Bundeskanzlers.

Publikationen u. a.:

Weltweite Ächtung von Antipersonenminen: das 7-Punkte-Aktionsprogramm des Bundesministers des Auswärtigen Dr. Klaus Kinkel, Bonn 1997.

Dr. Yves M. Lamour ist Dozent und Consultant auf den Gebieten des Umweltschutzes und des Wasser-, Boden- und Personalmanagements in Entwicklungsländern. Seit 2001 ist Dr. Lamour Gastprofessor an der Université Quisqueya in Port-au-Prince, Haiti.

Publikationen u. a.:

Which Technology for „Development"? Appropriate resources management in Developing Countries, St. Lucia 2002.

Dr. Ulrich Merkel war bis 1999 Leiter verschiedener Goethe-Institute, u. a. in Tunis, Berlin, Rio de Janeiro und Buenos Aires. Er hält weltweit Gastvorträge und ist Mitglied der Gesellschaft für interkulturelle Germanistik. Seine wissenschaftliche Tätigkeit umfasst Studien zur modernen Literatur und zu Themen des interkulturellen Dialogs.

Publikationen u. a.:

Dem Geheimrat auf der Spur. Das Goethe-Jahr in Argentinien, in: Zeitschrift für Kulturaustausch. 49. Jg. Stuttgart 2/99, S. 34-37.

Economía y Cultura. Un abordaje Interdisciplinário desde la experienca Alemana, in: Seri Enfoques. Centro Paraguayo para la Promoció de la Libertad Económica y de la Justícia Social. Asunción 1999.

Prof. Dr. Franz Nuscheler ist seit 1990 Direktor des Instituts für Entwicklung und Frieden (INEF). Er ist u. a. Mitglied der Enquete-Kommission ‚Globalisierung der Weltwirtschaft' der Bundesregierung. Zu seinen Schwerpunkten zählen der Nord-Süd-Dialog, die Entwicklungspolitik der Industrieländer, Migration und Menschenrechte.

Publikationen u. a.:

Internationale Migration. Flucht und Asyl, Wiesbaden 2004.

Frieden und Entwicklung im Zeitalter der Globalisierung, Bonn 2000.

Prof. Dr. Dieter Oberndörfer war von 1964 bis 2000 Direktor des ‚Arnold-Bergsträsser-Instituts für kulturwissenschaftliche Forschung' und ist bis heute Vorsitzender des Trägervereins. Seine Forschungsschwerpunkte liegen u. a. in den Bereichen Politische Theorie, Entwicklungspolitik, Nationalismus und Migration.

Publikationen u. a.:

zusammen mit *Uwe Berndt*: Europe and East Asia Confront Growing Migration, in: *Katherine Marshall/Olivier Butzbach* (Hrsg.): New Social Policy Agendas for Europe and Asia, Washington 2003.

Das Ende des Nationalstaates als Chance für die offene europäische Republik, in: *Christoph Butterwegge/Gudrun Hentges* (Hrsg.): Zuwanderung im Zeichen der Globalisierung. Migrations-, Integrations- und Minderheitenpolitik, 2. Aufl., Opladen 2003, S. 199-213.

PD Dr. Caroline Y. Robertson- von Trotha ist Direktorin des Zentrums für Angewandte Kulturwissenschaft und Studium Generale der Universität Karlsruhe (TH). Sie ist Mitautorin des von der UNESCO prämierten Konzepts ‚Ein Bündnis für Integration' zu Grundlagen einer Integrationspolitik der Landeshauptstadt Stuttgart und ist Mitglied der Arbeitsgruppe Außenkulturpolitik des Instituts für Auslandsbeziehungen (IfA), Stuttgart. Im Bereich der Forschung befasst sie sich schwerpunktmäßig mit Aspekten der Multikulturalität und der multikulturellen Gesellschaft, Fragen der Globalisierung sowie der ethnischen Identität.

Publikationen u. a.:

Caroline Y. Robertson-von Trotha (Hrsg.): Mobilität in der globalisierten Welt (= Problemkreise der Angewandten Kulturwissenschaft, Nr. 11). Karlsruhe 2005.

Caroline Y. Robertson (Hrsg.): Der Perfekte Mensch. Genforschung zwischen Wahn und Wirklichkeit, Baden-Baden 2003.

zusammen mit *Carsten Winter* (Hrsg.): Kulturwandel und Globalisierung, Baden-Baden 2000.

Dr. Bruno Schoch studierte Philosophie und Geschichte an den Universitäten Basel und Frankfurt am Main. Er ist Mitglied des Stiftungsrates der Hessischen Stiftung Friedens- und Konfliktforschung und Projektleiter des Programmbereiches Demokratisierung und der innergesellschaftliche Frieden, außerdem Mitglied im Balkan Forum der Bertelsmann-Stiftung des Centrums für Angewandte Politikforschung und des Planungsstabs des Auswärtigen Amtes.

Publikationen u.a.:

Friedensgutachten 2005, Münster/Hamburg 2005.

zusammen mit *Thorsten Gromes/Bernhard Moltmann*: Demokratie-Experimente in Nachbürgerkriegsgesellschaften. Bosnien und Herzegowina, Nordirland und Kosovo im Vergleich, HSFK-Reports, Nr. 9, 2004.

(Hrsg.): Die europäische Friedensordnung und die Souveränität der Staaten, Frankfurt am Main 1998.

Prof. Dr. Christian Scholz ist seit 1986 Inhaber des Lehrstuhls für Betriebwirtschaftslehre an der Universität des Saarlandes, Saarbrücken. Aktuelle Forschungsschwerpunkte sind Strategisches Personalmanagement, virtuelle Organisation, empirische Organisationsforschung sowie Darwiportunismus. Seit 1990 ist Prof. Scholz Direktor des Europa-Instituts sowie des Instituts für Managementkompetenz.

Publikationen u. a.:

mit *Roman Bechtel/Volker Stein*: Human capital management: Wege aus der Unverbindlichkeit, München/Unterschleißheim 2004.

Spieler ohne Stammplatzgarantie: Darwiportunismus in der neuen Arbeitswelt, Weinheim 2003.

zusammen mit *Volker Stein/Uwe Eisenbeis:* Die Time-Branche: Konzepte – Entwicklungen – Standorte, München 2001.

Prof. Dr. Helga Schultz ist Inhaberin des Lehrstuhls für Wirtschafts- und Sozialgeschichte der Neuzeit an der Europa-Universität Viadrina Frankfurt (Oder). Von 1983 bis 1991 war sie Leiterin der Forschungsstelle Regionalgeschichte des Zentralinstituts für Geschichte der Akademie der Wissenschaften der DDR, Berlin.

Publikationen u. a.:

Twin Towers on the Border as Laboratories of European Integration (= Arbeitsberichte Frankfurter Institut für Transformationsstudien), 4/2002, Frankfurt an der Oder 2002.

Handwerker, Kaufleute, Bankiers. Wirtschaftsgeschichte Europas 1500-1800, Frankfurt am Main 1997.

Prof. Dr. Reinhard Schulze leitet seit 1995 das Institut für Islamwissenschaft und Neuere Orientalische Philologie an der Universität Bern. Zudem ist er Herausgeber der Reihe ‚Social, Economic and Political Studies of the Middle East and Asia'.

Publikationen u. a.:

Geschichte der islamischen Welt im 20. Jahrhundert, 3. Aufl., München 2003.

A Modern History of the Muslim World, erweiterte Aufl., London/New York, 2002.

Prof. Dr. Olaf Schwencke ist Professor für Politikwissenschaft an der Freien Universität (FU) Berlin. Außerdem ist er Präsident der Deutschen Vereinigung der Europäischen Kulturstiftung für kulturelle Zusammenarbeit in Europa mit Sitz in Berlin sowie Vorsitzender des Kuratoriums der Kulturpolitischen Gesellschaft Bonn. Er lehrt zudem ‚Historische und kulturelle Grundlagen Europas' am Zentrum für Staatswissenschaften und Staatspraxis Berlin.

Publikationen u. a.

Das Europa der Kulturen – Kulturpolitik in Europa: Dokumente, Analysen und Perspektiven – von den Anfängen bis zur Grundrechtecharta, Bonn/Essen 2001.

Der Stadt Bestes suchen: Kulturpolitik im Spektrum der Gesellschaftspolitik. Arbeiten zur deutschen und europäischen Kulturpolitik aus 25 Jahren (1971-1996), Bonn 1997.

Dr. Volker Stein ist Wissenschaftlicher Assistent und Habilitand am Lehrstuhl für Betriebswirtschaftslehre, insbesondere Organisation, Personal- und Informationsmanagement an der Universität des Saarlandes, Saarbrücken. Forschungsschwerpunkte sind Strategische Organisation, Integration sowie Internationalisierung. Dr. Volker Stein ist Geschäftsführer des Instituts für Managementkompetenz und Dozent am Europa-Institut an der Universität des Saarlandes.

Publikationen u. a.:

zusammen mit *Christian Scholz/Roman Bechtel*: Human capital management: Wege aus der Unverbindlichkeit, München/Unterschleißheim 2004.

zusammen mit *Christian Scholz/Uwe Eisenbeis*: Die Time-Branche: Konzepte – Entwicklungen – Standorte, München 2001.

Emergentes Organisationswachstum: eine systemtheoretische ‚Rationalisierung', München 2000.

Prof. Dr. Peter Steinbach ist seit 2001 Ordinarius des Instituts für Geschichte an der Universität Karlsruhe. Seit 1983 ist Prof. Steinbach wissenschaftlicher Leiter der ständigen Ausstellung ‚Widerstand gegen den Nationalsozialismus' und leitet die Gedenkstätte Deutscher Widerstand in Berlin.

Publikationen u. a.:

NS-Verbrechen im Bewusstsein der deutschen Öffentlichkeit, in: *Wilfried Hansmann/Timo Hoyer* (Hrsg.): Zeitgeschichte und historische Bildung. Festschrift für Dietfried Krause-Vilmar, Kassel 2005, S. 70-84.

zusammen mit *Johannes Tuchel:* Widerstand gegen die nationalsozialistische Diktatur, Berlin 2004.

zusammen mit *Gerd R. Überschär*: Für ein anderes Deutschland, Frankfurt am Main 2004.

Prof. Dr. Norman Stone ist seit 1997 Professor für Internationale Beziehungen und Direktor des ‚Centre for Russian Studies' an der Bilkent Universität in Ankara/Türkei. Von 1987 bis 1992 arbeitete er als BBC-Kommentator für europäische und russische Außenpolitik und war außerdem als außenpolitischer Berater für Margaret Thatcher tätig.

Publikationen u. a.:

Europe transformed. 1878-1919, 2. Aufl., Oxford 1999.

The Russian chronicles: a thousand years that changed the world: from the beginnings of the Land of Rus to the new revolution of glasnost today, London 1990.

Was in aller Welt ist die grosse, weite Welt?, Marburg an d. Lahn 1979.

Zeitfracht Medien GmbH
Ferdinand-Jühlke-Straße 7
99095 Erfurt, Deutschland
produktsicherheit@kolibri360.de